复旦卓越·人力资源管理和社会保障系列教材

培训能力开发及管理实务

王江涛　编著

丛书编辑委员会

编委会主任　　李继延　李宗泽
编委会副主任　冯琦琳
编委会成员　　李　琦　张耀嵩　刘红霞　张慧霞
　　　　　　　郑振华　朱莉莉

复旦大學 出版社

内容提要

本书运用大量实际操作案例,以及业务活动中所要运用的图表深入浅出地告诉读者如何做好培训与开发的工作。使读者能够了解和掌握培训与开发的理论知识,提高自身的职业技能和沟通水平,培养培训管理的思维方法。

本书的主要内容包括:培训工作岗位认知、团队组建、新员工入职培训、需求调查与计划制订、培训课程单元设计、培训实施与评估、自我培训与学习。本书还设计有很多团队活动实践,能够鼓励读者参与实践、感受职场,最终提高自身的团队合作能力、人际交往能力、表达能力、专业知识的实践操作能力和自我挑战的勇气,具有非常生动的指导性。

本书适合实践型本科及高职高专类院校人力资源管理和工商管理专业师生选作教材,同时也可作为各类组织管理人员培训教材或教学参考书。

丛书总主编　　李　琦

编辑成员(按姓氏笔画排序)

邓万里　田　辉　石玉峰　孙立如　孙　林　刘红霞
许晓青　许东黎　朱莉莉　李宝莹　李晓婷　张慧霞
张奇峰　张海蓉　张耀嵩　肖红梅　杨俊峰　郑振华
赵巍巍

前 言
Qianyan

  培训管理工作是企业人力资源管理的一项基础性工作,也是人力资源管理部门中不可或缺的重要职能之一,本书是针对高职院校人力资源管理及工商管理类专业学生编写的一本专业教材.鉴于高职教育培养应用型人才的考虑,本教材基本脱离了传统学科化教材编写的方式,突出职业教育技能学习和学生为就业做准备的社会功能,以企业培训工作岗位要求为出发点,从企业培训从业人员的职业成长角度,选取了较为典型的培训管理人员和培训师两个岗位,作为学生将来就业和可能的职业发展岗位,并针对其所具有的职业工作任务特点,以"典型工作任务(项目)"实训和理论研讨为出发点,形成教材的总体框架。教材将培训理论和实际操作相结合,重点培养学生实际应用能力,以达到提高学生职业能力的目的。

  针对培训岗位的工作流程,本教材对企业培训工作岗位进行了初步介绍,并遵循"培训需求调查→培训计划制定→培训课程单元设计→培训实施与评估"的流程,要求学生们以项目形式来完成相应的学习和实践作业,并且专门对学生团队组建及后续的自我学习进行了独立设计,在教材编写形式上做了大胆的尝试,既注重以"工作岗位"为出发点的高职教育理念,又充分发挥学生的自我组织、自我管理、自我生长的主观能动性,以学生为主体,将学生由教学活动的客体转变为主体,由传统的被动式学习转变为学生积极自主地学习。通过团队形式的项目活动,使得学生在项目执行中来了解人与人之间的心理和合作关系,力求培养学生自我管理、人际交往与沟通、团队合作、创新应变等行业岗位实用技能及职业能力。此外,在教材内容上还增加了许多情景性和操作性的案例教学内容,尤其是将往届学生的若干项目作业作为案例进行补充,使教材内容更加丰富、生动和富有真实性,并且在每一个项目后亦增加了相应的思考与实践题目,以帮助学生更好地理解培训岗位工作内容，深入探讨培训工作的含义，突出对学生职业能力的训练和培养。

本书作者从事教育和培训二十多年，具有丰富的一线教学和企业工作经验，深谙职业教育和学生特点，在教材的编写风格和形式上力求新颖、活泼，寓教于乐，每一章开头都有与本章内容相关的引导案例，对学生来说具有实用性、可读性和趣味性，对教师来说具有可操作性和指导性。本书适合高职高专类院校人力资源管理和工商管理专业学生作为教材使用，同时也可作为各类组织管理人员培训教材和普通高等教育的教材或教学参考书。

本书在编写过程中，参考引用了不少国内外的文献资料和研究成果，也得到了北京劳动保障职业学院劳经系及相关领导的大力支持和帮助，复旦大学出版社的宋朝阳、王雅楠编辑也为此书的出版付出了很多辛劳与努力，在此一并表示衷心地感谢！

由于作者水平有限，书中难免存在遗漏和错误之处，恳请广大读者批评指正。

王江涛

2013年12月

课程目标及能力要求

一、课程目标

1. 了解和掌握培训与开发的理论知识
2. 提高职业技能和沟通水平
3. 参与团队活动与实践,感受职场
4. 培养培训管理的思维方法

二、本课程对学员提升的帮助

1. 就业前的角色转换与适应
2. 团队合作能力
3. 人际交往能力
4. 表达能力
5. 自我挑战的勇气
6. 专业知识的实践操作能力

目录

绪论　培训工作岗位认知 ··· 1
　第一节　培训工作岗位认知 ·· 2
　第二节　培训专员的职业成长和发展路径 ······························· 14
　第三节　企业培训与开发 ··· 20
　第四节　著名企业培训案例 ·· 27
　思考与实践 ·· 31

项目一　团队组建 ·· 33
　第一节　组建自己的团队 ··· 34
　第二节　团队知识与实践 ··· 44
　思考与实践 ·· 59

项目二　新员工入职培训 ··· 61
　第一节　新员工入职培训情景模拟 ··· 62
　第二节　新员工入职培训概述 ··· 67
　第三节　新员工入职培训案例 ··· 80
　思考与实践 ·· 90

项目三　培训能力开发(1)——需求调查与计划制订 ·················· 91
　第一节　培训需求调查与分析任务 ··· 93
　第二节　培训需求分析概述 ·· 98
　第三节　培训需求调查分析示例 ··· 111

思考与实践 ··· 127

项目四　培训能力开发(2)——培训课程单元设计 ················· 129
　　第一节　培训课程单元设计项目模拟 ································· 130
　　第二节　培训课程开发理论 ··· 133
　　第三节　培训课程设计与开发 ·· 141
　　第四节　《高效沟通》培训课程设计案例 ···························· 161
　　思考与实践 ··· 167

项目五　培训能力开发(3)——培训实施与评估 ······················· 168
　　第一节　培训实施与评估模拟 ·· 169
　　第二节　培训组织与实施 ·· 174
　　第三节　培训评估改进 ··· 192
　　思考与实践 ··· 202

项目六　结语：自我培训与学习 ··· 203
　　第一节　学生向职业人士的转变 ······································· 205
　　第二节　学习与思考 ·· 212
　　第三节　口才与演讲 ·· 214
　　第四节　时间管理 ··· 217
　　第五节　简历制作与设计 ·· 223
　　思考与实践 ··· 226

参考文献 ·· 227

绪 论

培训工作岗位认知

学习目标

1. 熟悉培训工作岗位基本内容
2. 了解培训专员工作说明书
3. 理解培训专员职业成长的两条路径
4. 学习培训与开发理论知识
5. 领悟国际公司的培训特色

曾经有一位企业家说过这样一句话:"你可以搬走我的机器,烧毁我的厂房,但你只要留下我的员工,我就可以有再生的机会。"由此可见人力资源在现代企业中的重要性。人力资源已经成为企业生存的第一资源,是企业的根本生产力,是企业最宝贵的财富。那么,如何去发掘员工的潜力,发挥员工更大的潜能,让他们有足够的主动性和责任感去高效率地工作呢?员工培训与开发就是一种重要、有效的手段,培训与开发工作作为企业人力资源管理链条中的一个基本环节,对企业的生存和长期发展有着战略层面上的重大意义。一个企业,就如同一个人,随时要面临来自外部环境或内部环境变化所带来的各种压力,企业要不断去适应这种变化才能立足和发展,企业要在现代社会的竞争中立于不败之地,或者占领一席之地,就不得不重视对员工的培训与开发工作。通过员工培训和学习来挖掘员工的潜力,增长员工的知识,提高员工的工作技能和改善员工的工作态度,通过培训传承企业文化和经营理念,增强企业的凝聚力和市场竞争力。

企业的发展离不开人力资源的支持,而获取高质量、高素质的人力资源主要有两个途径:一是从外部引进;二是对内部员工进行培训。日本松下电器公司有一句名言:"出产品之前先出人才。"其创始人松下幸之助更是强调:"一个天才的企业家总是不失时机地把对职员的培养和训练摆在重要的位置。"作为人力资源管理的一项基本职能活动,培训与开发是人力资源实现增值和实施人力资源开发战略的根本途径,成功的企业将职工培训作为企业不断获得效益的源泉。随着人力资源对价值创造贡献的逐渐增加,人力资源的这种增值对企业的意义也日益重要,企业为了避免被市场淘汰,必然会通过培训手段来减少员工队伍在未来竞争中可能的落伍态势。因此,越来越多的企业对培训与开发工作会日益重视。

第一节 培训工作岗位认知

一、"培训专员的一天"

我是一名"蓉漂",在成都一家项目投资管理公司做培训专员,从刚开始的一脸茫然、手足无措,到现在的循序渐进、信心满满,而且正在向独立负责开发并讲授一些课程的目标前进中。

培训工作是很锻炼人的岗位,内外部人际界面非常丰富,和人打交道是工作的主线,因此对培训专员的能力有很高要求。比如,对业务、公司政治的敏感度,对企业文化的理解(注意,不是了解,是理解),对员工学习需求的敏感度,以及与中高层管理者沟通的能力,尤其是提出好问题的能力。除此之外,还要有一定策划、推广和组织实施能力,能逐渐独自负责开发并讲授一些培训课程也是必需的。

每天职业装着身是必需的,西装领带是基本着装规范。早上上班时间,我在电梯口摆了一个POSE,我们的公司在写字楼的三层。

8:40,准时开工。今天有两场培训会,针对不同的部门,预示着今天将是马不停蹄、绝对充实的一天。电脑桌面上摆着满满的文件,都是各部门上报的培训计划,亚东要根据各部门上报的培训需求,逐一联系、安排各项培训事宜。

9:10,和其他部门同事一起沟通、安排培训工作的诸多细节,并且制订公司下半年的培训计划。

我所在公司主要业务是做项目管理服务的,包括地产项目开发管理、工程建设管理、建设监理、园林景观设计等,我的工作主要分四块。

(1) 新员工培训:主要以企业文化、制度规范、业务流程与基本的职业化为主题。

(2) 中层管理人员培训:公司为中层人员制订有系列化(系统性)的综合管理技能提升培训项目,包括内训和外训。目前在这一块我还主要负责制订培训计划、联系外训专家、安排课程等工作。

(3) 高层管理人员培训:主要联系邀请业内专家进行培训,由于专业项目管理服务在内地还是新概念,所以基本都是从外资公司请实战专家来讲课。上个月分别从韩国、美国公司请了三个专家。

（4）专业技能培训：一是各业务系统或项目集中安排相关同事的内训,比如工程、成本、设计、营销、客户等；二是专业培训,安排外派培训。我根据各部门上报的培训需求,安排课程计划。

9:30,上午十点钟将有新员工入职培训,再预先梳理一下,做好准备。

10:00,培训开始。因为项目管理服务专业性很强,公司经常对新老员工进行针对性培训、充电,因此公司备有两个培训厅,一大一小。

11:35,培训结束。休息一下,喝点茶,补充点口水,长期实践经验证明,茶水确实比白开水解渴。

11:37,发现了一个奇怪的装置——原来上培训课的时候,公司请的空气清洁服务开工了,在每个办公区放置了一台大气采样仪,上面写有"北京市劳动保护研究所"的字样。公司对员工还不错,这年头,关注员工劳动保护的资本家比大熊猫还少。

13:10,在网上和专家联系成本管理方面的培训事宜。

13:40,今年公司业务发展快,项目也多,服务质量更要精益求精,各部门的培训计划增加很快,如何统筹安排好培训时间是我工作的难点之一。

14:30,项目管理之风险管理培训在大培训厅,公司工程版块需要全员参加,都是相当实战的内容,所以大家听得非常专注。

15:00,培训专家曾在多家知名外资工程管理公司任职,在工程项目管理实战方面颇有研究,这一块恰恰是很多国内企业的短板,很多企业有点叶公好龙的感觉,表面上似乎都在提,实际上却是纸上谈兵,甚至南辕北辙。

15:45,课间休息,带着全体同学做休息操,还有部分男同胞一下课就立刻跑到楼下,换气吸烟了。

17:30,帮行政部门的同事发公司福利——电影兑换券。那位特别爱看电影的同事表情特别专注,我有种他在吞口水的错觉。

18:00,安排的培训任务基本完成。大家对培训内容反应不错,认为很有收获,给培训讲师的打分也非常高,这也是对我们工作的一种认可。终于可以休息片刻,虽然可以下班了,但是明天还要与外请专家对项目培训内容进行详细讨论。晚上加班是必需的了。①

二、企业培训专员岗位

新员工在进入公司后的第一个重要环节,往往是参加由公司组织的新员工入职培训。负责组织和实施培训工作的企业人员就是上面案例中的培训专员,他们有点类似大学中的老师或专职辅导员,不过是企业中的老师或辅导员而已。但是,他们的工作职责和工作内容与学校老师相比,却有着很大的不同,这是由企业逐利的性质和市场化竞争的特点决定的。那么,培训专员的工作包括哪些内容呢？我们可以通过培训专员的工作说明书来了解一下。

---

① "项目投资管理公司培训专员的一天",http://bbs.news.qq.com/t-1120628-1.html。

（一）"培训专员"工作说明书示例

从事岗位名称	培训专员	有无兼职	无
上级岗位	人事主管	部门	人力资源部
下级岗位	无		
岗位任职资格要求	● 年龄：25～40岁 ● 性别：不限 ● 籍贯：不限 ● 学历：大专及以上学历 ● 经验要求：2年以上培训工作经验 ● 知识要求：熟练运用各种办公软件；具备扎实写作功底，掌握培训管理专业知识；熟悉培训流程 ● 能力要求：具有较强的语言表达能力及组织协调能力；工作积极、主动，执行能力强，定期总结工作，注重不断加强工作的实用性，善于数据分析；具备授课能力及独立制作、开发课件能力。		

重要性	具　体　工　作	占用时间%
1	协助上级编制并完善公司的年度培训计划并组织实施	10%
2	协助上级建立并优化培训体系，建立内部及外部师资库、教材库、试题库和案例库等；收集各机构培训需求信息，分析培训需求，制作《培训需求表》；制订年度培训计划，结合实际培训效果做出调整与改进	15%
3	协助培训管理制度的制订、修改及定期完善，协助培训流程设计等工作；对培训工作及培训数据进行分析，评估培训效果，及时修正改进，确保通过培训效果应用助推企业战略发展目标的实现	10%
4	负责完成"每日培训"工作；制作年度"每日培训"资料（短信形式），通过审核后实施	5%
5	组织实施新员工入职培训工作，组织培训师、培训考核工作，建立培训档案，定期更新培训课件及考核题库	10%
6	组织实施储备干部的系统培训工作、培训考核工作；对储备干部培训学习及应用情况全面跟踪，确保培训效果有效实用	10%
7	组织实施职位晋升培训工作，组织培训师、培训考核工作，建立培训档案，定期更新培训课件及考核题库；对储备干部培训结果跟进	10%
8	定期负责企业文化、择业观等内容的培训授课，包括培训后的考核、考核结果评分等系列工作	10%
7	负责培训学习书籍、影音资料申购，资料保管；协助培训师完成各种培训教材的开发、更新、完善工作；负责培训器材管理	5%
8	制作培训通知、培训场地预约、核实参训人员名单、协调兼职培训师，保证各类培训工作顺利进行；负责培训宣导工作	5%

(续表)

重要性	具 体 工 作	占用时间%
9	每月28日前负责完成当月需转正人员转正考试,包括:人员名单统计、各部门当月转正人员转正表的发放及回收工作、成绩统计、报送审批、报送公示	5%
10	完成人力资源部服务支援工作,完成上级领导交派的其他工作	5%

(二) 培训专员的工作内容示例

1. 入职培训工作

(1) 每月3日前统计上月入职员工姓名、部门、职务,报给各部门主管,安排好新员工培训工作。

(2) 根据具体情况安排课程表,提前三天通知各部门员工岗前培训时间、地点,以及参加人员名单;需要提前一周通知培训讲师,并检查及适当修改课件,报人力资源领导审批后下发至各讲师,做好课件的熟悉工作。

(3) 岗前培训课程:公司介绍、企业文化、考勤制度、员工手册、职业礼仪、消防常识、岗位工作流程等。

(4) 培训完成后对岗前培训内容进行笔试,评阅试卷,统计成绩,录入数据库。

(5) 对于考试成绩低于80分即考试不合格者,汇总补考人数和名单,对未通过首次岗前培训考试的人员进行补考,总结本次岗前培训并存档。

2. 储备干部培训工作

(1) 根据储备干部的具体情况,准备所讲课程及课程表,课程报人力资源部上级领导审批。

(2) 根据课程需要,做好培训的辅助工作,提前五天联系好并确定协助讲师。

(3) 培训完成后,对岗前培训内容进行笔试,评阅试卷,统计成绩,录入数据库。

(4) 形成储备干部培训记录,年底汇总培训报告。

协助上级建立并优化培训体系,建立内部及外部师资库、教材库、试题库和案例库等;收集各机构培训需求信息,分析培训需求,制作《培训需求表》。年度培训计划结合实际培训效果做出调整与改进。将原有的课件整理并优化,同时开发新课件。

3. 专题培训

(1) 针对公司销售部的各个岗位或各个部门的培训需求,设定不同的培训内容,并协助培训。

(2) 制作培训用的课件及考察培训效果的试题。

(3) 协调教室及设备的使用。

(4) 反馈培训结果。

4. 干部晋升培训

(1) 针对晋升的岗位,制作相应的课件及考试题库,使参加培训的员工,明白新岗位的工作性质、工作流程,对新岗位有个初步认识。

(2) 对于专业业务方面,协调其他部门,配合培训工作顺利实行,制作课件及题库协助培训。

(3) 对培训效果进行书面考试,评阅试卷,并将成绩录入系统。

(4) 向人力资源部上级领导反馈培训结果。

5. 课件开发工作

(1) 根据具体情况变化,不断地更新自己的课件,使内容与时俱进。

(2) 针对主管及以上领导层,开发管理方面课件。

6. 培训需求信息收集

(1) 每月24日向各部门主管下发《培训需求表》,各部门主管于28日前将需求表交回。

(2) 根据各部门的需求,取各部门反映最多的前三个意见,制订下月的培训计划及相应课件。

(3) 将课件报人力资源部上级领导批阅后,向各个部门下达培训通知。

(4) 各个部门根据培训内容反馈参与培训人员的名单,根据此名单制作培训考勤表。

(5) 若参加人数较多可分批进行培训及考试。

(6) 针对培训效果进行书面考试,评阅试卷,将成绩录入系统;将参与培训人员在培训期间的考勤情况报考勤专员。

(7) 向各部门领导反馈培训结果。

7. 完成人力资源部服务支援工作,完成上级领导交派的其他工作

(1) 根据公司发展规划和总体发展战略,针对员工工作过程中出现的各种现象,制订培训计划、开发培训课程并实施;全面提升公司员工的综合素质和业务能力,努力向学习型企业发展。

(2) 负责完成"每日培训"工作;制作年度"每日培训"资料(短信形式),通过审核后实施;使用飞信平台,每日早上向各部门主管及主管以上领导层发送管理方面相关信息;整理发送内容,一次性整理四个月内容,交上级领导批阅。

(3) 定期培训企业文化、择业观,使员工逐步加强对公司的归属感,从而降低人员流失率;根据培训内容编制考试试卷,评阅试卷,统计成绩,录入数据库。

(4) 每月28日前负责完成当月需转正人员转正考试;包括:人员名单统计、各部门当月转正人员转正表的发放及回收工作、成绩统计、报送审批、报送公示;确定转正考试人员名单,发放转正表,并做好记录按时回收;统计成绩并记录,将名单及成绩报送审批及公示[①]。

(三) 培训及发展经理(Training and Development Managers)工作岗位说明书示例

Summary Report for: ● Plan, direct, or coordinate the training and development activities and staff of an organization ● Sample of reported job titles: Director of Education, Education and Development Manager, Manager of Staff Training and Development, Training and Development Coordinator, Training Director, Training Manager, Development Manager, Director of Educational Services, Director of Staff Development, Learning Manager	报告摘要: ● 计划、指导或协调培训和发展的活动和组织中的工作人员 ● 职位称呼举例:教育总监、教育及发展经理、员工培训与开发经理、培训与发展协调员、培训总监、培训经理、开发经理、教育服务总监、员工发展总监、学习经理

---

① "培训专员工作岗位说明",http://wenku.baidu.com/view/eb442bd576a20029bd642dc9.html。

(续表)

Tasks:	任务:
● Prepare training budget for department or organization. ● Evaluate instructor performance and the effectiveness of training programs, providing recommendations for improvement ● Analyze training needs to develop new training programs or modify and improve existing programs ● Conduct or arrange for ongoing technical training and personal development classes for staff members ● Plan, develop, and provide training and staff development programs, using knowledge of the effectiveness of methods, such as classroom training, demonstrations, on-the-job training, meetings, conferences, and workshops ● Conduct orientation sessions and arrange on-the-job training for new hires ● Confer with management and conduct surveys to identify training needs based on projected production processes, changes, and other factors ● Train instructors and supervisors in techniques and skills for training and dealing with employees ● Develop and organize training manuals, multimedia visual aids, and other educational materials ● Develop testing and evaluation procedures	● 准备部门或机构培训预算 ● 对培训师的表现和培训课程的效果进行评价,并提出改进建议 ● 分析培训需求,开发新的培训课程,或修改和完善现有的培训课程 ● 对持续更新的技术类培训和对员工个人发展类培训课程进行指导或作出安排 ● 计划、开发和提供培训及员工发展课程,会选择有效的培训方式进行培训,如课堂培训、示范、在职培训、会议、论坛及研讨会 ● 指导新员工入职培训及安排新员工进行在职培训 ● 参与管理和指导培训调查,在预计生产工作流程、变化和其他因素的基础上确定培训需求 ● 通过培训提高培训讲师及管理者在培训和员工管理方面的技巧技能 ● 制订并组织编写培训手册、多媒体直观教具和其他教育材料 ● 开发测试和评估程序
Tools & Technology: Tools used in this occupation: ● High capacity removable media drives — Universal serial bus USB flash drives ● Liquid crystal display projector — Liquid crystal display LCD video projectors ● MP3 Players or Recorders — MP3 players ● Notebook computers — Laptop computers ● Videoconferencing systems — Videoconferencing equipment Technology used in this occupation: Computer based training software	工具和技术: 在这个职业中使用的工具: ● 高容量的可移动介质驱动器——通用串行总线 USB 闪存驱动器 ● 液晶显示投影机——液晶显示器、液晶视频投影机 ● MP3 播放器或刻录机——MP3 播放器 ● 笔记本电脑——笔记本电脑 ● 视频会议系统——视频会议设备 岗位技术要求:基于计算机的培训软件(略)
Knowledge: ● Education and Training — Knowledge of principles and methods for curriculum and training design, teaching and instruction for individuals and groups, and the measurement of training effects ● English Language — Knowledge of the structure and content of the English language including the meaning and spelling of words, rules of composition, and grammar ● Administration and Management — Knowledge of business and management principles involved in strategic planning, resource allocation, human resources modeling, leadership technique, production methods, and coordination of people and resources	知识: ● 教育和培训知识——课程和培训设计,个人和团体教学和指导,以及培训效果的测量的原则和方法 ● 英语语言知识——英语的结构和内容,如单词词义和拼写,组合规则和语法 ● 行政与管理知识——参与战略规划,资源配置,人力资源建模,领导技术,生产方式和人员以及资源协调的业务和管理原则 ● 人事与人力资源知识——人才招聘、选拔、培训,薪酬和福利,劳动关系和谈判,人员信息系统

(续表)

• Personnel and Human Resources — Knowledge of principles and procedures for personnel recruitment, selection, training, compensation and benefits, labor relations and negotiation, and personnel information systems • Customer and Personal Service — Knowledge of principles and processes for providing customer and personal services. This includes customer needs assessment, meeting quality standards for services, and evaluation of customer satisfaction • Psychology — Knowledge of human behavior and performance; individual differences in ability, personality, and interests; learning and motivation; psychological research methods; and the assessment and treatment of behavioral and affective disorders • Communications and Media — Knowledge of media production, communication, and dissemination techniques and methods. This includes alternative ways to inform and entertain via written, oral, and visual media • Sociology and Anthropology — Knowledge of group behavior and dynamics, societal trends and influences, human migrations, ethnicity, cultures and their history and origins • Sales and Marketing — Knowledge of principles and methods for showing, promoting, and selling products or services. This includes marketing strategy and tactics, product demonstration, sales techniques, and sales control systems	• 客户及个人服务知识——给客户及个人提供服务，包括客户需求评估、符合质量标准的服务、客户满意度评价 • 心理学知识——人类行为和表现，能力、个性和兴趣的个体差异，学习和动机，心理研究方法，以及行为和情感障碍的评估和治疗 • 通信和媒体知识——媒体制作、沟通和传播的技术和方法，包括通过书面、口头和视觉媒体等手段进行多种方式的传递 • 社会学与人类学知识——组织行为、动态的社会变化趋势及影响，人类迁徙，种族、文化及其历史和起源 • 销售和市场营销知识——展示、推广和销售产品或服务的原则和方法，主要包括营销战略和策略、产品展示、销售技巧和销售控制系统
Skills： • Learning Strategies — Selecting and using training/instructional methods and procedures appropriate for the situation when learning or teaching new things • Speaking — Talking to others to convey information effectively • Instructing — Teaching others how to do something. • Active Listening — Giving full attention to what other people are saying, taking time to understand the points being made, asking questions as appropriate, and not interrupting at inappropriate times • Coordination — Adjusting actions in relation to others' actions • Critical Thinking — Using logic and reasoning to identify the strengths and weaknesses of alternative solutions, conclusions or approaches to problems • Active Learning — Understanding the implications of new information for both current and future problem-solving and decision-making • Management of Personnel Resources — Motivating, developing, and directing people as they work, identifying the best people for the job • Monitoring — Monitoring/Assessing performance of yourself, other individuals, or organizations to make improvements or take corrective action • Reading Comprehension — Understanding written sentences and paragraphs in work related documents	技巧： • 学习策略——当学习或教授新内容时，会选择和使用合适的培训/教学方法和程序 • 讲授——可通过交谈方式，有效传递信息 • 指导——会教别人如何操作 • 主动倾听——能认真领会他人说的内容，花时间去了解对方的观点，适机询问问题，而不是在不适当时间打断对方谈话 • 协调——可根据对方行为调整自身行为 • 批判性思维——会用逻辑推理的思维去分析判断备选解决方案、结论或解决问题办法的优劣 • 主动学习——理解当前和未来的问题解决和决策方面新信息的内在含义 • 人力资源管理——会激励、开发和指导员工的工作，选定工作的最佳人选 • 监控——可监控/评估自我、其他人或组织的绩效表现，进行改进或采取纠正措施 • 阅读理解——理解相关工作文件中的句子和段落含义

(续表)

Abilities: ● Oral Expression — The ability to communicate information and ideas in speaking so others will understand ● Speech Clarity — The ability to speak clearly so others can understand you ● Oral Comprehension — The ability to listen to and understand information and ideas presented through spoken words and sentences ● Written Comprehension — The ability to read and understand information and ideas presented in writing ● Written Expression — The ability to communicate information and ideas in writing so others will understand ● Deductive Reasoning — The ability to apply general rules to specific problems to produce answers that make sense ● Speech Recognition — The ability to identify and understand the speech of another person ● Fluency of Ideas — The ability to come up with a number of ideas about a topic (the number of ideas is important, not their quality, correctness, or creativity) ● Inductive Reasoning — The ability to combine pieces of information to form general rules or conclusions (includes finding a relationship among seemingly unrelated events) ● Originality — The ability to come up with unusual or clever ideas about a given topic or situation, or to develop creative ways to solve a problem	能力： ● 口语表达——通过对话进行信息和观点沟通的能力，使他人正确理解 ● 语音清晰——说得清楚，他人可理解 ● 口语理解——倾听的能力，理解口语单词和句子中传递的信息和观点 ● 书面理解——阅读的能力，理解以书面形式传递的信息和观点 ● 书面表达——以书面方式进行信息和观点交流，并让他人能领会 ● 演绎推理——能运用通用规则对特定问题进行有说服力的解释 ● 语音识别——能够识别和理解他人的讲话 ● 有想法——能对一个主题提出若干想法（这些想法很重要，但不一定具有本质、正确或创造性意义） ● 归纳推理——能将信息片断组合起来，形成一定的规则或结论（包括发现看似无关事件之间的关系） ● 原创性——能针对一个特定主题或情形，提出超常的或聪明的想法，或开发出解决问题的创造性方式
Work Activities: ● Training and Teaching Others — Identifying the educational needs of others, developing formal educational or training programs or classes, and teaching or instructing others ● Communicating with Supervisors, Peers, or Subordinates — Providing information to supervisors, co-workers, and subordinates by telephone, in written form, e-mail, or in person ● Establishing and Maintaining Interpersonal Relationships — Developing constructive and cooperative working relationships with others, and maintaining them over time ● Organizing, Planning, and Prioritizing Work — Developing specific goals and plans to prioritize, organize, and accomplish your work ● Getting Information — Observing, receiving, and otherwise obtaining information from all relevant sources ● Making Decisions and Solving Problems — Analyzing information and evaluating results to choose the best solution and solve problems ● Coaching and Developing Others — Identifying the developmental needs of others and coaching, mentoring, or otherwise helping others to improve their knowledge or skills	工作内容： ● 培训和教育——识别学员教育需求，开发正式教育和培训方案或课程，并实施教学或指导工作 ● 与上司、同事或下属沟通——通过电话、书面通知、电子邮件或亲自告知等方式，给上司、同事、下属提供信息 ● 建立和维护人际关系——发展与他人具有建设性的合作关系，并长期保持 ● 组织、计划和工作优先安排——制订具体的目标和计划，理清优先次序，组织和完成工作 ● 获取信息——观察、接收，以及以其他方式取得所有相关人士透露的信息 ● 决策和解决问题——分析信息和评估结果，选择最佳解决方案，并解决问题 ● 教练和开发——识别他人的发展需求，通过教练、辅导，或以其他方式帮助其增长知识或提高技能 ● 创造性思考——开发、设计或创造新的应用、新的思想，及新的关系、系统或产品，包括艺术形式的贡献

(续表)

• Thinking Creatively — Developing, designing, or creating new applications, ideas, relationships, systems, or products, including artistic contributions • Updating and Using Relevant Knowledge — Keeping up-to-date technically and applying new knowledge to your job • Communicating with Persons Outside Organization — Communicating with people outside the organization, representing the organization to customers, the public, government, and other external sources. This information can be exchanged in person, in writing, or by telephone or e-mail	• 相关知识的更新和使用——在技术上保持先进，并在工作中应用新知识 • 与组织外人员沟通——代表组织与组织外人员沟通，包括客户、公众、政府和其他外部资源；可亲自进行信息沟通，或以书面形式、电话或电子邮件方式完成
Education: Percentage of Respondents　　Education Level Required 　　63　　　　　Bachelor's degree 　　25　　　　　Master's degree 　　8　　　　　Associate's degree	教育背景： 受访者百分比　　　　教育程度要求 63　　　　　　　　学士学位 25　　　　　　　　硕士 8　　　　　　　　　副学士学位
Work Styles: • Initiative — Job requires a willingness to take on responsibilities and challenges • Leadership — Job requires a willingness to lead, take charge, and offer opinions and direction • Dependability — Job requires being reliable, responsible, and dependable, and fulfilling obligations • Adaptability/Flexibility — Job requires being open to change (positive or negative) and to considerable variety in the workplace • Attention to Detail — Job requires being careful about detail and thorough in completing work tasks • Cooperation — Job requires being pleasant with others on the job and displaying a good-natured, cooperative attitude • Integrity — Job requires being honest and ethical • Innovation — Job requires creativity and alternative thinking to develop new ideas for and answers to work-related problems • Self Control — Job requires maintaining composure, keeping emotions in check, controlling anger, and avoiding aggressive behavior, even in very difficult situations • Stress Tolerance — Job requires accepting criticism and dealing calmly and effectively with high stress situations	工作风格： • 主动性——愿意在工作中承担责任和挑战 • 领导力——愿意在工作中起带领作用，负责任，并提出相应观点和指导意见 • 可靠性——可靠、负责任、让人信任、愿意履行义务 • 适应性/灵活性——无论是积极还是消极的变化，均持有开放的态度，工作方式灵活 • 关注细节——工作任务完成过程中注重细节 • 合作——工作中与他人愉快相处，为人和善，合作态度积极 • 诚信——诚实，有道德感 • 创新——有创意，可运用不同的思维方式，寻求解决工作中问题的新思路和新方法 • 自我控制——保持沉着，情绪可控，不发怒，避免过激行为，即使是在非常困难的情况下 • 抗压能力——接受批评，能冷静、有效地适应高压工作情形
Related Occupations: • 13 - 1111.00 Management Analysts • 13 - 1151.00 Training and Development Specialists • 25 - 9031.00 Instructional Coordinators	相关职业： • 13 - 1111.00 管理分析师 • 13 - 1151.00 培训和发展专家 • 25 - 9031.00 教学协调员

(续表)

Wages & Employment Trends	工资与就业趋势
● Median wages (2011)　$44.10 hourly, $91,740 annual ● Employment (2010)　30,000 employees ● Projected growth (2010-2020)　Average (10% to 19%) ● Projected job openings (2010-2020)　11,600 ● Top industries (2010)　Finance and Insurance Management of Companies and Enterprises	● 平均工资（2011年）　44.10美元/小时，91,740美元/年 ● 就业人数（2010年）　30 000名员工 ● 预计增长（2010—2020年）　平均（10%—19%） ● 预计职位空缺（2010—2020年）　11 600个 ● 主要行业（2010）　金融、保险、公司和企业管理

· 资料来源：http://www.onetonline.org/link/summary/11-3131.00。

从培训专员的工作说明书和工作内容的举例可以看出，培训专员是企业中专门负责员工培训学习和管理工作的专职人员。这是企业培训岗位中的入门级岗位，一般来说，对该职位的求职者的专业性要求并不高。只要对培训和教育工作有兴趣，喜欢和人打交道，具备良好的沟通交流能力，做事踏实、认真、热情有耐心，有大专以上学历教育背景的人员都可以去尝试。

在知识经济时代，我们工作和生活的环境日新月异，各种新思潮、新理念不断涌现，各类新知识被不断创造出来，知识的淘汰速度和更新速度非常迅速，而知识的补充和观念的更新对职场人士的职业成长也越来越重要。近十年来，国内职业资格培训、外语培训、职业经理人培训、企业内训、团队拓展等各类培训项目的迅猛发展，都反映了在学习型社会，职场人员在知识更新和能力培养方面不断强化的趋势，企业员工在市场竞争环境中，不得不有意识地对自己进行不间断的"充电"。培训和学习，已经成为每一个职业人，在现代社会中必备的基本能力和成长元素之一。据统计，我国2006年中小企业总数有3 000多万家，按照7%～8%的增长率计算，2013年，中小企业总数估计达到5000万家，迫于市场竞争和企业发展压力，企业的培训需求会越来越多，培训市场规模也会水涨船高，越来越大，企业培训业蕴涵至少500亿元人民币以上的市场规模，这些数据可以充分表明我国企业培训市场的广阔前景。

对于每个企业而言，在生存、发展、壮大过程中都会面临各种各样对内、对外的问题（如企业战略、人力资源、节约成本、销售管理、技术研发等），企业迫于市场竞争的压力，也存在着巨大的企业培训需求，它们对员工培养的重视程度越来越大，企业需要培训的意识已经成为企业管理人员的共识。通过培训手段将新知识、新理念引入到企业中，传递给企业员工，以增强企业战略执行力和市场竞争力，这些市场和企业的有效需求同样为培训从业人员提供了广阔的职业发展机会和空间。在这种情况下，对培训专职人员的需求量也会不断增长，与企业培训有关的工作岗位将会成为新兴职业，就业和发展前景还是不错的。

三、培训专员的职业阶梯

企业为了稳定企业员工，发掘员工工作潜力，最大限度地发挥员工的工作价值，对培训工作日益重视。培训成为企业经营管理中最重要的工作之一，而培训专员则成为培训工作中最忙碌的角色，这个岗位是从事培训行业的职场人士职业成长的一个起点。培训专员在中小型企业里，主要的工作内容集中在培训管理和新员工入职培训方面，在教育类企业中，培训专员还负责招生工作或者某些专项培训的组织与实施工作。

要成为一名合格的培训专员，除了基本的教育经历和实习工作背景外，首先，是要能在岗位工作实践过程中，不断地保持一种持续有效的学习状态。所谓"台上一分钟，台下十年功"，足够的经验积累和丰富的知识储备及补养，是培训专员专业化的前提条件，不会学习，不愿意学习是无法胜任培训工作的。培训专员负责的培训内容相当庞杂，从质量标准、时间管理、沟通交流，到职场礼仪、精细化生产，小到一个言语动作，大到一个课程系统开发，可谓是包罗万象，范围广泛。"不做培训不知道知识少"，所以，具备快速的学习能力和理解能力是培训专员生存和发展的根本之道。其次，培训专员的工作对象是活生生、有想法的"人"，是与人打交道最多的工作，虽然也有不少的事务性工作，但更多具有挑战意义的工作还是与人之间的交流和沟通，所以学会沟通、善于沟通也是培训专员的必备素质。培训专员要敢于开口说话，敢于在众人面前展现自己，努力争取培训讲课和与学员交流的机会，通过培训实践来锻炼自己，才能成长得更快。千万不能被动地把培训工作局限于培训的各项准备事务中去，这样只能是故步自封，很难有实质性的提升。只要抓住机会，有了几次培训授课的亲身经验，就会让培训工作变成一种水到渠成的事情，当然这也需要有足够的勇气和热情去完成。

如果按影响力和工作能力对培训专员分级，培训专员的成长过程可以划分成九个层次（见表1）。

表1 培训专员的成长过程

层次	工 作 表 现
第一层次	第一层次的培训专员是完全被动地工作。领导要把任务布置得足够具体明确，才能够采取有针对性的必要行动。当领导指定培训课程时，他们的工作仅限于联系培训公司，沟通培训课程，甚至更深入的培训沟通工作也不能完全到位
第二层次	第二层次的培训专员是基本被动工作。领导指定培训主题、划定培训人员参加范围后，培训专员可以做的工作，是找几家培训公司，对培训价格、课程质量、讲师水平进行比较，并进行培训沟通工作，然后做一些培训准备工作，如会场服务、讲师服务、培训现场服务等
第三层次	第三层次的培训专员在第二层次的基础上可以提高的部分表现在：不但会考察比较选取的课程、做好课程服务，还能够主动做一些培训前和培训后的学员沟通工作，并能够在培训时做好培训现场的管理和沟通
第四层次	第四层次的培训专员在做好上述工作的同时，能够为学员提供训前、训后的培训服务工作，如培训后的课程要点下发与提醒，课程前的问题调研与收集，课程前与培训公司就培训效果的界定、沟通，培训课程完毕的评估管理等工作
第五层次	第五层次的培训专员就不需要领导指定明确的培训课题，只要领导划定一个大致的人员能力要求范围，培训专员就可以自己独立与培训公司、培训讲师沟通，根据领导划定的培训范围做出一个初步的培训方案并上报领导审批。在领导审批后，培训专员马上可以组织培训前的调研、课程设计、训前辅导、训前的管理流程制订等工作，培训中的管理和训后辅助授课讲师进行课后跟踪以保证培训效果
第六层次	第六层次的培训专员能够在做上述工作的同时把自己锻炼成培训顾问，每次培训课程结束后，自己能够帮助各部门制订该部门培训计划，把外部老师的培训知识迅速复制，在企业内部有效传播，把培训效果真正落到实处

(续表)

层 次	工 作 表 现
第七层次	第七层次的培训专员则可以根据培训前、培训中、培训后的培训管理流程,制订出培训绩效增值办法,有效的辅导培训学员,真正落实培训绩效,必要时可以在授课讲师指导下,独立对学员做出课程辅导,并担当学员的学习顾问
第八层次	第八层次的培训专员自己能够根据公司的战略要求和年度经营计划做出年度人员能力规划,并根据年度人员能力规划进行人力资源现状摸底调研,做出人员胜任力分析,根据现有人员的能力现状和胜任标准差距制订针对性的能力培育计划,年初就与领导沟通能力培育计划并申请资源支持,获得领导支持后,整个年度有条不紊地按计划组织培训、辅导、教练、轮岗锻炼、标杆学习、"师带徒"训练、自我学习等多种形式的训练,并按流程落实培训效果,直接把培训和企业整体绩效挂钩,培训专员成为领导及各部门的绩效提升助手甚至教练,真正把培训工作由被动变成主动
第九层次	第九层次的培训专员不但是培训组织运营高手而且是培训管理高手,能够在做好上述所有工作的基础上制订清晰的培训流程和培训管理制度,把培训工作变得标准化、可复制,并与企业绩效考核体系建立链接,实现培训工作的体系化、实效化和规范化,并且可以担当一部分企业内部培训课程的讲授工作

培训专员只有做到高层次水平,才可以真正算作企业领导的左膀右臂,是企业领导的绩效助手,也是企业各部门的教练师,才可以真正获得领导的认可和同事的尊重[①]。

四、培训专员的职业成长之路

在大多数企业中,培训专员的上一级培训岗位是培训主管,培训主管的工作任务主要是负责带领培训专员,根据年度、月度培训计划,准备、组织、实施及评估培训课程,实施各项培训计划,根据培训需要,设计完善培训工作流程、表单及相关工作,并协助完成区域经理安排的培训工作;培训主管还负责同行内部培训信息的收集及分析,进而完善所在企业的培训内容。担任培训主管职位,一般需要至少三年以上培训领域工作经验,这个职位需要具备有一定的组织、应变和领导能力。

培训主管的再上一级岗位是培训经理,这个岗位的任职要求会更加苛刻、严格,可以说培训经理已经成为行业内的准专家,他们不仅可以帮助公司建立一套高绩效、高满意度的培训体系,而且自身也是一名优秀的培训讲师。也就是说,培训经理除了可以讲授培训课程外,还有能力进行高水平课程的开发、培训体系建设、培训组织及培训考评的重任,外语水平也达到一定级别。所以,其人力资源开发经验十分丰富,具备熟练的沟通技能及灵活的适应能力,有一定量的知识储备和经验储备,具有良好的培训师潜质,或者已经成为具有一定影响力的培训师。如果管理经验及水平达到相当的水准,还可以考虑向咨询行业发展。

所以,培训专员可以选择培训师、管理人员和咨询师三条职业成长和发展路径。

---

① "如何做好培训专员",http://wenku.baidu.com/view/9759a3ff910ef12d2af9e7d8.html。

第二节　培训专员的职业成长和发展路径

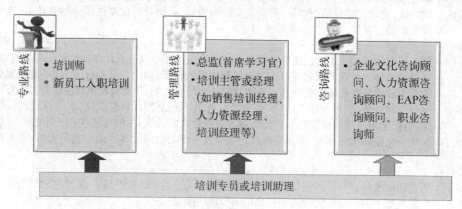

图1　培训人员职业发展的三条路径

一、路径一：专业方向的路径选择

培训专员可以选择走培训讲师这条专业化道路，一般从企业内训师做起，一步步晋升为培训师，甚至有可能成为职业培训专家。培训专员利用岗位优势，选择从一名内训师开始，往往比其他部门的人员有着更多的机会，毕竟近水楼台先得月，可以从选择讲授一些简单入门的培训课程起步，比如从相对容易入手的新员工入职培训课程着手，来锻炼自己的培训授课能力。然后，不断寻找机会、求教同事，逐渐能参与到企业课程设计与开发项目中。通过大量的培训演练和实战，来快速提高自己的讲授水平，积累培训的实战经验，向企业培训师和职业化方向发展。

（一）企业培训师

企业培训师可以按照培训师的身份来源，分为外部培训师和内部培训师两类。内部培训师简称内训师，属于企业正式员工，一般是为配合企业培训工作，通过自荐、选拔或指派等方式，通过一定资格考试合格后，负责企业培训工作的专职或兼职员工。员工担任内训师，会在培训工作中有意识地向员工传授积极的培训理念、知识和技能，可以促成和谐上进的企业氛围，促进公司内部知识积累、共享和传播，提高员工队伍的整体水平。

内训师的主要职责

◎ 培训教材的开发：根据企业培训规划的总体要求，结合企业各部门实际需求，开发设计与课程相关的资料，如辅助材料、案例及游戏、授课PPT演示文档等，并不断加以改进，乃至有所创新

◎ 培训授课：按照培训计划要求，以培训效果为导向，认真做好备课工作，丰富课程内容，通过模拟情景等培训方式，在特定时间和场合，完成课程内容的传授工作

◎ 效果追踪与反馈：认真做好培训记录并对培训后的效果进行追踪，分析总结培训工作，提出培训管理与课程完善合理化建议

(二) 内训师岗位职责及任职要求

内训师在企业中一般是专职培训人员,按照级别可以划分为初级、中级和高级三种,其岗位职责和任职资格如表2所示。

表 2　内训师岗位职责和任职资格

	岗　位　职　责	任　职　资　格
初级	1. 培训规划和计划:在培训经理的指导下,进行培训课程开发,确保培训计划符合培训需求 2. 培训资源管理:根据企业培训需求,在培训经理指导下,收集、评估相关课程、学习资料;开拓并维护合适的学习与培训渠道 3. 培训授课:了解学员需求,参与培训授课,编制培训讲义,做好备课工作,丰富课程内容,设计课程结构,做好现场把控,根据课程反馈不断完善培训课程	1. 工作经验:一年以上培训内容相关工作经验 2. 知识/技能:熟悉员工培训制度和流程;熟练运用PPT等办公软件 3. 素质要求: (1) 良好的理解与沟通协调能力和组织能力,善于倾听; (2) 较好的文字功底和语言表达能力; (3) 思维敏捷; (4) 愿意与他人合作,主动与其他成员进行沟通交流
中级	1. 培训规划和计划:协助培训经理进行培训需求调研工作,参与拟定培训的具体规划、实施计划和实施方案,协助进行培训课程管理,确保培训计划符合培训需求 2. 培训资源管理:根据企业培训需求,在培训经理指导下,收集、评估相关课程、学习资料;开拓并维护合适的学习与培训渠道,确保培训资源的丰富性与适用性 3. 培训授课:了解学员需求,参与培训授课,编制培训讲义,做好备课工作,丰富课程内容,设计课程结构,做好现场把控,根据课程反馈不断完善培训课程 4. 培训效果总结:做好培训记录并跟进培训后的效果反馈;分析总结培训工作,提出培训管理与课程完善合理化建议;对培训效果进行评估,并提交分析报告	1. 工作经验:两年以上培训内容相关工作经历 2. 知识/技能:熟悉员工培训制度建设、方式方法及操作流程;按需求情况制订培训计划,并开发设计培训课程和编写教材;熟练运用PPT等办公软件 3. 素质要求: (1) 人际理解与沟通能力:具备良好的沟通协调能力和组织能力,善于制造机会去接触和了解他人,能够把握别人的态度、兴趣、观点和行为方式等,理解他人思想和行为背后的原因,并且能通过倾听与观察预测他人的反应; (2) 思维能力:能够将复杂问题进行有效分解,使之更容易被理解与把握,且能根据知识、经验和常识,迅速发现问题的实质; (3) 团队合作:愿意与他人合作,主动与其他成员进行沟通交流,共同分享信息、知识、资源
高级	1. 培训需求调查:参与培训需求的调查分析,了解培训学员的现状及组织者对课程的期望,以此策划培训内容 2. 培训内容策划:根据培训需求,编制培训讲义,准备学习材料,收集与课程相关的资料、信息、案例、活动,深刻理解并有效整合培训内容,设计培训授课方式,确保培训内容的专业性与生动性,确保培训方式符合学员学习习惯 3. 培训授课:专业并生动地进行课程讲授,做好现场把控,根据课程反馈,不断完善培训课程 4. 培训效果总结:做好培训记录并跟进培训后的效果反馈;分析总结培训工作,提出培训管理与课程完善合理化建议;对培训效果进行评估,并提交分析报告	1. 工作经验:三年以上培训内容相关工作经历 2. 知识/技能:熟悉相关业务,能熟练应用PPT制作培训教案,熟练使用现代培训工具,熟练使用办公软件和人事管理软件,具备较强的企业分析能力和课程研发能力,良好的演讲能力 3. 素质要求: (1) 人际理解与沟通能力:善于制造机会去接触和了解他人,能够把握别人的态度、兴趣、观点和行为方式等,理解他人思想和行为背后的原因,并且能通过倾听与观察预测他人的反应; (2) 思维能力:能够将复杂问题进行有效分解,使之更容易被理解与把握,且能根据知识、经验和常识,迅速发现问题的实质; (3) 影响力:能够有针对性地根据对方的兴趣、需要和利益确定并调整沟通方式与策略,并能巧妙地采用多种方式影响他人; (4) 团队合作:可将自己所掌握的技能传授给其他成员,以此来促进群体成员间的合作

(三) 企业培训师国家职业标准

按照国家有关法规要求,企业培训师的从业人员需要具备企业培训师国家职业资格,即持有企业培训师国家职业资格证。目前培训师的国家职业标准认证分三个等级,由国家人力资源和社会保障部统一鉴定,鉴定合格者按照有关规定统一核发相应等级的国家职业资格证书,包括助理企业培训师(国家职业资格三级)、企业培训师(国家职业资格二级)和高级企业培训师(国家职业资格一级)。其中,助理企业培训师以辅助性工作为主。

企业培训师职业资格证书仅仅是从事培训岗位人员的敲门砖,是一种从业资格证明,要想真正成为一名合格培训师,还需要具有培训实战的真实经历,有足够的能力胜任培训师岗位。

一、助理企业培训师(具备以下条件之一者)
(1) 具有大学本科学历(或同等学力),一年实习期满,经本职业本等级正规培训达到规定标准学时数,并取得毕(结)业证书
(2) 具有大专学历(或同等学力),从事职业培训工作满3年,经本职业本等级正规培训达到规定标准学时数,并取得毕(结)业证书

二、企业培训师(具备以下条件之一者)
(1) 具有硕士学位,从事职业培训工作满3年,经本职业本等级正规培训达到规定标准学时数,并取得毕(结)业证书
(2) 具有大学本科学历(或同等学力),从事职业培训工作满5年
(3) 取得本职业助理企业培训师职业资格证书满4年,经本职业本等级正规培训达到规定标准学时数,并取得毕(结)业证书

三、高级企业培训师(具备以下条件之一者)
(1) 具有博士学位,从事职业培训工作满4年,经本职业本等级正规培训达到规定标准学时数,并取得毕(结)业证书
(2) 具有硕士学位,从事职业培训工作满7年
(3) 具有硕士学位,并取得本职业企业培训师职业资格证书满3年,经本职业本等级正规培训达到规定标准学时数,并取得毕(结)业证书
(4) 具有大学本科学历(或同等学力),并取得本职业企业培训师职业资格证书满4年,经正规培训达到规定标准学时数,并取得毕(结)业证书

(四) 培训师职业现状

1. 国内优秀培训师资源短缺

进入培训市场和从事培训工作,无疑是当今国内市场最具诱惑力的一块蛋糕。在其他传统行业逐渐步入微利时代的今天,培训业却以"低投入、高产出"的巨额赢利模式引起越来越多的企业和职业人士注目。然而,国内优秀培训师的数量却十分短缺,究其原因:一是培训行业在国内发展时间不长,培训市场起步比较晚,在发展过程中依然存在许多不规范现象;二是从深层次上与我国长期传统的教育体制密切相关,西方国家乃至我国香港、台湾地区,从幼儿园开始,就十分注重学生的公众演讲能力训练,以及沟通交流能力。国内长期受制于应试教育影响,重视读书考试,而忽视对学生说话表达能力的培养,所以,据有关调查显示,绝大部分企业白领面对公众讲话时会出现不同程度的恐惧心理,有媒体甚至形容"白领恐惧公众讲话甚于上断头台"。这说明绝大部分国内职业人士连公开演讲的能力都十分欠缺,谈及培训他人更是困难不小,虽然一些学校也开始重视演讲比赛、辩论赛,但毕竟还是极少数学生有机会参与其中,所以,这也导致国内优秀的培训师资源短缺。据估算,国内目前需要至少三十万名培训师。

2. 培训师职业收入与前景

在国外,企业培训讲师或企业顾问是一个收入颇丰的职业,加之学员热烈的掌声和追星

一样的待遇,也使这一职业的从业者非常有成就感和社会影响力。企业培训费用支出一般是按天计算,每天1万元到3万元左右,而其中相当大部分是支付外部培训师的费用,大部分培训讲师上一天课的收入在3千至1万元不等,平均约每天5千元。一般初入行,能在业内立足的培训师,一年收入在15万至20万元之间是十分普遍的,而年收入在50万元属中上水平,水平更高、名气更响的培训师则年收入往往超过百万元。随着培训行业的逐步正规并完全进入市场化,日薪5千元以上将是外部培训师的标准价位。各企业对内部培训部门人员的薪酬一般是比照该企业同等职位而定的,因而各企业间差别较大。一般企业的培训部设有培训助理、培训主任、培训经理、培训总监等职级,其职位和薪酬依次与其他部门的普通员工、部门主管、部门经理、高层管理人员相当,一般在外企和效益较好的大型民企、国企中,培训部经理的收入都在年薪10万元以上。从企业的需求看,培训已成为企业管理的"重头戏",许多企业为此一掷千金,人才紧缺与市场需求旺盛之间的矛盾是造成企业培训师身价不菲的主要原因。随着企业竞争的不断加剧,企业培训师的市场还将逐年扩大,其缺口将在一段时间内持续存在,职业前景一片光明。

由于整个人才市场中合格培训师的短缺,使得企业内训师的流动也相当频繁,他们在一个企业做到培训主管职位若干年后,往往就会考虑跳槽到更大的企业,或者到相当的企业应聘培训经理的职位;而在大企业中做到培训经理几年后,如果觉得自己羽翼丰满,则会跳槽到顾问公司做专职培训师,或者"下海"成为自由职业培训师,只要他们真有过硬的专长和培训技巧,做职业培训师的收入往往都会在原来收入基础上翻番,甚至更高[①]。

(五)培训师来源

培训师主要有三种来源:一是超过40%的仍在一些大公司中任职的培训师、培训部经理或有培训能力的企业高层人士,他们是企业担任高级管理或技术职务的人员,属于在实战中磨练出来的经验型培训师;二是大约10%的来自大学里的学者教授,他们基本属于理论派培训师;三是剩下不到50%的受过专业培训技巧训练,并且以培训为职业的职业培训师,这些职业培训师中又大约有一半(25%)来自港台地区,另外一半(25%)才是在大陆成长起来的培训师。

对于企业的人力资源从业人员,从兼职授课到成为职业培训师是一个不错的成长路径,职业培训师不同于纯粹的高校专家教授,不仅要求有丰富的培训授课经验,还要求对所讲授课程有着丰富的实践阅历、扎实的理论基础和独到的见解。国内培训行业的兴起使职业培训师越来越为人们所关注,社会上甚至出现"不做CEO就做培训师"的宣传性说法,能做到高级培训师,不仅收入丰厚,而且十分受人尊重。

职业培训师需要有自己擅长的专项领域,包括在此领域中的经验和理解。例如,讲授中高层管理技能的培训师,以前就积累有中高层管理经验和实际解决问题的能力;讲授销售技巧的培训师,已经形成自己独特的销售经验和技巧。所以,要向培训师方向发展,需要根据自身的情况找准定位和擅长的领域。优秀的培训师绝不可能是"万金油",一定要成为某个领域内的专家,因此在成长的过程中,培训师找到自己优势,并且深入探索下去成为专家是一个好的选择。

例如,企业的培训专员、培训经理,如果一直从事的是人力资源领域的工作,缺乏商品销售、财务管理的经验,那么讲授人力资源、职业发展、职业素养类培训则更为明智。从事人力

[①] "培训师:黄金职业开口见钱",http://www.jobinhe.net/news/yaowen/187132.html。

资源工作的企业人士成长为培训师,可以考虑将培训课程集中在以下三个领域:一是人力资源培训,即绩效、薪酬、招聘、培训、档案管理、劳动法、员工关系等;二是职业化培训,即服务礼仪、商务礼仪、沟通技巧、职业生涯规划、员工职业化、职业心态、面试技巧等;三是管理发展培训,即企业战略、管理技能、领导力、执行力、团队建设、沟通、授权、企业文化等。

优秀培训师往往需要先诊断出企业或学员的问题所在,才能提出相应有针对性的课程建议及培训方案。因此,优秀的培训师往往也是一名出色的咨询顾问,可以帮助解决企业操作层次的具体问题,根据企业实际状况提出培训课程及培训重点的建议。

二、路径二:管理方向的路径选择

培训专员在积累一定工作经验后,可以晋升为主管或者经理,如销售培训经理、人力资源经理、培训和发展经理等,再上一级可以晋升为总监级管理人员。培训经理更强调建立培训体系的能力、分析能力与课程开发讲授能力,从培训专员发展为培训经理一般需要 3~5 年的时间,年薪在 4 万~15 万元。

对于没有人力资源其他模块经验的培训经理,要想往人力资源总监的方向发展,需要拓宽自己的业务领域,熟悉招聘、薪资、绩效等模块,在发展上才会更为顺利。要做好人力资源的任何一个职位,了解企业业务是必不可少的前提,培训经理也不例外。生产型企业的培训经理,多到车间走走,了解产品的生产过程很重要;销售型企业的培训经理,从关注客户体验到掌握销售人员的心理,这个功课也是必须要做的。特别要指出的是,现在很多企业意识到培训对企业的作用,纷纷开始建立企业大学。作为培训经理,能够成为企业大学的筹建和管理者,也是很理想的发展之路。

总的来看,从事管理工作的职业前景也非常诱人。

首先,从事培训工作在企业内部能够获得比其他职业更多的机会。一是培训经理能够有更多的机会接触到最新的管理理念、管理知识和管理方法,是管理知识和技能的第一受益人;二是企业培训具有高挑战性,而凡是具有挑战性的工作,一旦能够胜任,必然培养起超常的工作能力,即培训经理在面对和迎接挑战的过程中,自身将得到很好的锻炼;三是因为培训经理职务使然,他们在公司内部沟通的机会很广泛,上至公司老总,下达普通员工,都可建立持续的联系与沟通。广泛的沟通机会不仅可以使自己积累人脉,而且可以展示自己最优秀的一面,为自身在组织内部的发展储备人员关系。

其次,从事培训工作在职业发展方面会有更多向上的通道。培训业刚刚起步,在竞争越来越激烈的背景下,企业竞相加速学习,意味着企业将必然对培训管理人才更加倚重,培训业也将需要大量的优秀人才。一个优秀的培训经理,可以轻而易举找到培训相关的工作,而且更重要的是,与众多的专业岗位往往只有单一向上的发展通道相比,培训经理职业发展的通道有多种选择,每一条都有着乐观的前景。

再次,培训工作不受年龄限制。这是与其他许多职业相比的又一个鲜明特点。许多工作随着从业者年龄的增长,其职位很容易被后来者所替代。比如行政工作、一线销售和生产运作类工作等。培训经理岗位工作的不易替代性来源于:培训工作需要多样的跨专业的知识、技能和工作经验,而这些知识、技能和经验不是短期内可以积累起来的。别看现在从事培训管理工作的多是一些年轻人,随着培训业的继续发展,"老姜"更有用武之地,这是西方国家企业培训发展的启示。

培训经理的发展方向与培训专员一样大致有两个方向：一是晋升成为培训职能的高级管理人员；二是成为职业培训师。

（一）具有培训职能的高级管理人员

一般来讲，企业内培训组织的发展会经历以下过程：企业在培训起步阶段，不设培训专员或经理职务，而是由人力资源或行政部门的主管，或部门的职员兼职负责培训工作；当企业培训成为一项经常性工作，企业会在人力资源部门设置一个或多个专门负责培训工作的职位，这些职位一般称为培训专员或培训经理；随着企业培训工作的进一步拓展，企业逐步认识到培训是一项专业性很强的工作：培训活动的效果取决于培训人员的专业能力，而培训管理人员必须懂得培训，才能对培训人员实施有效管理。在这种情况下，随着培训人员的增加，以及内部培训师的逐渐产生，企业便开始设立独立的培训部门。既然有了独立的培训部门，就需要有人来领导这个部门，于是便产生了培训部经理、培训部部长或培训总监这样的职务头衔。

随着企业规模的不断扩大，企业组织呈现出集团化特征。每一个事业部门或分支机构都有专门负责培训的部门、岗位和内部培训师。在这种情况下，为了统合学习资源，提高组织的学习效率，同时为了展现企业的现代形象，企业便会设立自己的企业大学或培训学院。于是企业内部便有了大学校长或培训学院院长这样的职务头衔。当企业的规模进一步扩大，当培训工作成为企业能力建设的日常性工作时，如何管理组织学习便会成为一项专业性极强的工作，这时企业就会进而在公司级别的领导层设置首席学习官（CLO）一职。

换言之，随着企业培训组织的发展，具有与时俱进能力的培训经理的职务就可以"水涨船高"。这一职业通道还包括另外一层意思：当一位培训经理的能力不断增长时，他除了可以在企业内部获得职务升迁机会，还可以在众多的企业间寻找到职务升迁机会。

（二）职业培训师

许多培训经理已经在兼职做企业内部培训师了，有的甚至开始尝试做职业培训师。这或许是企业对他们的要求，或许是他们自身兴趣使然。无论如何，做培训师也是一个相当不错的职业发展机会。

当培训经理们缺乏在培训职能的管理岗位上不断升迁的机会时，或者当他们认为自己不适合做管理者时，向培训师的职业方向发展无疑会成为一种不错的选择。其他岗位的人要想做培训师却不是一件容易的事，因为如果企业或他人不给他们培训的机会，他们也就没有了做培训师的可能。培训经理则不然，在他们想当培训师的情况下，他们可以有充分的职务便利给自己安排机会（先是利用各种场合锻炼自己，进而是上台尝试讲课分享，再者是在内部担任一门课程或多门课程的主讲老师，最后成为专业培训师），而兴趣相同、关系不错的不同企业的培训经理之间还可以相互给对方提供讲课的机会。还有特别重要的一点就是，培训经理出于工作的原因，有机会听到众多不同风格的培训师授课，他们对不同培训师的授课风格、授课内容，以及学习者的需求和心态都能进行客观评价，这种能力将十分有利于他们迅速成长为具有职业化特征的优秀培训师[①]。

此外，还可以选择走一条职业化程度更高的企业咨询师路线，成为企业文化咨询顾问、人力资源咨询顾问、EAP咨询顾问，或者成为一名职业咨询师。但是，这一行业对从业人员的学识和经验积累要求特别高，在此不再赘述。

---

① 张诗信、秦俐：《成就卓越的培训经理》，机械工业出版社，2011年。

第三节　企业培训与开发

一、培训与开发概念

培训与开发(Training and Development)是企业通过各种方式,使员工具备完成现在或者将来工作所需要的知识、技能,并改变他们的工作态度,以提高员工在现有或将来职位上的工作业绩,并最终实现企业整体绩效提升的一种计划性和连续性的活动。

培训(Training)是企业向员工提供所必需的知识与技能的过程;开发(Development)则是依据员工需求与组织发展要求,对员工的潜能开发以及对职业生涯发展进行系统设计与规划的过程。两者的最终目的都是要通过提高员工的工作业绩来提高企业的整体绩效。其区别如表3所示。

表3　培训与开发的区别

	关注	时间	内涵	目标	参与	使用工作经验的程度
培训	当前	较短	较小	为当前做准备	强制	低
开发	未来	较长	较大	为变化做准备	自愿	高

无论是教育还是培训,都关注员工知识、技能和态度的提升。正因为它们具有这样的共同点,许多人经常将两者混淆,搞不清它们之间到底有何区别。对教育和培训,一般的理解是:教育往往指的是学历教育,周期长,重点在于知识的学习;而培训则是非学历教育,周期较短,重点在于实用性知识或技能的学习。当然,对于培训从业人员,仅仅有这样的认识是不够的,我们还必须剖析教育和培训更深一层的区别,从而对我们的培训工作起到指导作用。具体区别如表4所示。

表4　培训与教育的区别

	培训	教育
时间	无固定学制,时间较短	有时间要求,较长
主体	以学员为中心	以教师为中心
情境	特定或非正式的学习情境	正式的结构化情境
宗旨	与工作相关的特定知识、技能、态度,能改善绩效或行为	系统的获取知识
内容	技能、态度为主	以传授系统化的知识为主
形式	形式多样、灵活	课堂讲授为主
方法	方法多样,注意体验,强调参与和互动	讲授为主,辅之实验等,学生参与互动较少
目标	提高工效;职业态度;完成转岗;避免事故;融入团队	综合与复合的社会标准

(续表)

	培 训	教 育
目的	较强的功利性,强调经济的投入产出	非经济性,强调社会效益
重点	怎么做	是什么,为什么

培训是帮助企业实现战略目标、提升员工个人竞争力的一种教育、培养方式。它包括有形的培训和无形的培训两种形式。有形的培训是指有固定的时间、地点和讲师的培训,我们通常讲的培训就是这种有形的培训。无形的培训则是指主管、骨干员工在平时工作中对下属、一般员工的指导、培养。这种指导、培养的方式可以是开会,也可以是一对一的当面交流,甚至可以是批评劝导。在实际工作中,无形培训对提高绩效的作用更大,影响更深,成本也更低(几乎没有什么成本)。要想培训工作产生实效,无形培训就不能忽视,必须仔细加以规划,因为无形培训不是自动就能做好的。

二、培训的投资功能与绩效转化

企业为什么要培训,这是一个普遍性的问题,企业对此有不同的回答。有的企业认为,培训是一种员工福利,这能够增强员工对企业的满意度,因为这符合员工对自身利益的考虑。也有的企业认为,培训能够使得企业获得更符合企业发展需求的员工,让员工获得与工作相关的知识与技能,能够让员工的工作效率更高,成本更低,从效益上来说对企业是非常合算的,因此是一项值得的投资。有些企业则持有相对负面的看法,他们认为培训的意义不大,因为员工们在参与了培训以后,并不能真正地促进工作绩效提升,因此没有必要去系统化地执行企业培训。

在参与培训以后,员工培训效果能否转化为工作绩效,是评价企业培训是否有必要的重要参考指标。在这个问题上,很多企业往往忽视了其中的关键问题,那就是转化行为的主要实施者并非是培训管理人员,而是员工以及员工所处的部门。这涉及两个方面:第一是培训的内容是否与工作内容相关,并且确实有用;第二是员工是否发挥了主观能动性,积极主动地去将培训学习到的知识转化为工作绩效,部门主管及公司是否创造了良好的环境,使得员工有意愿,也有可能实现学以致用。

当我们讨论员工绩效的时候,员工信心也是一个十分重要的影响因素,而对现状持有健康的心态,对未来抱有积极的预期是员工信心的两大特征。员工信心需要一个长期建立的过程,会随着各种情况的变化起伏不定,可以说是毁之容易重建难。通过持续性的培训,员工会提高对自身能力的认可,同时也会增强对未来不确定性的判断能力。这样就很好地提升了员工的信心,从而起到提升员工绩效的作用。

培训是投资,这一点已成为企业共识。统计数据表明:对员工培训投资1元,就可以创造50元的回报。对于企业而言,很难获得准确的财务数据来计算每个培训的收益,但企业的收益和培训之间毫无疑问有着明显的因果关系:在培训上投入资金和资源,培训实施后,可以看到的结果是员工素质在一定程度上得到了提高,企业的形象得到了提升,内部管理的成本减少了,管理的效率提高了,企业的效益得到提升了,这就是培训给企业带来的回报。而且,从长远发展来看,培训属于高回报的投资。

发达国家知名企业都有一套严格的培训系统,并且愿意为此投入大量资金,为什么要这样做呢？因为培训就是生产力。美国权威机构监测，培训的回报率一般在33%左右。比如，摩托罗拉公司面向全体雇员提供每年至少40小时培训，调查表明：摩托罗拉公司每1美元的培训费可以在3年以内实现40美元的生产效益。世界上最大的包裹投递公司UPS认为，公司最有价值的资产就是忠诚能干的员工，而培养这样类型员工的一种有效手段就是培训。培训不但能增强员工的技能和水平，还可以增强员工对企业的安全感和归属感，培养更强的忠诚度。

培训与开发作为人力资源管理的一项基本职能活动，是人力资源实现增值和实施人力资源开发战略的重要而有效的途径，也是一种有效的激励方式，从长期而言，员工更看重通过培训工作谋求更好的职业发展和自我提升。因此，越来越多的企业对培训与开发工作投入更多的人员和经费。企业真正重视员工培训，对企业、员工都将会是一个双赢的选择[①]。

三、培训与开发的作用

（一）提高员工的工作绩效水平

通过培训可以提高员工的专业技能与综合素质，开发员工的潜能，最大限度地调动员工工作的积极性，完善其知识能力结构，提高企业和个人的工作绩效水平。培训还可以调整人与岗位职责要求之间的差距或矛盾，实现员工与岗位之间的良性互动与成长。员工通过培训，可以减少工作中的失误，降低因失误造成的损失，减少事故的发生。研究发现，80%的企业事故是因为员工不懂安全知识和违规操作造成的。通过培训，员工学到了安全知识，掌握了操作规程，自然就会减少事故的发生。员工参加培训，往往能够掌握正确的工作方法，纠正错误和不良的工作习惯，其最终结果是促进了工作质量的提高。

（二）适应企业外部环境的发展变化，增强组织和个人的应变能力、适应能力和创造能力

一位管理学家曾经说过："员工培训是企业风险最小、收益最大的战略性投资。"人力资源的开发和培训已经成为企业增强自身竞争力的重要途径。企业外部环境随着生产技术更新在不断地发生着变化，企业可以花重金购买设备，却不一定能及时获取合适的专门人才，解决的方法正是通过加强在职员工的培训工作。培训可以使企业员工的整体素质保持在一个较高的水平上，从而保证企业或组织发展对人力资源的需求。对于企业不断出现的各种问题，培训有时也是最直接、最快速和最经济的管理解决方案，比依靠自我摸索要有效率得多，比招聘有相同经验的新进人员更值得信任。

（三）提高和增进员工对企业的认同感和归属感

培训可以使具有不同价值观、信念，不同工作作风及习惯的人，树立起共同的工作理念和行为规范，对员工起到凝聚、规范、导向和激励的作用，从而提升员工对组织的认同和归属程度。金钱对于有技术、知识型员工的激励是暂时的，一段时间有效，长时间却是不行的，他们更看中通过工作得到职业成长发展和提高的机会。在众多的人力资源调查中，"较多的培训机会"成为吸引好员工加入企业和留住好员工越来越重要的因素，甚至是仅次于薪酬的留才要素。

（四）增强员工的就业能力、提高报酬和增强职业稳定性

现代社会职业的流动性使员工认识到"充电"的重要性，换岗、换工作的结果主要倚赖于

---

① "企业与员工的发展需要高效的培训"，http://info.ceo.hc360.com/2012/03/050825197546.shtml。

自身技能的高低，而培训是企业员工增长自身知识、技能的一条重要途径。因此，很多员工要求企业能够提供足够的培训机会，这也成为一些人择业时考虑的一个方面。此外，员工的收入与其在工作中表现出来的劳动效率和工作质量直接相关。为了追求更高收入，员工就有通过培训提高自己的工作技能的强烈愿望，因为技能越高报酬就会越高。企业通常会为具有特殊技能的员工，提供优越的培训条件。在一般情况下，企业也不会轻易解雇这些员工，为防止他们离职给企业带来损失，总会千方百计留住他们。员工往往会把参加培训、外出学习、脱产深造、出国进修等当作是企业对自己的一种奖励。员工经过培训后，素质、能力得到提高，在工作中会表现得更为突出，就更有可能受到企业的重用或晋升，员工因此也更愿意为企业服务。

四、培训与开发分类

（一）按岗位划分

按岗位可分为人力资源培训、战略管理培训、采购培训、生产培训、物流培训、企业文化培训、商务礼仪培训、市场营销培训、销售培训、员工职业化培训、责任体系培训等。

（二）按培训方式划分

1. 企业内训

企业内训是企业根据企业培训需求，针对企业量身定做的专门培训课程，培训讲师、培训时间、培训地点的选择十分灵活。企业内训是世界500强企业普遍采用的一种培训方案。

企业内训可以分为公司培训、部门培训、岗位培训、自我学习等形式。

（1）公司培训：公司培训管理部门根据培训计划，组织的全公司公共部分的培训，如5S知识、QC活动知识、安全知识等；

（2）部门培训：各部门根据公司培训计划，组织的与本部门有关的各类知识和技能的培训，如岗位职责、岗位操作法等；

（3）岗位培训：对员工进行的实际操作技能的培训与岗位内的相互学习；

（4）自我学习：员工自己主动地进行专业知识的再学习和操作技能的训练。

2. 企业公开课

企业公开课是以公开授课形式为企业单位或个人提供工作技能提升的培训服务，适合参加公开课培训的人群涵盖了社会的各个阶层，如刚入职人员的销售知识培训，或具有资深从业经验的高级总裁培训。

3. 网络在线培训

信息革命对社会各个领域产生了深刻影响，社会发展需要人们拥有更新的知识体系，更快地把握瞬息万变的时代变化，但是传统教育模式显然无法跟上知识更替和信息爆炸的步伐。新世纪的教育正在向"终身化"方向发展，互联网作为信息的天然载体，必将通过其在教育领域所特有的功能来回应信息化潮流，不少企业开始借助网络技术建立企业的培训学习平台。

（三）按培训职责划分

（1）应岗培训：目的是为了让员工达到上岗的要求。

（2）提高培训：有针对性地提升岗位业绩的培训。

（3）发展培训：员工职业生涯规划方面的培训。

（4）人文培训：人文、音乐、亲子教育、服装搭配等普适性知识的培训。

（5）拓展培训：一种户外体验式培训。体验式培训强调员工去"感受"学习，而不是在课堂上听讲，员工是培训过程的主人。

五、培训与开发程序

培训与开发程序可分为四个步骤：培训需求分析、培训方案制订、培训实施、培训效果评估（见图2）。

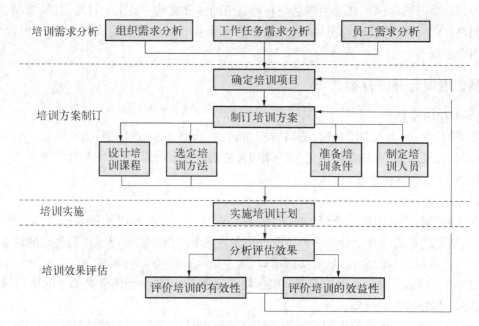

图2　培训与开发的基本程序

培训需求分析是在规划与设计每项培训与开发活动之前，由培训部门、主管人员、工作人员等采用各种方法与技术，对组织、工作任务，及其成员的目标、知识、技能等方面进行系统的鉴别与分析，以确定是否需要培训与开发，以及确定培训内容的一种活动或过程。通常采用问卷调查、访谈、观察法等研究方法，通过收集数据及事实论证来了解哪些员工最需要培训，培训的原因及培训内容等问题。培训需求是进行培训与开发效果评估的基础，因而成为培训与开发活动的首要环节。

培训方案制订必须密切结合企业的生产和经营战略，从企业的人力资源规划和开发战略出发，满足企业资源条件与员工素质基础，考虑人才培养的超前性和培训效果的不确定性，再确定培训的目标，选择培训内容、培训方式，准备好培训设施及安排好培训人员。在制订方案时，要从企业的实际出发，利用各种资源进行设想与规划，以便决定和安排可以满足培训与开发目标所必需的各种活动。

制订好培训方案后，接下来的工作就是培训的实施。培训实施是培训方案或计划的具体化，主要内容有培训时间和地点、培训工具及有关资料、培训讲师及培训过程中的有效控制，要达到培训的基本标准或要求，须监督计划的贯彻落实情况。多样化的培训方式比传统的讲授式培训可以获得更好的效果。

最后一个环节是培训效果评估，研究培训方案是否达到培训的目标，评价培训方案是否有价值,判断培训工作会给企业带来的效益(经济效益和社会效益),培训的重点是否和培训的需求相一致。科学的培训评估对于分析企业培训需求、了解培训投资效果、界定培训对企业的贡献非常重要。目前使用得最广泛的培训效果评估方法是柯克帕克立特的培训效果评估体系。成本—收益分析也是一个比较受推崇的方法,这种方法可将培训的效果量化,让企业可以直观地感受到培训所能带来的效益。

企业培训是一项复杂的工作,它由诸多过程组成,培训需求是这个过程的输入,培训方案是输出的结果,培训实施是对方案的实现,培训效果评估是对方案适宜性、有效性的评价,在评价的基础上提出建议或意见,使企业培训工作得以持续改进。培训工作可以用过程模式图来表示(见图3)。

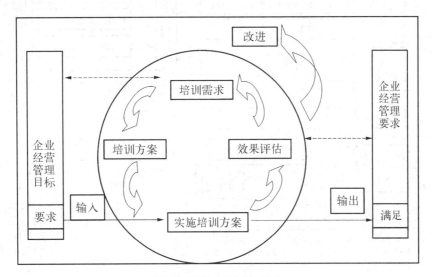

图3　培训工作过程模式

由图3可以看出,培训工作的开展是为了实现企业的经营目标与管理目标,满足企业的经营与管理要求,而不是单纯为了满足员工的个体需求。企业提供的培训不只是给员工提供福利,而是为企业的生存与发展奠定良好的基础。

为了保证培训工作有序、有效地开展,在培训过程中可以应用PDCA的管理方法。

> P(Plan)——策划:根据企业的发展方向与战略规划、企业要求、人员个体情况,确定企业的培训目标、培训实施过程、明确培训职责。
> 培训流程:培训需求分析—编制培训方案—实施培训方案—培训效果评估—培训工作改进。
> D(Do)——实施:实施培训。
> C(Check)——检查:根据企业的发展方向、培训目标,对培训过程的有效性进行检查,并报告结果;
> A(Action)——处置:采取措施,持续改进培训绩效。

整个培训体系和管理过程可以参看"培训体系流程图"(图4)和"培训组织管理流程图"(图5)。

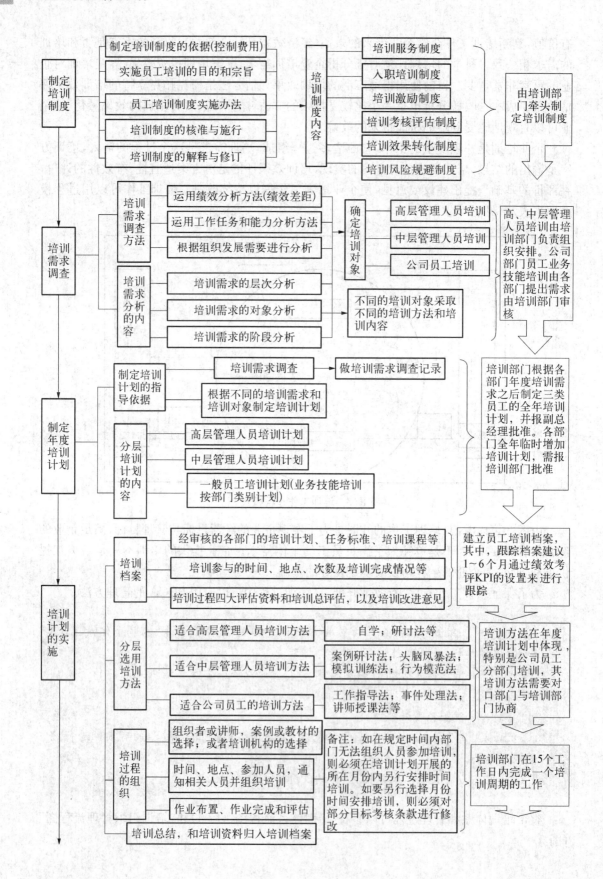

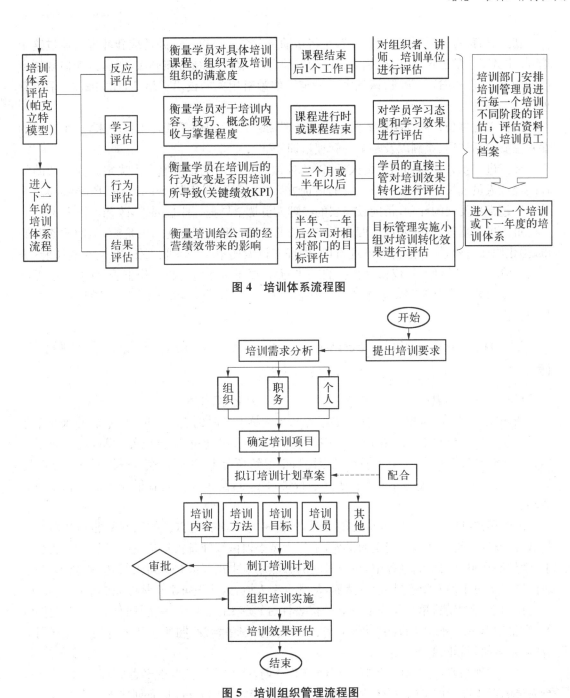

图 4　培训体系流程图

图 5　培训组织管理流程图

第四节　著名企业培训案例

一、HP[Hewlett-Packard Company,惠普公司(美国)]

惠普公司以"不仅用你,而且培养你"著称。

初到惠普,首先是"新员工培训",这将帮助员工个人很快熟悉并适应新环境。通过这个培训,让员工了解公司的文化,确立自己的发展目标,清楚业绩考核办法,明白该如何规划自己的职业生涯。在这一阶段,课程主要是与工作紧密相关的技术类培训,比如编程、系统管理等。

当员工通过公司内部招聘成为一线的经理,加入到公司内部管理工作中来,这个阶段的课程主要包括沟通、谈判以及基本的管理培训。

员工进一步升迁为部门负责人后,需要参加什么培训主要由他本人决定。为了帮助年轻的经理人员成长,惠普有一个系统的培训方案——向日葵计划(Sunflower Program)。这是一个超常规发展的计划,帮助较高层的经理人员从全局把握职位要求,改善工作方式。

员工进入惠普,一般要经历四个自我成长的阶段:第一是自我约束阶段,不做不该做的事,强化职业道德;第二是自我管理阶段,做好应该做的事——本职工作,加强专业技能;进入第三阶段,自我激励,不仅做好自己的工作,而且要思考如何为团队作出更大的贡献,思考的立足点需要从自己转移到整个团队;最后是自我学习阶段,学海无涯,随时随地都能找到学习的机会。

二、IBM[International Business Machines Corporation,国际商业机器公司(美国)]

IBM对员工常常提供苦行僧式的培训——"心力交瘁"课程。

所谓"心力交瘁"课程,是指紧张的学习从每天早上8时到晚上6时,而附加的课外作业常常要使学生们熬到半夜。在商业界中,人们必须学会合理安排自己的时间,他们必须明白:充分努力意味着什么,整个通宵是否比只学习到晚上10时好?经过一段时间的学习之后,考试便增加了主观因素,学员们还要进行销售学习,这是一项具有很高的价值和收益的活动。

一个用户判断一个销售人员的能力时,只能从他如何表达自己的知识来鉴别其能力的高低,商业界就是一个自我表现的世界,销售人员必须做好准备去适应这个世界。一般情况下,学员们在艰苦的培训过程中,在长时间的激烈竞争中迅速成长。每天长达14至15个小时的紧张学习压得人喘不过气来,然而,却很少有人抱怨,几乎每个人都能完成学业。

IBM公司为销售培训所发展的具有代表性、最复杂的技巧之一就是阿姆斯特朗案例练习,它集中考虑一种假设的、由饭店网络、海洋运输、零售批发、制造业和体育用品等部门组成的、复杂的国际间业务联系。

通过这种练习,可以对工程师、财务经理、市场营销人员、主要的经营管理人员、总部执行人员的形象进行详尽的分析,由教员扮演阿姆斯特朗案例人员,从而创造出一个非常逼真的环境。在这个组织中,学员们需要对各种人员完成一系列错综复杂的拜访。

三、Panasonic[松下电器产业株式会社(日本)]

松下认为,公司既是"制造电器用品"的公司,又是"造就人才"的公司。事业是人为的,而人才则可遇而不可求,培养人才就是当务之急,如果不培养人才,事业成功也就没有希望。

松下公司课长、主任以上的干部,多数是公司自己培养起来的。为了加强经常性的教育培训,总公司设有"教育训练中心",下属八个研修所和一个高等职业学校,为了适应事业的发展，松下公司人事部门制定了社内留学制度和海外留学制度。

松下公司的培训遵从五点原则。一是注重人格的培养。名刀是由名匠不断锻炼而成的，同样，人格培养也要经过千锤百炼。二是注重员工的精神教育和人才培养。对员工精神和常识上的教导，是身为经营者的责任。松下着力培养员工的向心力，让员工了解公司的创业动机、传统、使命和目标。三是要培养员工的专业知识和正确的价值判断。如果员工没有足够的专业知识，不能满足工作上的需要，而如果没有正确判断事物的价值的能力，也等于乌合之众。四是训练员工的细心。细心体贴，看起来似乎是不足挂齿的小节，其实是非常紧要的关键，往往足以影响大局。五是培养员工的竞争意识。松下认为，无论政治还是商业，都因比较而产生督促自己的动力，一定要有竞争意识，才能彻底地发挥潜力。

四、LG[LG 集团(韩国)]

在 LG，每个员工的培训机会不是均等的。

新员工只有一些最基本的培训，而做到高层管理者的员工，则有去韩国总部培训中心，或去国外参加专门培训，或去进修 MBA 课程之类的机会。公司的很多课程都是专门为"核心人才"设立的。"让有能力的人先培训"，有发展潜力的员工的培训机会更多。这是鼓励员工努力工作的一种很好的方式。

LG 培训的形式不仅仅限于"大家坐在教室里集中听课"，而相当一部分培训已经采用最新的网络工具来实现，如使用在线培训课堂软件进行远程教育等。其培训的新渠道是 IBL 课程(Internet Based Learning)，即基于互联网的学习。

公司设计了以网络为基础的学习软件，活用网络提供的资源，以远程教育的形式营造有利的环境来促进学习。目前 LG 开发的课程有"新人社员课程"、"社员能力向上课程"、"超一流亲切课程"。把培训的课程放在网络上，每个员工可以随时随地按照自己的方式和进度进行自我培训，完成课程中的课题，最后指导人员会把这种学习的效果评估反馈给员工。另外，LG 有全球性的 Internet，中国和韩国可直接交流课程、培训方式和方向等。例如，在中国可以查看韩国培训中心的课程运营表，决定是否参加某个课程。

五、McDonald's [McDonald's Corporation,麦当劳(美国)]

多样化的人才组合是麦当劳普通员工的一大特点。

麦当劳不同于其他公司，真正毕业于饮食服务学校的员工只占 30%，而 40% 的员工来自商业学校，其余的则由大学生、工程师、农学家和中学毕业后进修了 2～5 年的人组成。

麦当劳是如何把一个普通毕业生培养成为成熟的管理者的呢？原来，麦当劳实行了一种快速晋升的制度：一个刚参加工作的出色的年轻人，可以在 18 个月内当上餐馆经理，可以在 24 个月内当上监督管理员。而且，晋升对每个人都是公平合理的，既不作特殊规定，也不设典型的职业模式。每个人主宰自己的命运，适应快、能力强的人能迅速掌握各个阶段的技术，从而更快地得到晋升。这个制度还可以避免有人滥竽充数。每个级别的经常性培训，只有相关人员获得一定数量的必要知识，才能顺利通过阶段考试。公平的竞争和优越的机会吸引着大量有文凭、为了实现自己理想的年轻人来到这里。麦当劳公司还有一项重要规则：如果事先未培养出自己的接班人，那么无论谁都不能提级晋升。

六、Haier［海尔（中国）］

海尔集团自创业以来一直将培训工作放在首位，上至集团高层领导，下至车间一线操作工人，集团根据每个人的职业生涯设计，为每个人制订了个性化的培训计划，搭建了个性化发展的空间，提供了充分的培训机会，并实行培训与上岗资格相结合。

海尔培训工作的原则是"差什么学什么，缺什么补什么，急用先学，立竿见影"。在此前提下，首先是价值观的培训，"什么是对的，什么是错的；什么该干，什么不该干"，这是每个员工在工作中必须首先明确的内容，这就是企业文化的内容。

海尔的人力资源开发思路是"人人是人才"，"赛马不相马"。在具体实施上给员工做了三种职业生涯设计：一种是对应管理人员，一种是对应专业人员，一种是对应工人。每一种都有一个升迁的方向，只要是符合升迁条件的即可升迁入后备人才库，参加下一轮的竞争，跟随而至的就是相应的个性化培训。"海豚式升迁"，是海尔培训的一大特色。海豚是海洋中最聪明、最有智慧的动物，它下潜得越深，则跳得越高。比如，一个员工进厂以后工作业绩突出，但他是从班组长到分厂厂长干起来的，主要局限于生产系统；如果现在让他做一个事业部的部长，那么他的市场系统的经验可能就非常缺乏，就需要到市场上去磨炼，市场一线的锻炼和培训才是炼金的地方。

七、SAMSUNG［三星集团（韩国）］

SAMSUNG集团尤其重视对销售人员的训练，明确训练对象是骨干推销员，即在公司已工作13~15年，长期在营业部第一线工作，有一定的下属，在实际上担任部分经理职责，却并不是完全的管理者的一部分人。训练要达到的目的非常明确，就是缩短预期销售量与实际销售量之间的差距，并可以当场反映出效果究竟如何。训练时间安排为三天两夜，所有参加者集体住宿，采用授课法、分组讨论法和角色演示法进行。

在训练的内容及侧重点方面，首先是让骨干员工了解为达到目标应有的角色意识和执著追求的精神；其次是如何根据自己的能力设定适当的目标；再次是学习有效的商业谈判技巧；最后才是个人为达成目标所制订的具体的行动方案，如采取何种推销手段，有效的访问次数，推销数量及开拓新的市场等。

由于训练分三天进行，所以他们对训练内容作了如下安排。

第一天	上午：骨干员工到集训地报到，熟悉环境 下午：讨论为什么要达到一定的目标。训练负责人可启发员工从三方面加以讨论： ① 从自身来说，目标是实现自我成长的途径，自己生存的必要，家庭生活的要求，能够体现自我价值，成为下属追随的对象，公司发展光荣的开拓者，与公司紧密相连 ② 从公司来说，目标是公司存在与否的根本，能否提高市场占有率的关键，继续运转的动力 ③ 从社会来说，目标是贡献社会的指标，提供社会最好的产品 可将所有人员分为五人一组，用自我提示法、KJ法进行小组讨论 晚上：为自己设立要达到的目标。其步骤如下： ① 用设定目标最正确的方法，确定自己的目标，找出与实际销售情况之间的差距 ② 采取的方法有现有资料使用法、价值判断和援助其他部门计划法等 以现有资料分析法来说，将其他公司的数据资料同本公司进行比较，分析本公司在占有率、成长率、商品数量、性能方面的地位，从而确定本人想再拜访的顾客数量、实现的经济目标、销售数量等 ③ 个人提出自己成功的方法的范例，交流心得

(续表)

第二天	上午：用角色演示法来学习推销技巧的初次演示 由指导员进行角色分派，决定顾客和推销员的人选，然后设置演出场景，就可以开始第一次演示了。在演示完毕以后，由观察员针对各演出角色进行评论，对于扮演推销员者，至少提出三项优点和三项需要改进的方面，进行综合评价 下午：针对上午演示中暴露出来的问题，进行第二次演示，指导员作总结发言 第二次演示的角色应进行互换，由上午扮演顾客者来扮演推销员，而原扮演推销员的人则扮演顾客，以便更好地体会角色差异 晚上：由个人针对本人特点，制订工作计划表，说明进行推销活动的战略战术，如拜访客户的时间、想要达到的目的、推销技巧等
第三天	上午：每个人说明自己的行动方案和计划状况，由指导员进行评论，指出应该注意的地方应注意的地方有： ① 该计划是否针对本人特点？ ② 是否贯彻了角色演示中学到的技巧与技能？ ③ 是否融入了本人的心得体会？ 下午：由指导员将个人计划表，以及指导员所作评述交给其上司，解散员工，回到各自的工作岗位

经过培训，员工是否将学习成果运用到实际工作中去了呢，这次训练是否有必要呢？这些问题，都需要通过追踪检测来回答。

也许这项工作耗时长、实施起来非常困难，但却是骨干员工培养不可缺少的一环，也是提高训练部门负责人对员工培养的能力的重要途径。

三星的训练部门负责人拟定了一张图表，作为评价骨干员工工作能力的训练方法有效与否标准。一般在实施训练三个月后使用。

当今社会，培训与开发工作更关注企业的战略目标和长远发展，以企业战略规划、人力资源规划为依据制订的培训与开发计划，把培训目标与公司的长远发展目标、战略、愿景紧密地联系在一起。培训更注重合作与团队建设，激发员工的学习动机，强调以人为本。许多企业都意识到培训无论在内涵的深度还是在外延的广度上都大大不同于传统意义上的培训，为推进企业发展，各企业相继建立起内部大学，如摩托罗拉大学、思科大学、华为大学、联想管理学院、海尔大学等一批具有企业特点的新型人力资源培训与开发体系应运而生[1]。

思 考 与 实 践

1. 培训工作被认为是人力资源管理中重要职能之一，但是对培训是否能给企业带来所期望的效益，提高企业的竞争力，人们的意见并不统一，有人认为培训是投资，有人则认为培训是浪费金钱和时间，你是如何看待的？

2. 做一个培训专员需要有很强的学习能力和沟通演讲的能力，即使你不做培训这一行，这些能力也是一个职场专业人士必备的素质，坚持每天安排专门学习的时间，有意识地多与人交流，几年下来，你一定会发现自己是个骨灰级的白领备胎。

---

[1] "世界名企独特的员工培训"，http://www.jobinhe.net/news/yaowen/180852.html。

3. 如果打算将来在培训工作领域有所发展,可以考虑在大学期间,先考试获取一个企业培训师职业资格证书,具体的资格要求和考试准备可以早做准备,毕竟"早起的鸟儿有虫吃"。

4. 如果你认为自己不是培训讲师的材料,当然也可以选择在培训领域做一名管理人员,比如培训助理,那么你也应该多关注一些管理和人际交流方面的知识和技能。

5. 尝试简要地向大家介绍以下这些企业的基本情况:HP、IBM、Panasonic、LG、McDonald's、Haier、SAMSUNG。

项目一

团队组建

学习目标

1. 理解团队的重要性,并组建团队
2. 通过团队游戏,领悟团队精神的含义
3. 参与团队组建过程,承担团队角色和团队任务
4. 在团队竞争中,学会观察与思考,提升团队凝聚力
5. 团队队长要善于分析团队成员特点,合理分工与授权

"一根筷子呀,轻轻被折断,
十双筷子牢牢抱成团。
一个巴掌呀,拍也拍不响,
万人鼓掌哟,声呀声震天,声震天!
一支竹篙耶,难渡汪洋海,
众人划桨哟,开动大帆船。
一棵小树耶,弱不禁风雨,
百里森林哟,并肩耐岁寒,耐岁寒。
一加十,十加百,百加千千万,
你加我,我加你,大家心相连"

这是歌曲《众人划桨开大船》中的一段歌词,阐明了个人的力量是有限的,而团体的力量是强大的道理,说明了团结的深刻含义,及团队对于人们共同完成一个目标的重要性。"众人拾柴火焰高、众人划桨开大船、众人添砖起高楼""一个

> 篱笆三个桩,一个好汉三个帮",说到底,都是在讲"团结就是力量",这就是一个集体、一个团队的力量。

第一节 组建自己的团队

一、何为TEAM

> T：together
> E：everyone
> A：achieved
> M：more

团队(Team),又称为工作团队(Work Team),是指为了一个共同的目标而在一起工作的一些人组成的协作单位。团队合作,是指一群有能力、有信念的人在特定的团队中,为了一个共同的目标,相互支持合作奋斗的过程。其主要特征有四点：共同目标、互相依赖信任、归属感和责任心。

二、团队组建要求

(一)高效团队的基本条件
(1)规模比较小,一般不超过10人;
(2)互补的技能,即团队各成员至少具备一技专长,具有分析解决问题能力、沟通技能;
(3)共同的目的,是团队产生的前提,并可以为成员提供指导和动力;
(4)可行的目标,可以使成员采取行动和充满活力;
(5)共同手段或方法,以此来实现目标;
(6)相互之间的责任感和信任。

(二)团队组建过程
(1)以40人班级为基准,共分6~7组,每组5~6人。
(2)每组既有男生又有女生。
(3)选出团队队长。
(4)团队成员讨论,完成以下任务：
1)决定队名;
2)成员分工(如队长1名,秘书1名,外联1名,资料员1名,摄影师1名,技术支持1名等);
3)团队理念(口号、具体阐释);
4)设计队标;
5)选择队歌。

三、团队组建示例

(一) 团队名称:"点点点"

◎队长:史文雪

◎队员:刘琬辰、刘露、王爽、卢子静

◎北京劳动保障职业学院2011级工管一班

1. 队名"点点点"由来

源于典故,"滴水穿石"。寓意水不停地滴,石头也能被滴穿。正如我们一样,只要有恒心,不断努力,事情就一定能成功。小小的水滴也能集结成数万条细小的水流,终究汇成万涓成水,汇流成河,形成磅礴而团结的力量。

2. 队歌:《星晴》

源于歌词中"手牵手,一步两步三步四步望着天,看星星,一颗两颗三颗四颗连成线"就像我们一起手拉手,仰望星辰的美丽,天空的蔚蓝,无论多大的困难,我们都会手拉手一步两步三步四步共同走过去。

3. 口号:多读书,多看报,少吃零食,多睡觉

多读书,多看报,你就能提高悟性,了解国家时政,就会建立自己的理想,这样人生才能活得有意义,获得充实;少吃零食,多睡觉,俗话说得好,"身体是革命的本钱"。

4. 队标

狮子座:他们是万兽之王,他们慷慨高贵,他们是力量的代表,又有发掘自己本质的能力。

射手座:代表自由在天空飞翔的箭,是一种理想,是一种解放的感觉,是热情、奔放、速度的代表。他们具有抱负、喜欢冒险,他们诚实、坦率。

我们的队标:把他们结合在一起,就像我们队伍一样,有理想,有抱负,充满激情和力量去面对未来的一切,自由自在活出自己。

5. 才艺展示

【一棵开花的树】
如何让你遇见我
在我最美丽的时刻
为这
我已在佛前求了五百年
求佛让我们结一段尘缘
佛于是把我化做一棵树
长在你必经的路旁
阳光下慎重地开满了花
朵朵都是我前世的盼望
当你走近
请你细听
那颤抖的叶是我等待的热情

> 而当你终于无视地走过
> 在你身后落了一地的
> 朋友啊
> 那不是花瓣
> 那是我凋零的心

每个人相遇都是前世修来的福分与缘分,他们彼此错过无数次,才换来了今生在彼此之间的相遇,在一个班,一个小团体相遇。

6. 队员介绍

(1)队长:史文雪。

团队的领导核心,待人积极热情。做什么事情都是激情四射,对待队员亲切友善,什么事都可以分析到位。

(2)发言人:卢子静。

爽朗开放的"尔康"是团队发言的主力,他语言清晰,分析准确,常常能给团队带来新的点子与信息,是组里不可缺少的人才。

(3)秘书:刘琬辰、王爽。

她们尽职尽责,总是主动整理分析资料内容,帮助队长准确找到关键点。

(4)技术:刘露。

资料导入都是由"技术刘"来完成,她负责网上搜集资料,然后整理归纳,技术过硬。

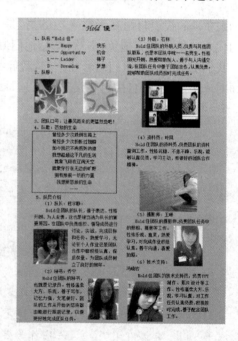

(二)团队名称:"Hold 住"

◎队长:程宇静

◎队员:乔宁、石林、叶凤、王琳、冯晓岩

◎北京劳动保障职业学院 2011 级人力 2 班

1. 队名"Hold 住"

H——	Happy	快乐
O——	Opportunity	机会
L——	Ladder	梯子
D——	Dreaming	梦想

2. 队标

3. 团队口号：让暴风雨来得更猛烈些吧！

4. 队歌：《怒放的生命》

> 曾经多少次跌倒在路上
> 曾经多少次折断过翅膀
> 如今我已不再感到彷徨
> 我想超越这平凡的生活
> 就像飞翔在辽阔天空
> 就像穿行在无边的旷野
> 拥有挣脱一切的力量
> 我想要怒放的生命
> ……

5. 队员介绍

（1）队长：程宇静。

"Hold 住"团队的队长，善于表达、性格开朗、为人友善，这也是他被选为队长的重要原因。在团队中负责组织、领导成员进行讨论、实战，完成目标和任务。热爱学习，无论在个人作业还是团队合作中都积极认真，保质保量。为团队成员树立了良好的榜样。

（2）秘书：乔宁。

"Hold 住"团队的秘书，也就是记录员。温柔大方、乐观，善于写作，记忆力强，文笔很好。团队的工作从开始到结束都由她进行跟进记录，以便更好地完成团队任务。

（3）外联：石林。

"Hold 住"团队的外联人员，负责与其他团队联系，也是本团队中唯一一名男生。阳光开朗，热爱帮助别人，善于与人沟通交流，在团队任务中善于团结合作，认真负责。能够帮助团队成员按时完成任务。

(4) 资料员：叶凤。

"Hold住"团队的资料员，负责团队的资料查询工作。沉稳、不急不躁、乐观，能够认真负责，学习主动，有很好的团队合作精神。

(5) 摄影师：王琳。

"Hold住"团队的摄影师，负责团队任务中的照相、摄影等工作。性格乐观、直爽，热爱学习，对完成作业积极认真。善于沟通，喜爱拍照。

(6) 技术支持：冯晓岩。

"Hold住"团队的技术支持员，负责PPT制作、照片设计等工作。温柔大方、乐观，学习认真，对工作任务认真负责，积极按时完成，善于配合团队工作。

6. 总结

6个人组合在一起，应验了一句话："一个人的力量是薄弱的，一群人的力量是强大的"，一个好的团队不可能没有分歧与争执，但是最后都会以大局为重。我们是一个整体，彰显着一个小团队的风采；我们是怒放的生命，形成花蕊然后绽放，最后还是会凝聚在一起，等待下一次更美丽的绽放。

归根结底，我们"Hold住"团队的所有成员能够组合在一起，是因为每个人都有自己的特点和作用，在今后的课程中我们一定会高标准、高质量地完成团队任务，共同努力、共同学习。一直保持积极向上的热情，面对挫折和困难一定会hold住的，因为我们是最棒的！

(三) 团队名称："海王星上的毛毛虫"

◎队长：刘青凤

◎队员：郭星星、魏思雨、孙美超、刘昊、孙腾

◎北京劳动保障职业学院2011级人力2班

1. 队名"海王星上的毛毛虫"的由来

大家好，我叫海王星，英文名是Neptune，我是环绕太阳运行的第八颗行星，是围绕太阳公转的第四大天体。海王星大气层85%是氢，13%是氦，2%是甲烷，还有少量氨。我每天都在为着自己的梦想而奋斗，我的梦想是环宇宙旅行，并且跟我的家人见面。所以，我每天都在很努力地转动，向着自己方向前进。我的任务是代表艰难的生存环境。

大家好，我叫毛毛虫，我的行动很迟缓，对没有翅膀的我来说，生存就是一场战争。但是，为了生存，为了看到这个美丽的大千世界，我拼了命地活着，然后变成美丽的蝴蝶，俯视这美丽的变换的世界。这就是我的梦想。最近，我接受了一个挑战，就是在海王星上生存，在这艰难的条件下，我更要努力生存，然后可以成功地破茧而出，变身为漂亮的蝴蝶，不让别人看扁我们，加油！

我的任务是：担任在逆境中逆流而上的奋斗者。

2. 团队口号：

"一只毛毛虫呀，轻轻被捏死；六只毛毛虫，牢牢抱成团，在海王星上完美蜕变。"

3. 队歌：《虫之歌》

> 该不该放下我的梦想？
> 寻找到底哪里有彩虹

随着轻轻地自转
经历的伤都不感到疼
我要一步一步往上爬
挣脱束缚向往着更高的天
小小的天有大大的梦想
慢慢地爬不怕臭氧和哈雷
我要一步一步往上爬
在最后的树枝上变成蚕宝
平凡生活流过的泪和汗
总有一天我有属于我的天
我要一步一步往上爬
在最顶点望着自己爬过的痕迹
任臭氧吹干掉的泪和汗
我要一步一步往上爬
等待破茧而出的惊喜的变化
大大的宇宙有大的舞台
我有属于我的天
总有一天我有属于我的天

4. 队员介绍

	队长： 刘青凤 简称：顽强虫	你看那小眼神，都不知道眼睛有没有放大！她是个自来疯加人来疯，真恐怖。有时神经得要命。毕生目标就是要给她妈一个好的生活。真是感人啊！ 希望她会成功。她的座右铭是：树的方向由风定，我的方向由我定！你说风一吹，她这么一条虫还不被吹跑了？
	一号虫： 孙腾 简称：腾腾虫	这是一条有文化的虫子，她还知道居里夫人，一个人应当一次只想一件东西，并持之以恒，这样便有希望得到它。不怕虫子，就怕有文化的虫子啊！ 她希望有个好的未来，所以，她现在努力学习，以后刻苦工作，争取好未来。一切为了未来啊！！
	二号虫： 郭星星 简称：慢慢虫	哼哼，这是一条又爱吃又爱睡的虫子，有时还迷糊，慢半拍。不过，这虫子还挺诚实。人家还有个美少虫拯救世界的梦咧！可惜她连自己都没救呢！ 她相信，人生总会有很多偶然和巧合，只要你肯坚持，两条平行线也可能有交汇的一天！
	三号虫： 魏思雨 简称：魏魏虫	魏魏虫可了不起了，原来叫伟大能歌！享誉后面四个座位外加旁边那个座位。她坚持自己的梦想，不轻言放弃，不轻易服输。 至于她的梦想嘛！！就是：嫁给林俊杰！哇哈哈，或许也许大概可能能成吧。 给她个祝福吧！

(续表)

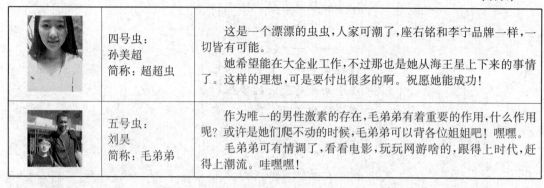

	四号虫: 孙美超 简称:超超虫	这是一个漂漂的虫虫,人家可潮了,座右铭和李宁品牌一样,一切皆有可能。 她希望能在大企业工作,不过那也是她从海王星上下来的事情了。这样的理想,可是要付出很多的啊。祝愿她能成功!
	五号虫: 刘昊 简称:毛弟弟	作为唯一的男性激素的存在,毛弟弟有着重要的作用,什么作用呢? 或许是她们爬不动的时候,毛弟弟可以背各位姐姐吧! 嘿嘿。 毛弟弟可有情调了,看看电影,玩玩网游啥的,跟得上时代,赶得上潮流。哇嘿嘿!

在繁杂多变的社会中,可能没有人会好心帮助你,可能没有人会提点你。在社会中工作,就如同在海王星上,那里没有氧气,工作可能会压得你喘不过来气,可能别人的嘲讽、陷害会让你透不过气;在社会中工作,就如同在海王星上,面对那么多星球,都可能是你未来发展更好的空间,但你离它很远。你可能就是一只微乎其微的毛毛虫,但通过你的努力,坚持不懈地前进。你就可能蜕变成漂亮的蝴蝶,再也没有人敢轻易嘲笑你。

加油吧,同学们,向着自己的梦想前进。即使失败,曾经我们努力过。

四、团队建设重点

有计划、有组织地增强团队成员之间的沟通交流,增进彼此的了解与信赖,在工作中使分工合作更为默契,对团队目标认同更统一明确,完成团队工作更为高效快捷,围绕这一目标所从事的所有工作都称为团队建设。团队建设的核心是把合适的人放到合适的位置。团队建设是企业在管理中有计划、有目的地组织团队,并对其团队成员进行训练、总结、提高的活动。团队的发展取决于团队的建设,团队建设可以从以下五个方面进行。

(一)组建核心层

团队建设的重点是培养团队的核心成员。俗话说"一个好汉三个帮",领导人是团队的建设者,应通过组建智囊团或执行团,形成团队的核心层,充分发挥核心成员的作用,使团队的目标变成行动计划,团队的业绩得以快速增长。团队核心层成员应具备领导者的基本素质和能力,不仅要知道团队发展的规划,还要参与团队目标的制订与实施,使团队成员既了解团队发展的方向,又能在行动上与团队发展方向保持一致。大家同心同德、承上启下,心往一处想,劲往一处使。

(二)制订团队目标

新团队组建首先应明确团队目标。团队目标来自公司的发展方向和团队成员的共同追求,它是全体成员奋斗的方向和动力,也是感召全体成员精诚合作的一面旗帜。团队目标用句时髦的话讲就是"愿景"。在团队建设过程中,愿景是行动的指南,是整个团队为之努力想要达到的最终结果。因而必须将团队的目标向团队各位成员解释并说明清楚,并让大家接受。在团队成员接受团队目标的基础上,让各团队成员了解自己的工作对实现团队目标的价值。每个人不管其岗位、层次如何,都是团队目标达成的不可或缺的力量。制订团队目标时,要遵循 SMART 原则:S——明确性,M——可衡量性,A——可接受性,R——实际性,T——时限性。

（三）发挥团队优势

要实现什么样的团队目标决定着需要什么样的团队成员。团队领导要很清楚各个团队成员的优缺点，充分考量他们的能力及完成团队赋予任务所需的协助，保证每个团队成员的信心。团体挑选成员应该是以目标实现为标准，各种层次的人都需要，不符合目标标准和道德条件的应排除在外。团队的成员应该互相帮助、互相支持、互相信任，每个成员都有足够的意愿来完成团队的使命。能力互补或者说优势互补非常重要，各个团队成员必须不断调整自己在团队中的角色，使自己的能力得到最合适的发挥（这需要团队领导发挥作用）。

（四）培育团队精神

团队精神是指团队的成员为了实现团队的利益和目标而相互协作、尽心尽力的意愿和作风，它包括团队的凝聚力、合作意识及士气，强调的是团队成员的紧密合作。要培育这种精神，领导人首先要以身作则，做好一个团队精神的楷模；其次，在团队培训中加强团队精神的理念教育；最重要的是要将这种理念落实到团队工作的实践中去。一个没有团队精神的人难以成为真正的领导人，一个没有团队精神的队伍是经不起考验的队伍，团队精神是优秀团队的灵魂、成功团队的特质。因此，团队精神必须符合团队成员的基本价值观念。

（五）做好团队激励

团队建设是容易与别人的观念发生冲突的工作，每个成员要做好每一项任务，他所面临的最大挑战就是自己。因此，每个团队成员都需要被激励，领导人的激励工作做得好坏，直接影响到团队的士气高低，最终影响到团队发展的顺利与否。激励是指通过一定手段使团队成员的需要和愿望得到满足，以调动他们的积极性，使其主动自发地把个人的潜力发挥出来，从而确保既定目标的实现。要用激励代替命令，激励的方式多种多样：树立榜样、培训、表扬、奖励、旅游、联欢、庆祝活动等。

总之，新团队组建，首先确立一个明确的团队目标，其次去选取合适的人才来充实队伍，并用统一的、大家均认可的团队精神去联合整个团队，加上团队纪律的约束，团队的凝聚力定会得以提升，进而团队战斗力也随之增强。这样一个成功的团队就基本成型了[①]。

五、团队游戏

（一）游戏名称：蒙眼作画

教具：眼罩、纸、笔，所需时间 10～15 分

人人都认为睁着眼睛要比闭着眼画得好，因为看得见，是这样吗？在日常工作中我们自然是睁着眼的，但为什么总有些东西我们看不到？当发生这些问题时我们有没有想过借助他人的眼睛。试着闭上眼睛，也许当我们闭上眼睛时，我们的心就敞开了。

◎目标：

（1）使队员明白单向交流方式和双向交流方式取得的效果不同。

（2）说明当我们集中所有的注意力去解决一个问题时，可以取得更好的效果。

◎规则：

用眼罩将所有队员的眼睛蒙上，每人分发一份纸和笔，要求蒙着眼睛将他们的教室或指定的其他东西画在纸上，完成后让队员摘下眼罩，欣赏自己的杰作。

---

① "团队"，http://wiki.mbalib.com/wiki/%E5%9B%A2%E9%98%9F。

◎讨论：

(1) 为什么当他们蒙上眼睛，所完成的画并不像他们期望的那样呢？

(2) 怎样使这些工作更容易些？

(3) 在工作场所中，如何解决这一问题？

◎变化：

(1) 在戴上眼罩前，将他们的名字写在纸的另一面，在他们完成画图后将所有的纸挂到墙上，让队员挑选出他自己画的那幅。

(2) 教员用语言描述一样东西，让队员蒙着眼睛画下他们所听到的，然后比较他们所画的图并思考。

(二) 游戏名称：瞎子走路

◎游戏方法：两人一组(如 A 和 B)

A 先闭上眼将手交给 B，B 可以虚构任何地形或路线，口述注意事项指引 A 进行。

如：向前走，迈台阶，跨东西，向左或右拐。

然后交换角色，B 闭眼，A 指引 B。

◎分析：

(1) 通过体验，让队员体会信任与被信任的感觉。

(2) 作为被牵引的一方，应全身信赖对方，大胆遵照对方的指引行事；而作为牵引者应对伙伴的安全负起全部责任，对一举一动的指令均应保证正确、清楚。另外，万一指令有错，信任将很难重建。

(三) 游戏名称：对不起，我错了！

◎形式：学员间隔一臂站成几排(视人数而定)

◎规则：

"喊一时，向右转；喊二时，向左转；喊三时，向后转；喊四时，向前跨一步；喊五时，不动。"

当有人做错时，做错的人要走出队列，站到大家面前先鞠一躬，举起右手高声说："对不起，我错了！"

◎思考：

做几个回合后，提问：这个游戏说明什么问题？

面对错误时，大多数情况是没人承认自己犯了错误；少数情况是有人认为自己错了，但没有勇气承认，因为很难克服心理障碍；很少数情况下，有人站出来承认自己错了。

(四) 游戏名称：解手链

◎形式：10 人一组为最佳；

时间：20 分钟；

材料：无；

适合对象：全体人员。

◎活动目的：让队员体会在解决团队问题方面都有什么步骤，聆听在沟通中的重要性，以及团队的合作精神。

◎操作程序：

(1) 培训师让参与队员站成一个向心圈。

(2) 培训师说："先举起你的右手，握住对面那个人的手；再举起你的左手，握住另外一个人的手;现在你们面对一个错综复杂的问题,在不松开的情况下,想办法把这张乱网解开。"

(3) 告诉大家一定会解开,但答案会有两种:一种是一个大圈;一种是套着的环。

(4) 如果过程中实在解不开,培训师可允许队员决定相邻两只手断开一次,但再次进行时必须马上封闭。

◎讨论:

(1) 你开始的感觉怎样,是否感觉思路混乱?

(2) 当解开一点以后,你的想法是否发生变化?

(3) 最后问题解决以后,你是否感觉很开心[①]?

(五)"解手链"团队游戏感悟

作者:北京劳动保障职业学院 2011 级工管一班"点点点"团队

队长:史文雪

组员:刘琬辰、刘露、王爽、卢子静

感悟内容:

  我们第一组和李琳的队伍在老师的带领下来到教室外的小花园,一起玩了游戏"解手链"。我们一开始都开心,因为可以在略微枯燥乏味的学习中,得到一丝的放松,很喜欢老师这种上课安排。

  很快,我们就按照老师安排,十二个人肩并肩围成了一个小圈,我们都拿出左手去相互拉对方的一只手,一个人只能拉一个人的,之后我们又统一拿出右手,这回我们要选择不同的人的另一只手,这样我们就错综复杂地交织在了一起。双手紧紧地相扣,笑盈盈地看着对方。在老师一句"开始"的声音下,我们开始了"解手链"。

  一开始我们都相互不停地旋转、绕圈,结果我们却越绕越紧,几个女生几乎都要抱到了一起,挪不动地方。我们又原路返回,绕回起始点。这回我们没有盲目地去解开手链,而是静下心来观察彼此双手的位置,虽然我们的双手是错综复杂地交织在一起,但是还是能从上面看出摆放的层次,谁在上,谁在下。于是,我们都互相记住自己双手的位置,按号码记忆自己左右手的顺序,谁在上面,谁就先绕出去,这个办法很有效,我们很快地绕出了一大圈。可是到中途我们就卡住了,又是几个人撞到了一起,怎么转身、错开都是绕不开。虽然我们都排了顺序,但是显然我们缺少了一个指挥安排的人,我们这样按顺序转,虽然理论上没有任何问题,但是实际上,我们还是自己只顾到了自己绕出来,而没有从大局出发。我们分析问题的原因,立刻就开始寻找指挥的角色,一开始大家选择队长作为指挥,但是队长从自身出发考虑到,她的左右手顺序都是比较靠前,很有可能到了中途,就没法看到后面发生的事情,从而导致混乱,使原本解不开的手链,更加紧密地连接到一起,让我们不好解开。之后大家发现李琳的双手比较靠下,于是就把指挥的任务交予了李琳。

  这回我们在李琳的安排与指挥下,开始了第三次的尝试,史文雪和张洋手拉手越过杨帆和张慧的头顶,第一个绕出了圈子,之后我们又开始相互钻绕,有时候还需要抬腿迈出圈子,使手链更加容易地解开,就这样我们一次又一次地反复,彼此信任着,手拉手

[①] "团队建设游戏",http://wenku.baidu.com/view/f5bb1614cc7931b765ce15c2.html。

从双手中传达出我们的团结与努力。在只剩最后一个结时,女生们迈出了同伴们的手链结,终于我们围成了一个大大的圆圈,我们高兴、欢呼、呐喊,表达自己的喜悦。在第三次尝试下我们取得了成功。

在这次活动中我们体会到了做任何事情之前,要冷静地分析事情,不可以盲目地埋头苦干,这样既没有效率,也会浪费自己的时间。事情全面分析之后,再重点找出关键的解决办法,这样可以有效率地完成。在一个团队里,讲究的就是彼此的团结互助,相互信任。"解手链"这个游戏,它不单单是一个游戏,更是一个观察团队配合默契团结程度,考验队长能力的关键。我们在彼此手拉手中,感受到了来自对方的信任,与一起努力加油的激励,在困难面前,我们不是一个人,我们是一个团体,我们不怕风浪不怕困难,都会手拉手、肩并肩地一起扛起,一起微笑地走过去。

第二节 团队知识与实践

一、团队

有这样一个寓言故事:从前,有两个饥饿的人得到了一位长者的恩赐,即一根渔竿和一篓鲜活硕大的鱼。一个人要了一篓鱼,另一个人要了一根渔竿,于是就分道扬镳了。得到鱼的人原地就用干柴搭起篝火煮起了鱼,他狼吞虎咽,还没有品出鲜鱼的肉香,转瞬间,连鱼带汤就被他吃了个精光,不久,他便饿死在空空的鱼篓旁;另一个人则提着渔竿继续忍饥挨饿,一步步艰难地向海边走去,可当他看到不远处那片蔚蓝色的海洋时,他的最后一点力气也使完了,他也只能眼巴巴地带着遗憾撒手人间。另有两个饥饿的人,他们同样得到了长者恩赐的一根渔竿和一篓鱼。只是他们并没有各奔东西,而是商定共同去找寻大海。他俩每次只煮一条鱼,经过遥远的跋涉,他们来到了海边,从此,开始了捕鱼为生的日子。几年后,他们盖起了房子,有了各自的家庭、子女,有了自己建造的渔船,过上了幸福的生活。公司也一样,只有合作才能够生存,才能求发展。团队不是随便一群人的简单组合。管理大师德鲁克曾说过:"组织(团队)的目的,在于促使平凡的人,做出不平凡的事。"

团队,强调整体目标和利益,强调组织的凝聚力。团队中的每一个人围绕着共同的目标发挥最大潜能,而管理者的任务主要是为员工创造积极、高效的工作环境,并帮助他们获得成功。一个哲人曾说过:"你手上有一个苹果,我手上也有一个苹果,两个苹果加起来还是苹果;如果你有一种能力,我也有一种能力,两种能力加起来就不再是一种能力了。"

万科董事长王石说过:"我的灵感来自团队。我给外界的错觉是因为个人能量非常大而成就了万科的今天。其实不是这样。我对万科的价值是选择了一个行业,树立了一个品牌,培养了一个团队。"的确,团队的力量是企业家最大的资本,聚集一批优秀的职业经理人,加上富有激情的团队力量,才能推动着公司不断前进。

(一)团队是一个共同体

团队是指一种为了实现某一目标而由相互协作的个体所组成的正式群体,是由员工和管理层组成的一个共同体,它合理利用每一个成员的知识和技能协同工作、解决问题,达到共同的目标。团队不仅注重个人的工作成果,更强调团队的整体业绩。团队所依赖的不仅是集体讨论决策以及信息共享和标准化,它强调通过成员的共同贡献,能够得到实实在在的集体成果,这个集体成果超过成员个人业绩的总和,即团队大于各部分之和。团队应该像一部完整的车,部件完整车能够正常行驶,少一个部件车就会出问题,团队成员就是车的部件,部件只有在车上时才有价值,否则单独一个车轮是不具备车行驶价值的。无论什么车总会出现问题的,不管你有多名贵,团队也是一样,无论个人有多大名气、有多大能量,团队工作中总会出现这样或那样的问题。

团队成员的思维更是五花八门,即使团队成员就某一项的某一点达成共识,也只是短暂的。如果一个团队中的所有成员思维达到高度的统一,那么这个团队其实是一个无效团队,意味着八个人或更多的人在干着同一个活。团队讲究资源互补而杜绝资源重叠,因为只有资源互补才能达到成本最低,否则即使实现了团队目标,而成本过高也是毫无意义的。

团队的核心是共同奉献,这种共同奉献需要成员能够信服的目标。只有切实可行而又具有挑战意义的目标,才能激发团队的工作动力和奉献精神,为工作注入无穷无尽的能量。团队的精髓是共同承诺,就是共同承担团队的责任。没有这一承诺,团队如同一盘散沙;做出这一承诺,团队就会齐心协力,成为一个强大的集体。高效的团队成员表现出对团队高度的忠诚,为了能使群体获得成功,他们愿意去做任何事情。我们把这种忠诚和奉献称为一致的承诺。对成功团队的研究发现,团队成员对他们的群体具有认同感,他们把自己属于该群体的身份看作是自身的一个重要方面。因此,承诺一致的特征表现为对群体目标的奉献精神,愿意为实现这一目标而调动和发挥自己的最大潜能。

团队最基本的部分——团队成员,是经过选择组合、特意配备好的。团队的每一个成员都干着与别的成员不同的事情,团队管理就是要区别对待每一个成员,通过精心设计和相应的培训使每一个成员的个性、特长能够得到不断的发展并发挥出来,这才能够组建名副其实且高效出色的团队。

(二)团队的基本特征

在当今社会生产和生活中,合作显示出越来越重要的意义。面对社会分工的日益细化、技术和管理日益复杂化,个人的力量和智慧显得微不足道,即使是天才,也需要他人的协助。下面我们一起分享一个"和尚争功,香火不盛"的故事。

> 三个和尚在一所破寺院里相遇。"这所寺院为什么荒废了?"不知是谁提出的问题。
> "必是和尚不虔,所以菩萨不灵。"甲和尚说。
> "必是和尚不勤,所以庙产不修。"乙和尚说。
> "必是和尚不敬,所以香客不多。"丙和尚说。
> 三人争执不休,最后决定留下来各尽其能,看看最后谁能获得成功。
> 于是,甲和尚礼佛念经,乙和尚整理庙务,丙和尚化缘讲经。果然香火渐盛,寺院恢复了往日的壮观。
> "都因为我礼佛念经,所以菩萨显灵。"甲和尚说。
> "都因为我勤加管理,所以寺务周全。"乙和尚说。
> "都因为我劝世奔走,所以香客众多。"丙和尚说。
> 三人争执不休、不事正务,渐渐地,寺院里的盛况又逐渐消失了。

要想团队高效高产,那么在构建团队之初一定要打好基础。一个理想的团队就像一台运转良好的电脑,必须由高质量的硬件和优秀的软件组成。团队的硬件决定团队的起跑速度,团队的软件则影响着团队的耐力。没有好的硬件设施,团队是先天的畸形,没有优秀的软件,团队则是后天的发育不良。企业高管都明白"财散人聚,财聚人散"是人性化管理的不二法门,也许只是一顿"庆功宴",或者只是一次问候,就足以使我们的团队人员感激涕零,使团队的凝聚变得更强。

1. 明确的目标

团队的每个成员可以有不同的目的、不同的个性,但作为一个整体,必须有共同的奋斗目标。对要达到的目标有清楚的理解,并坚信这一目标包含重大的意义和价值。团队成员应花费充分的时间、精力来讨论、制订共同的目标,并在这一过程中使每个团队成员都能够深刻地理解团队的目标。以后不论遇到任何困难,这一共同目标都会为团队成员指明方向。而且,这种目标的重要性还在于它激励着团队成员把个人目标升华到群体目标,还要将团队共同的目标分解为具体的、可衡量的行动目标,而这一行动目标既能使个人不断开拓自己,又能促进整个团队的发展。

2. 清晰的角色

有效团队的成员,必须在清晰的组织架构中清楚地了解自己的定位与责任。清晰的角色划分,不但能够消除怠工、推诿等降低团队效率的行为,还能够很好地表达出团队对成员在该目标上的工作期望及要求,同时也能够向成员展示,其所做的工作对团队目标达成所作的贡献。团队负责人,其任务就是通过清晰的角色划分,寻找相关资源,组织具备相关技能的人来完成团队目标,其工作实质也就是团队组织机构的建立。清晰的成员角色划分既是团队管理思路的体现,也是对项目每一阶段工作的思考,同时对于保证团队稳定、指导团队发展也是必不可少的环节。

3. 相互的技能

团队成员要具备为实现共同目标所需的基本技能,并能够有良好的合作。高效的团队是由一群有能力的成员组成的,他们具备实现理想目标所必需的技术和能力,相互之间有能够良好合作的个性品质,从而能够出色完成任务。后者尤其重要,但却常常被人们忽视。有精湛技术能力的人并不一定就有处理团队内关系的高超技巧,高效团队的成员则往往兼而有之。

4. 相互间信任

相互信任是一个成功团队最显著的特征。也就是说,每个成员对其他人的品行和能力都确信不疑。我们在日常的人际关系中都能体会到,"信任"是相当脆弱的,它需要花大量的时间去培养而又很容易被破坏。而且,只有信任他人才能换来被他人的信任,不信任只能导致不信任。组织文化和管理层的行为对形成相互信任的氛围很有影响。如果组织崇尚开放、诚实、协作的办事原则,同时鼓励员工的参与和自主性,它就比较容易形成相互信任的环境。

5. 良好的沟通

团队成员间拥有畅通的信息交流,才会使成员的情感得到交流,才能协调成员的行为,使团队形成凝聚力和战斗力。毋庸置疑,这是高效团队必不可少的一个特点。群体成员通过畅通的渠道交流信息(包括各种言语和非言语信息)。此外,管理层与团队成员之间及时的信息反馈也是良好沟通的重要特征,它有助于管理者指导团队成员的行动,消除误解,使团队中的成员能迅速而准确地了解彼此的想法和情感。

6. 合适的领导

好的团队领导往往起到教练或后盾的作用,他们是对团队提供指导和支持,而不是企图控制下属。有效的领导者能够让团队跟随自己共同渡过最艰难的时期,因为他们能为团队指明前途所在。他们向成员阐明变革的可能性,鼓舞团队成员的自信心,帮助他们更充分地了解自己的潜力[①]。

二、团队与群体

> 曾有一个外企招聘白领职员,吸引了不少人前去应聘。应聘者中有本科生,也有研究生。他们头脑聪明、博学多才,是同龄人中的佼佼者。聪明的董事长知道,这些学生有渊博的知识做后盾,书本上的知识是难不倒他们的。于是,公司人事部就策划了一个别开生面的招聘会。
>
> 招聘开始了,董事长让前六名应聘者一起进来,然后发了15元钱,让他们去街上吃饭。并且要求,必须保证每个人都要吃到饭,不能有一个人挨饿。六个人从公司里出来,来到大街拐角处的一家餐厅。他们上前询问就餐情况,服务员告诉他们,虽然这儿米饭、面条的价格不高,但是每份最低也得3元。他们一合计,照这样的价格,六个人一共需要18元,可是现在手里只有15元,无法保证每人一份。于是,他们垂头丧气地出了餐厅。
>
> 回到公司,董事长问明情况后摇了摇头,说:"真的对不起,你们虽然都很有学问,但是都不适合在这个公司工作。"
>
> 其中一人不服气地问道:"15元钱怎么能保证六个人全都吃上饭?"
>
> 董事长笑了笑,说:"我已经去过那家餐厅了,如果五个或五个以上的人去吃饭,餐厅就会免费加送一份。而你们是六个人,如果一起去吃的话,可以得到一份免费的午餐,可是你们每个人只想到自己,从没有想到凝聚起来,成为一个团队。这只能说明一个问题,你们都是以自我为中心、没有一点团队合作精神的人。缺少团队合作精神的公司,又有什么发展前途呢?"
>
> 听闻此话,六名大学生顿时哑口无言。

(一) 团队与群体的不同

团队与群体有相仿之处,但它们之间却有着实质的差别。团队是为了一个共同的目标而聚合起来的群体。在这个群体中,人与人之间是密切的分工与协作关系,优势互补,资源共享。团队有严谨的组织结构,成员之间相互谙熟、理解,有着共同的价值取向,易于沟通协调,有着很强的执行力,有着统一的对外形象。团队是指一种为了实现某一目标而由相互协作的个体所组成的正式群体。是由员工和管理层组成的一个共同体,它合理利用每一个成员的知识和技能协同工作、解决问题,达到共同的目标。

群体是指为了达到特定的目标,由两个以上的人所组成的相互依赖、相互影响的人群结构,是由一群人临时组成的松散的集合体,各有各的目标,各有各的想法,如赶集或赶庙会的

---

① "优秀团队六大基本特征",http://www.hr163.com/www/9/2012-08/17025.html。

人们。人们浩浩荡荡组成了一个庞大的群体,热闹非凡、人声鼎沸,但人与人各不相干,各怀心事。集市或庙会终了了,这个"一次性"群体也就随之消逝。

请欣赏以下的场景,相信你对团队和群体会有更深刻的理解。

场景一:

在茫茫的非洲草原上,成千上万头非洲羚羊向一个方向飞快地奔跑,气势如虹,蔚为大观,可称得上动人心魄!多么浩荡的队伍,多么有气派的"团队",哪个动物见了不闻风丧胆、落荒而逃?

正在此时,一只非洲猎豹出现了。这只猎豹向那群成千上万头羚羊组成的"团队"发起了凶猛的攻击!适才气势浩大,威风凛凛的羚羊"团队",顿时四散而逃,作鸟兽散,相互踩蹋、相互拥挤、相互碰撞,狠命夺路!那些跑得慢的、体弱的、幼小的,转瞬间就成了猎豹口中的美味!

场景二:

在茫茫的内蒙古大草原上,飞奔着一群由十几只狼组成的队伍,正在向一群黄羊发起攻击!它们目标清楚、分工明确、团结合作、所向披靡。有负责瞭哨的,有负责侦察的,有负责歼击的,有负责照顾老幼的。

它们在头狼的带领下,在很短的时间内就凭借凶狠的搏杀咬死多只黄羊。看着战利品差不离了,头狼仰天一声长嗥,狼群迅即叼着战利品集中,在殿后狼的掩护下,向着安全的地方转移,去分享它们的胜利果实了。

龙舟队和足球队是真正意义上的团队;而旅行团是由来自五湖四海的人组成的,它只是一个群体,候机室的旅客也只能是一个群体。

(二)群体向团队的过渡

从群体发展到真正的团队需要一个过程,需要一定的时间磨练。这个过程分为以下几个阶段:

第一阶段,由群体发展到所谓的伪团队,也就是我们所说的假团队。

第二阶段,由假团队发展到潜在的团队,这时已经具备了团队的雏形。

第三阶段,由潜在的团队发展为一个真正的团队,它具备了团队的一些基本特征。而真正的团队距离高绩效的团队还有一段距离。

很多人经常把团队和工作团体混为一谈,其实两者之间存在本质上的区别。优秀的工作团体与团队一样,具有能够一起分享信息、观点和创意,共同决策以帮助每个成员更好地工作,同时强化个人工作标准的特点。工作团体主要是把工作目标分解到个人,其本质上是注重个人目标和责任,工作团体目标只是个人目标的简单总和。工作团体的成员不会为超出自己义务范围的结果负责,也不会尝试那种由多名成员共同工作而带来的增值效应。此外,工作团体常常是与组织结构相联系的,而团队则可突破企业层级结构的限制。

显而易见,一个共同而明确的目标,对于任何团队来说都非常重要。在实践过程中,可能会有不同的因素妨碍团队合作。比如说,生产部门生产出来的产品,销售部门发现销售不畅;设计人员可能不考虑生产部门的难处或市场需要,要求开发一种全新设备;组织内部的等级制造成老板和下属之间的摩擦和误解——下属抱怨老板根本不想理解他们的问题,而老板对下属的漠然和无动于衷也颇有微词。由此可见,企业只有具备了明确的目标,并且在组织内部形成紧密合作的团队才能取得成功[①]。

三、团队形成和发展

团队的形成和发展以组织目标为参照可以分为四个阶段:创建期;磨合期;凝聚期;整合期。

(一)创建期

团队成立初期,都会有雄心勃勃的发展目标和发展计划,但随着人员的逐渐加入,目标和计划不可避免地要有相应的微调。一方面是由于团队组织者的经验与实际运行的差异;另一方面是外部因素的变化也使得团队不得不努力适应这种变化的节奏。

团队创建期的具体表现如下。

(1) 新的合作,新的团队,每位成员对生活的价值都有了全新理解,对新的工作也充满激情。

(2) 由于互相之间了解的不足,成员之间更容易高估其他人的能力,大家可能对新生的团队寄予了太高的希望。

(3) 每一个成员都在小心地试探其他人的一些相关行业情况,为自己在团队内的重新定位寻求支点。

创建期的团队,经常会表现出很高的士气。但这一时期,新生的团队生产力处于较低水平,队员之间在工作上短期内无法达到配合默契的状态,需要团队成员尽快地适应新的环境。创建期最重要的是明确团队的目标和愿景,这对增强团队凝聚力以及形成团队的集体荣誉感至关重要。

(二)磨合期

磨合时期的动荡是每一个团队都要经历的特殊时期。能否进行有效地磨合,并顺利地度过这段敏感的时期,对团队领导的综合能力是一个绝对的考验。这一时期,人际关系也变得紧张起来,个别新锐试图挑战领导者的权威,强大的工作压力使人焦虑不安,严重的时候甚至引发内部冲突。

在这种情况下,虽然团队前景更显扑朔迷离,士气陷入低潮,但是积极的队员都在适应环境,摸索解决问题的方法,团队整体的生产力水平在稳步提高。连续的培训以及对工作的理解,使团队成员在实战中慢慢形成个人的风格。

团队领导在这个敏感的时期,要注意以下四点。

(1) 密切注意团队进步情况,利用一切机会与每一个队员充分沟通实际工作中遇到的具体问题,帮助大家分析问题并提供解决方案。

(2) 建立标准的工作规范,并身体力行。这是统筹团队各项工作的关键。

(3) 积极寻求并解决问题,抓住一切利好的机会鼓舞团队士气,争取以自己在工作上的突破为团队树立榜样。

(4) 善于树立典型,对于取得突出成绩的队员要尽可能地为其争取荣誉,号召大家向优

---

① "团队与群体的区别",http://wenku.baidu.com/view/a54fcd270722192e4536f65c.html。

秀者学习。

(三) 凝聚期

这个时期会逐渐形成独有的团队特色,成员之间按标准流程投入工作,分配资源,团队内部无私地分享各种观点和各类信息,团队荣誉感很强。在凝聚期团队的士气高涨,即使面对极富挑战性的工作,大家也会表现出很强的自信心。如果个人不足以独立完成工作,会自然地寻求合适的团队成员配合,甚至在特殊的情况下自我激发潜能,超水平发挥,取得意想不到的成功。在凝聚期,每一个队员都会表现出很强的主观能动性。

这样的状态使生产力水平也进入巅峰时期,大家对于工作中取得的突破已没有了当初的激动,每个人都能以平和的心态面对成败。在紧张有序的工作环境中,处处都表现出一个高绩效团队的成熟魅力。

一个具有高度凝聚力的团队,也必然会表现出强烈的排他性,团队交流很容易限于一个私密的空间。这个特点也决定了团队规模不宜过大,否则会因为队员之间的隔膜而损害团队的整体战斗力。在一个规模合适的团队里,大家相互了解、彼此信任,如果需要,每一个队员都会全力捍卫团队荣誉。

(四) 整合期

团队实现了自己的阶段性目标之后,必然要进行组织整合。整合过程其实是组织、调配力量,为下一个目标进行筹备的前奏。这个时期一般也没有太大的工作压力,团队士气相对平稳。特别要说的是,生产力水平还是一样会高位运行,团队成员继承了前一时期的工作作风,对日常工作处理得游刃有余[①]。

四、团队修炼

团队是由员工和管理层组成的一个共同体,它合理利用每一个成员的知识和技能,协同工作、解决问题,达到共同的目标。但一个成功团队的建设,并非一件易事,卓越团队的五项修炼可以帮助我们。

(一) 第一项修炼——合作

有这样一个故事:《来自天堂与地狱的启示》。

> 有人问上帝:"为什么天堂里的人快乐,而地狱里的人一点也不快乐呢?"
> 上帝说:"你想知道吗? 那好,我带你去看一下。"他们先来到地狱,走进一房间,看见许多人围坐在一口大锅前,锅里煮着美味的食物。可每个人都又饿又失望,原来他们手里的勺子太长了,没法把食物送到自己的嘴里。
> 上帝说:"我们再去天堂看看吧。"于是,他们来到另一个房间,看见的是另一幅景象。虽然人们手里的勺子也很长,可是,这里的人都显出快乐又满足的样子。这个人很奇怪,上帝笑着说:"你看下去就知道了。"开饭了,只见这里的人们互相用勺子把食物送到别人的嘴里。其实,快乐并不在于那把勺子有多长,而在于你如何用它。

利人利己者把生活看作一个合作的舞台,而不是一个角斗场。在激烈的市场角逐中,只

[①] "团队建设的四个发展阶段",http://blog.sina.com.cn/s/blog_4d3f66b901000a2h.html。

有员工之间、员工与企业之间、企业与企业之间,携手合作、环环相扣,形成一个个的团队,才能帮助企业和团队在竞争中胜出。

（二）第二项修炼——信任

企业中的"企"字,上面顶的是一个"人"。所以,现代企业的经营理念便是"以人为本",人去则止,企业便不存在了。我们的员工如同一粒粒沙子,能聚也能散。"聚沙成塔"的关键在于你要有如水泥一般的黏合剂,在应对不确定的和不能控制的未来时,信任变成了至关重要的元素,它是个体适应复杂社会环境的一种简化策略。要建设一个具有凝聚力并且高效的团队,最为重要的一个步骤就是要建立信任。这是一种坚实的以人性脆弱为基础的信任。建立换位思考的意识,学会移情,架起相互之间理解的桥梁。认真体会信任,当你对他人、团队付出后,也同样会得到他人和团队的帮助与支持。

（三）第三项修炼——沟通

"门上有一把锁。斧子用尽了方法也没能打开那把锁。然而,一把小小的钥匙轻轻一转,锁就开了。斧子问钥匙,为什么它那么容易就可以开锁。钥匙回答,因为它懂锁的心。"学会沟通,心的距离便不再遥远。在我们与他人的协作交流中,您拥有的是斧头还是钥匙呢？沟通是从心灵上挖掘员工的内驱力,为其提供施展才华的舞台。它缩短了员工与管理者之间的距离,使员工充分发挥能动性,使企业发展获得强大的原动力。

（四）第四项修炼——领导

"兵熊熊一个,将熊熊一窝",团队的关键是团队领导。一个组织可以指定或选出领导者,但却不能指定或选出某种领导行为。领导是一个行动过程,是领导者和被领导者之间的一种人际关系,是其间发生交互作用的过程,这个过程同时也受到客观环境的影响。领导者运用自己的领导力影响组织目标的选择,影响下属对事件的看法,影响下属达到目标的动机,以及领导者为获取组织外人士的支持和合作所做的一切。领导者不是天生的,而是后天由自己塑造的,领导力只能来源于实践,领导能力的开发必须注重体验而减少教条。

（五）第五项修炼——责任

什么是责任？责任是分内应做的事情,也就是承担应当承担的任务,完成应当完成的使命,做好应当做好的工作。责任是团队成员由心底发出的一种自觉自愿的心态,转化到行动上就是团队的事我有责任去承担,有义务去完成,不做违背团队价值的行为[①]。

五、团队精神

每年的 9～11 月,加拿大境内的大雁都要成群结队地往南飞行,到美国东海岸过冬。第二年的春天再飞回原地繁殖。在长达万里的航程中,它们要遭遇猎人的枪口,历经狂风暴雨、电闪雷鸣及寒流与缺水的威胁,但每一年它们都能成功往返。

> 我们可以如雁一般向着共同的目标前进,彼此相互依存,分享团队的力量。
> 当某只雁偏离队伍时它会立刻发现单独飞行的辛苦及阻力,就会立即飞回团队,善用前面伙伴提供的"向上之风"（雁群一字排开成"V"字形时,比孤雁单飞提升了 71% 的

---

① "卓越团队五项修炼", http://www.doc88.com/p-887685834694.html。

飞行能量)。

如果我们如雁一般,就会在队伍中跟着带队者到达目的地。在接受他人协助的同时,我们也要协助他人。

当前导的领头雁疲倦时,它会退到队伍的后方,而另一只雁则飞到它的位置上来填补。

其实,艰难的任务需要轮流付出,我们要相互尊重、共享资源,发挥所有人的潜力。

当某只雁生病或受伤时,会有其他两只雁飞出队伍跟在后面,协助并保护它,直到它康复,然后它们自己组成"V"字形,再开始飞行追赶队伍。

其实,如果我们如雁一般,无论在困境还是顺境时都能彼此维护、互相依赖,再艰辛遥远的路程也不惧怕。

在队伍中的每一支雁会发出"呱呱"的叫声,鼓励大雁队伍勇往直前。

其实,生命的奖赏是在终点,而非起点。在旅程中遭尽坎坷,你可能还会失败,但只要团队相互鼓励、坚定信念,终究一定能够成功。这是一种团队精神的体现。

团队精神,简单来说就是大局意识、协作精神和服务精神的集中表现。团队精神的形成并不要求团队成员牺牲自我;相反,挥洒个性、表现特长反而能协助团队共同完成任务,明确的协作意愿和协作方式使团队成员产生了真正的内心动力。

团队精神的最高境界是全体成员的向心力、凝聚力。这是从松散的个人集合走向团队最重要的标志。有着一个共同的目标,并鼓励所有成员为之而奋斗固然是重要的,但是,向心力、凝聚力,一定来自团队成员自觉的内心动力,来自共识的价值观。

团队精神与集体主义意识有着微妙的区别。团队精神比集体主义更强调个人的主动性;而集体主义则强调共性大于强调个性。诚信、创新是内在的、自律的,因而不可能在强制的条件下发挥出来,必须以个人的自由、个人独立为前提,在此前提下合作的人们才有可能形成一个整体。

团队也是一个成熟的产品,它分别具备精神层次与功能层次的内容。一个优秀团队更多地不是因为功能层次而结合,而是因为精神层次而结合,正所谓"意气相投","道不同,不相为谋"。一个好的团队往往是以功能相结合,而以精神取胜。功能是硬件,而精神是软件,软件是没法打分的,因为它们缺乏标准,更多的就是靠感觉,就是我们中国人的"哥们义气"或"一鼓作气"之类的说法。

中国古代就有"一支箭易折断,一把箭难折断"的寓言,团队在企业中的重要性很多人都知道,而要营造团队精神却非易事。人多并不意味着力量就大,缺乏"团队精神"和协作的群体不过是乌合之众,每个人都有自己的个性,靠自然的力量去营造一个团结的群体显然是不现实的。一个团队要有凝聚力,团队成员之间必须有感情,如果把一些互相之间有很深矛盾和隔阂的人放在一起,是无论如何形成不了很强的凝聚力的[①]。

六、团队角色

团队角色是指一个人在团队中某一职位上应该具有的行为模式。

---

① "团队精神",http://wenku.baidu.com/view/321332ea998fcc22bcd10d34.html.

团队角色的类型举例：
◎谋士："试试……怎么样？""这听起来有点愚蠢，但是……"
◎推动者："注意，只剩20分钟了，我们开始干吧……""这简直不可思议，但我们应该看到……"
◎挑战者："难道这真是最好的方法吗？""我们为什么要做这件事呢？"
◎关心细节者："可是，我们能付得起吗？""谁将做那件事？"
◎实施人员：做好工作，处理未完成的事，检查每个人的所作所为。
◎资源调查员：寻找并获得信息，联系方式和其他资源。
◎协调人员：帮助人们相处，解决棘手问题。
◎领导：推动所有角色，正如管弦乐队的指挥。
你是否可以走远，取决于你身边的人是谁。
我们发现，在团队中，每个人都在被动扮演着或者必须扮演着一个或多个角色，每个角色都有其不同的特点和功用，每个角色效能的发挥程度将会成为影响这个团队完成目标的重要因素，角色之间的合理调配和运用则是高绩效团队的重要基础。

(一) 团队中的九个角色
● 创新者——创新者倾向于"出点子"。
● 信息者——信息者及时提供信息支持："没错，某某人或某某企业因为这样做而获得成功。"
● 实干者——实干者开始运筹计划：如何具体落实？
● 推进者——推进者一般性子较急："那还等什么？开始干吧！"
● 协调者——协调者这时一般在想：谁来做这件事更合适呢？
● 监督者——监督者这时开始泼冷水："我要提醒你们，这样做可能会遇到什么样的障碍，我们的条件还不成熟。"
● 完美者——完美者很注重细节，在完美者看来，我们只要高标准地关注每个过程，说不定就会成功。
● 凝聚者——这个时候团队往往会陷入争论，很有可能会演变成激烈的冲突，不过没关系，还有一个凝聚者会站出来润滑、调停。
● 技术专家——团队中一直有一个人自始至终默不作声，他就是技术专家，技术专家对人际关系不感兴趣，他只是专注做好自己感兴趣的每一个技术细节。

这就是一个完整的团队中必不可少的九个角色，而且这九个角色需要相对均衡，各有分工，如此才能使各个角色对团队的贡献实现最大化。团队存在的意义在于完成任务，执行任务的主体是人，而优秀的团队成员需要靠好的"主意"来完成任务，于是"任务＋人＋好的主意"就构成了高绩效团队不可或缺的三个因素，围绕这三个因素，九个角色各司其职，为团队成功做出各自无法替代的贡献。

(二) 唐僧团队中的角色分配
《西游记》中，唐僧、孙悟空、猪八戒、沙和尚去西天取经的故事，大家都耳熟能详，许多人会被这个群体中四位性格各异、兴趣不同的人物所感染。为什么这四个在各方面差异如此之大的人竟能相融在一个群体中，而且能融洽相处，一块去西天取经？难道这真是神灵、菩萨们的旨意，而绝非凡人力所能及吗？其实，这四个人分别扮演了不同的角色。

1. 孙悟空

(1) 创新者——会七十二般变化,有敢为人先的意识。

(2) 推进者——一个跟头十万八千里,猴急。

(3) 信息者——打不过妖怪就去搬救兵,广交天下朋友。

2. 猪八戒

(1) 监督者——经常挑猴子的毛病,没有老猪,猴子肯定会骄傲的。

(2) 凝聚者——善于调节团队气氛,活跃团队业余生活。

3. 沙僧

(1) 实干者——永远挑着担子。

(2) 凝聚者——与人无争,师傅,大师兄、二师兄的话全听;

4. 唐僧

(1) 完美者——得道高僧,取经度天下苍生,注重细节,连猴子杀了几个毛贼也不放过,自己连蚊子也舍不得拍死,永远追求完美,永远一张俊美的脸,连妖精看了都喜欢。

(2) 协调者——别看唐僧弱不禁风,他能把三个个性不同的徒弟撮合在一起,完成共同的,甚至三个徒弟都不感兴趣的目标。

(3) 技术专家——当时名噪一时的佛学家,而且是个翻译,按现在衡量高层管理人员的标准,他是同声传译员而且是个工商管理硕士(如来佛祖颁的),德高望重,绝对是个优秀的管理者。

这个由不同角色组建的团队,虽然也有分歧、矛盾,但是,他们有着共同的目标和信念,那就是去西天取经。没有完美的个人,却成就了一个完美的团队,团队中的每个人都有优缺点,而尊重团队角色差异,通过合作来弥补不足,在关键时候他们总能相互理解和团结一致,最后形成了一个有力量、出色的团队。试想,如果唐僧带着三个孙悟空或者三个猪八戒或者三个沙僧去取经,会是什么结果?

团队中有了创新者,他可以不断地给团队未来的发展、管理,以及信息技术方面带来创新,使这个团队不断地吸纳新的内容往前走;团队中有了监督者,使得团队规则得以维护,成员之间正常交流;而完美者的挑剔,可以使工作能够尽善尽美。

(三)角色定位的经验之谈

俗话说:"尺有所短,寸有所长。"如果全部都是将军,谁来打仗? 反过来,如果全部都是士兵,谁来指挥? 因此,要进行角色定位,认定"我是谁";我扮演和充当了一个什么样的角色,我要做什么,要怎样做才能做好,在其职,做其事,尽其责。团队中要真正地做到每位成员职责清晰、分工明确、资源共享、没有壁垒,从而实现团队的高效率。这里有十个经验可以分享。

● 经验一:团队中的角色安排要清晰。在团队中,成员一旦出现角色模糊、角色超载、角色冲突、角色错位、角色缺位等现象,就会造成成员之间角色不清、互相推诿,最终将降低团队效率。只有清晰的角色定位与分工,才能使团队迈向高效。

● 经验二:明确团队成员职责。团队效率是与团队成员的职责状况直接相关的,要使团队有效率,条件之一是使团队成员明白并接受各自的职责。职责不明、职责混乱,势必也会降低团队效率。所以,任何团队要想达到高效,都必须做到职责权限和工作范围明确。

● 经验三:角色职责安排要以人为本。就是要关注成员具备的素质和能力,根据每个成员的能力、特点和水平,把他们放到最适合他们的角色岗位上,给他们提供施展才华的平台。最终使团队角色职责安排有利于团队成员发挥其专长并有利于其个人的成长。这样不仅能极大地提高团队成员的主动性和积极性,而且有利于团队产生最高的效益。

● 经验四:"世间万物各有功用",人亦如此。团队中的每一位成员都是非常重要的,"一个都不能少"。因此,在团队角色职责制订时,要坚持每一位团队成员都同等重要这样一种理念,才不至于在进行角色职责制订时只强调这个成员而忽视那个成员的作用,才能全面充分地调动和发挥团队全体成员的才能、特长,进而成就高效的团队。

● 经验五:角色职责制订要立足现实,做到期望值清楚,确保每个团队成员了解团队对他们的期望值。立足现实、清楚期望值,就是对团队成员要有一个全方位的认知,要分析团队成员各自的性格特征、能力、体力和环境等具体条件,并要了解和把握好团队成员的期望值,进而根据这些认识去安排他们的角色职责,从而使他们的角色安排适当,充分调动他们的积极性,为提高团队效率贡献力量。

● 经验六:团队在设定角色职责时,要将团队的表现作为最高表现,而不是强调个人英雄主义。

● 经验七:要进行上下级职务双向互动描述。对上级而言,更能以高屋建瓴之势俯瞰下属的职责是否均衡覆盖本团队的所有流程和作业,组织分工、统筹安排。优化的组织结构和岗位设置既可以防止人浮于事,又能保证合理分工。

● 经验八:沟通的方式多样、灵活。口头沟通使人有亲切感,而严肃或正式的沟通是以书面形式来进行的。要通过书面的形式让员工了解自己当期授权的范围,自己的权利和责任,杜绝口头授权而产生信息失真的弊端。

● 经验九:角色工具是角色定位的重要手段和重要依据。角色定位的工具分为团队角色分析工具和团队成员主观因素测试工具。同时,在团队角色分类前,利用角色测试表做必要的测试,有利于角色分工的顺利进行。

● 经验十:分清主次,抓住重点。面对角色定位的复杂过程和繁琐工具,要抓住角色定位流程的要点。抓住关键,能够有效地、迅速地把握过程,实现准确合理的定位①。

七、团队案例——唐僧团队

《西游记》中的唐僧团队,虽然是虚构的,但是师徒历经百险求取真经的故事,不仅家喻户晓,而且是中国文化的集中代表。这个团队最大的好处就是互补性。领导有权威、有目标,但能力差点;员工有能力,但是自我约束力差,目标不够明确,有时还会开小差。总的来看,这个团队是个非常成功的团队,在历经九九八十一难后,最终修成了正果。

阿里巴巴的总裁马云,就非常欣赏唐僧团队,认为一个理想的团队就应该有这四种角色。一个坚强的团队,基本上要有四种人:德者、能者、智者、劳者。德者领导团队,能者攻克难关,智者出谋划策,劳者执行有力。

(一)唐僧如何领导整个团队

德者居上。唐僧是一个目标坚定、品德高尚的人,他受唐王之命,去西天求取真经,以普

---

① 彭小海,"明确团队分工的十个经验",《中国证券报》,2009年3月23日,http://news.163.com/09/0323/08/5531EKM50001124J.html。

度众生,广播善缘。

要说降妖伏魔的本领,他连最差的白龙马都赶不上,但为什么他能够担任西天取经如此大任的团队领导?关键在于唐僧有以下三大领导素质。

首先,目标明确,善定愿景。

作为一个团队领导,能够为团队设定前进目标,描绘美好未来是必要素质。领导如果不会制订目标,肯定是个糟糕的领导。唐僧从一开始,就为这个团队设定了西天取经的目标,而且历经磨难,从不动摇。一个企业,也应选择这样的人做领导。团队的领导本身就是企业文化的传承者和传播者,只有他自己坚定不移地信奉公司的文化,以身作则,才能更好地实现团队的目标。

其次,手握紧箍,以权制人。

如果唐僧没有紧箍咒,估计早被孙悟空一棒打死,或者使唤不动他。这也是一个领导的必备技能,一定要树立自己的权威,没有权威也就无法成为领导。但是,唐僧从来不滥用自己的权力,只有在大是大非的时候,才动用自己的惩罚权,这对企业领导也是有借鉴意义的,组织赋予的惩罚权千万不要滥用,奖励胜于惩罚,这是领导艺术的基本原理。

最后,以情感人,以德化人。

最初的时候,孙悟空并不尊重唐僧,老觉得这个师父肉眼凡胎、不识好歹,但是在历经艰险后,唐僧的执著、善良和对自己的关心也感化了孙悟空,让他死心塌地保护唐僧。作为一个团队领导,情感管理也是非常重要的,尤其在中国文化的大背景下。中国人往往是做生意先交朋友,先认可人,再认可事,对事情的判断主观性比较大。所以,在塑造团队精神的时候领导一定要学会进行情感投资,要多与下属交流、沟通,关心团队成员的衣食住行,塑造一种家庭的氛围。

总的来说,作为企业领导,要用人为能,攻心为上。目光如炬、明察秋毫、高瞻远瞩,有眼光就不会犯方向性的错误。

(二)如何控制能力强的悟空

能者居前。孙悟空可称得上是老板最喜欢的职业经理人。之所以说老板最喜欢,不是因为孙悟空没缺点,很优秀,而是因为他能力很强,但有缺点。这才是老板最应该用的人才,为什么?假设一个人能力很强,人缘很好,理想又很远大,这样的人往往不甘人下,或者直逼领导位子,或者很容易另起炉灶。

孙悟空有个性、有想法、执行力很强,也很敬业、重感情,懂得知恩图报,是个非常优秀的人才。

但是,这样的人才如何才能留住他,如何提升他的忠诚度,这要靠领导艺术,靠企业的文化。在《西游记》中,孙悟空被唐僧赶走过两次:第一次是刚刚认识不久,孙悟空打死了几个强盗,遭到唐僧斥责,结果孙悟空一生气,自己走了,但后来在东海龙王那里,看了一幅画,说的是张良三次为黄石老人桥下拾鞋,谦恭有礼,后被黄石老人授予天书,成就了张良传世伟业的故事,老龙王说:"你若不保唐僧,不尽勤劳,不受教诲,到底是个妖仙,休想得成正果。"孙悟空一盘算,觉得有道理,自己被唐僧搭救,而且还可以变妖为仙,自己怎么能这么轻率地就走了呢?所以,后来他又回到了唐僧身边。第二次被赶走是三打白骨精后,唐僧决意不能留他,悟空无奈,只好离去,但"止不住腮边泪坠,停云住步,良久方去",他始终心系唐僧,一听说师父有难,马上不计前嫌,重新回到团队中去,而且还要在东海里沐浴一下,生怕师父嫌他。

（三）唐僧用什么方法让孙悟空这么死心塌地？

首先得有规矩，得有紧箍咒。规矩是权威，唐僧如果没有了权威，估计孙悟空早不把他放到眼里了。同样，企业的制度也要有权威，制度的执行一定要严格，不管刚开始推行的时候有多少阻力，但只要坚决执行下去，逐渐就会形成一种氛围与文化，让大家自觉地去遵守。

但是，制度的力量是有限的，制度只能让员工不犯错，但要让员工有凝聚力，与企业同心同德，还要靠情感。唐僧就是靠他的情感管理，用他的执著和人品感化了孙悟空。

没有修成正果的目标和愿景，孙悟空也许中途就回去了；没有师徒的情分，估计孙悟空也不会这么卖命；当然，如果没有偶尔的紧箍咒，也许悟空早酿成大错。

但是，孙悟空这样的员工只能是一个好员工，不能成为一个好领导，什么意思呢？孙悟空最大的乐趣是降妖伏魔，常说"抓几个妖怪玩玩"，这是一种工作狂的表现，他不近女色、不恋钱财、不惧劳苦，在降妖伏魔中找到了无限的乐趣。但是，他天性顽皮、直言不讳，经常把玉皇大帝、各路神仙都不放到眼里，注定他无法成为一个卓越的领导。

作为一个团队的成员，有了唐僧，就不需要孙悟空有领导能力，否则唐僧的地位肯定要受到动摇。这也就是为什么团队成员的选择要非常慎重，要能够优势互补、能力互补、个性互补。

孙悟空的另外一个缺点就是爱卖弄，有了业绩也就在别人面前显示显示，而且得理不饶人，这显然也影响了他继续发展的可能。作为一个领导，一定要非常清楚下属的优缺点，量才而用，人尽其才。

（四）猪八戒是个什么样的员工？

从好的方面看，他虽然总是开小差，吃得多、做得少，时时不忘荤食，但是在大是大非上，立场还是比较坚定，从不与妖精退让妥协，打起妖怪来也不心慈手软；生活上能够随遇而安，工资待遇要求少，有得吃就行，甭管什么东西，而且容易满足，最后被佛祖封了个净坛使者，是个受用贡品的闲职，但他非常高兴，说"还是佛祖向着我"。更为重要的是，他成为西天枯燥旅途的开心果，孙悟空不开心了，就拿他要要，有些脏、累、差的活，都交给他，他虽有怨言，但也能完成。如果没有猪八戒，这个旅途还真无聊。另外，猪八戒的另外一个优点就是对唐僧非常尊敬，孙悟空有不对的地方，他都直言不讳，从某种程度上也增加了唐僧作为领导的协调和管理作用。

从不好的方面看，他经常搬弄是非，背后打小报告。另外，在忠诚度方面也差，尤其是刚加入取经团队的时候，动不动就要散伙走人，回高老庄娶媳妇，一点佛心都没有，影响了团队的团结和睦。

之所以说猪八戒是个智者，完全是站在当今社会的角度。现代社会，员工的压力都很大，如何做一个快乐的人，就要用到猪八戒的人生哲学了。当然，八戒的人生哲学，只是我们在遇到挫折失败时候的一种自我解脱，不能成为自己的主流价值观。

一方面，不要过于强求。

佛曰：人有七苦，即生、老、病、死、怨憎会、爱别离、求不得。每一种苦都让我们伤心欲绝，但我们能否就此一蹶不振呢？当然不能，这就要学习猪八戒的处世哲学了。八戒由仙贬妖，而且还成了猪妖，可谓人生不顺，但他过得很快乐。经理人有时在职位、薪酬等个人发展上不得志，是难免的，要学会解脱，不要过于强求，这是人生一大智慧。

另一方面，不要过于压抑。

经理人压力大，上有领导，下有员工，外有工作，内有家庭。工作、生活，有的还要边读书、边供房、买车，中国人的压力本来就比较大，所以要学会自己找乐。八戒压抑不压抑？不但没了老婆，自从跟了师傅，就没吃饱过。但是，八戒很厉害，见人参果就吃，见美女就泡，见妖怪就打，见地方就睡，这叫活得洒脱。不要过于压抑，是人生的一大智慧。

有人做过统计，现代女性最想找的老公是猪八戒型的，道理很简单。唐僧太古板，没情调；悟空太机灵，没安全感。只有八戒又幽默，又有情调，还比较实际，是个理想的老公。

（五）劳者居其下

如果唐僧这个团队只有他和悟空、八戒三个人，那还是有问题。唐僧只知发号施令，无法推行；悟空只知降妖伏魔，不做小事；八戒只知打打下手、粗心大意。那担子谁挑、马谁喂、后勤谁管？可见一个团队，各种人才都要有。

沙和尚是个很好的管家，任劳任怨，心细如丝。他经常站在悟空的一面说服唐僧，但当悟空有了不敬的言语，他又马上跳出来斥责悟空，护卫师傅，可谓忠心耿耿，企业对于这样的人，一定要给予恰当的位置，如行政、人事、质量管理、客户服务等方面。

沙和尚忠心耿耿，他是唐僧最信任的人，是老板的心腹，但属于那种有忠诚度但能力欠缺的人才，老板喜欢用，但如果重用、大用，就会出问题。许多企业和团队之所以失败，往往坏在沙僧这类角色上，因为是老板的心腹，他们就会得到相当高的权力、地位，但由于能力有限，又无法担当重任，所以往往会造成企业的重大战略决策失误。

（六）唐僧团队的精髓

为什么唐僧是团队领导

德者居上——对于大企业的领导人来说，要有意识地淡化自己的专业才能，用人为能，攻心为上。大老板只要求有两项本事：一是胸怀；二是眼光。有胸怀就能容人，刘备胸襟小点，眼里就只有自己那两个把兄弟，后来才有"蜀中无大将，廖化为先锋"之说；曹操雅量大点，地盘实力也就大点，到他儿子就有改组汉朝"董事会"的能力。目光如炬，明察秋毫，高瞻远瞩，有眼光就不会犯方向性的错误。

你粉皮炒得棒，最多开个大排档，能做满汉全席？升至厨师长到头了。技术型人才做不大，事务型人才做不好，而唐僧既非捉妖高手，又不会料理行程上的事务，只要坚持取经不动摇，嘴里念紧箍咒，便一切OK。他是许多董事长、总经理学习的光辉榜样。

智者在侧——《封神演义》里有姜子牙，《三国演义》里有诸葛亮，《水浒》里有吴用……有如此深厚的历史积淀，如果说中国企业的领导不知道军师的重要性，那真是冤枉他们了。这年头,点子大师、策划大师、咨询专家多如过江之鲫。企业内部卖弄小聪明、上书献策的也不少,这些人的点子管不管用,只有天知道。但可以指出一点,从利益关系看,他们都是顺竿爬的,为一己之利投领导所好在所难免。中国企业里缺少猪八戒这样的新型智者——好吃懒做的人爱动脑子。说猪八戒是智者,还不仅因此,关键是以下两条理由:① 猪八戒之所以需要"八戒",因为他从不掩饰自己的个人要求和欲望,对自己的权益十分重视,是一个自由主义的特立独行的猪。他不会头脑发热,不会被"普度众生"这样鲜明的公共理想所煽动,他认为成佛远不如做高老庄的女婿潇洒,他的理念立场基于个体生命真实感觉,没有专心取悦于唐僧的动机。② 他从不忽视自己言论自由的权利,取经路上不断提议,而且多是反对意见——这是关键的关键。

能者居前——孙悟空是受控的能量。孙悟空是优秀的职业经理人,他的才能吴承恩先生已作完整的表述。要关注的是他和唐僧(总经理)以及观音(执行董事、资方代表)的信用关系。首先孙悟空不是一条狗,也不是一般的人才,而是一个"人物","人物"和人才、人力不一样,在团队里面是不可替代的。孙悟空是避害(压在五行山下的日子不好过),而不是趋利(最后捞个"斗战胜佛",远不如"齐天大圣"过瘾),这使他多少有了独立人格。有独立人格的人有意愿和能力尊重约定,观音与孙悟空谈判的结果是以解放换责任,这个约定才是孙悟空真正的"紧箍咒",签订了合约就认真去做,百折不挠。所以,唐僧在领导孙悟空时,把紧箍咒作为最后手段,虽然也用过,但孙悟空从来没有因为要放弃自己保卫唐僧的责任而被实施紧箍咒。唐僧也不因为有了紧箍咒,事事处处表现自己的控制欲。

劳者居其下——沙僧包括白龙马是接近领导的工作人员。做大老板,手下神仙、老虎、狗,样样都有,"神仙"提供智力服务,"老虎"提供工作业绩,"狗"提供所谓"犬马之劳"。沙僧和白龙马的"犬马之劳"非常出色,如果说"神仙"猪八戒和"老虎"孙悟空还有缺陷的话,"狗"沙僧完全可以打100分,狗大多爱在领导身边讲闲话,最难做到的就是闭嘴不叫,沙僧同志做到了。

观音为唐僧配备的人才少而精,并建立了有效的制约机制。唐僧直接管孙悟空,但只能在孙悟空突破底线时才动用紧箍咒,平时则让其充分发挥能动作用;孙悟空对猪八戒在具体工作上有管理权,但他也限制不了猪八戒的言论自由,他自己的行为反而受到猪八戒的舆论监督;猪八戒虽然有"散伙回家"的思想,但有孙悟空的金箍棒,思想不能转化为行动;沙和尚作为"办公室主任",管理行李和白龙马,对一线事务从不插嘴。许多企业和团队之所以失败,往往坏在沙僧这类角色上,他们不具备军师的素质,也不了解擒妖一线的实际情况,只是凭借"心腹"的身份胡言乱语,此风一开,大小事情一定搞砸[①]。

思 考 与 实 践

1. 人的本性是利己的,但是人生活在社会中,也具有利他属性。你作为团队中的一名成员,你是如何理解利己与利他之间的关系的,如何去平衡?

---

① "唐僧团队(Tangseng's Team)",MBA智库百科,http://wiki.mbalib.com/wiki/%E5%94%90%E5%83%A7%E5%9B%A2%E9%98%9F。

2. 你有足够的意愿和勇气去挑战、担当团队队长的角色吗？如果回答是肯定的，那么你认为成为一个优秀的队长，应该做好哪些准备工作。

3. 做游戏是培训工作中常用的一种培训方式，挑选一个感兴趣的，然后尝试实施，有什么体会和感悟与大家分享一下。

4. 中国传统四大名著中有三个著作可以说是在讲团队故事，比如桃园三结义、唐僧师徒四人、梁山一百单八将，你对这些团队的成败是如何看待的。

5. 唐僧团队是从《西游记》中抽象出来的一支优秀团队，其结果也最为让人们满意，可以作为优秀团队的标杆。选择一家成功企业作为案例，了解和分析此企业团队建设和发展情况，写一个心得体会。

项目二

新员工入职培训

学习目标

1. 掌握新员工入职培训的主要内容及培训方法
2. 参与新员工入职培训课程的再设计及实施过程
3. 模拟新员工入职培训过程,体会培训人员角色特点
4. 了解国内外知名企业新员工培训理念和特色
5. 熟悉企业培训工作管理制度

在电影《杜拉拉升职记》中,杜拉拉应聘到美国DB公司后,接受了一场新员工入职培训。剧中负责培训工作的麦琪有下面一段台词:

"今天由我给大家做第一场Orientation。知道"Orientation"是什么吗?Orientation其实就是新生训练,可以让你们更快地了解DB,并且很愉快地留在DB工作。在这里呢,我还要给大家介绍一些你们以后工作上会经常用到的工具。这几张卡片非常的重要:第一张是你们的胸牌,胸牌上面有你们的照片,那么照片呢,可以帮助其他的同事更快地认识你们。这个是门禁卡,非常的重要哦,因为如果没有它,你们连厕所都去不了。这张饭卡就是公司给你们的福利,可以在公司吃饭。这个呢,是我们的规章制度管理,很多的规矩都在这里,你们可以找到答案。DB是全球五百强,做什么事情都是有SOP的,也就是管理上我们常说的'标准作业流程'。这么举例子吧,一个人在DB想走路,先抬左脚还是右脚,每次抬多高,每步花多长的时间?都可以在SOP里找到依据。DB的福利非常优厚,你们除了五险一金,还有额外的商业医疗保险,年底双薪,十天的带薪年假,还有十二天的带薪病假。DB是美国公司,讲求的是效率、监督,还有创新三个诉求出发……"

第一节　新员工入职培训情景模拟

班级各团队可模拟一个公司,根据公司性质和特点,草拟新员工入职培训提纲,然后从培训提纲中,选择一个具体的培训"点",进行详细培训内容设计,形成新员工入职培训 MINI 课程(10~15 分钟)。

一、MINI 课程形成步骤

1. 确定模拟公司性质,产品业务范围。
2. 选择一个新员工入职培训主题,选题范围要"小而精"。
3. 讨论拟定培训内容,设计开头结尾,做好时间分配。
4. 根据确定后的培训内容,制作课件。
5. 团队成员进行分工、创作、充分排练。
6. 要求有主持人、培训专员等角色扮演,其中培训专员重点负责课程讲授。

二、MINI 课程创作提示

> 1. 课程内容:原创 30% + 模仿 70%
> 2. 课程的开场与结尾设计
> (1) 开场——引人入胜、调动情绪。
> (2) 入场——深入浅出、轻松实用。
> (3) 出场——印象深刻、首尾呼应。
> 3. 课程框架结构(总—分—总)
> 第一步　开场(导入)
> 第二步　培训内容的概说(总)
> 第三步　培训内容分解(分)
> 第一模块……
> 第二模块……
> 第四步　培训内容总结(总)
> 第五步　出场(收尾)
> 第六步　培训内容效果评测(可选)

三、MINI 课程举例

以《杜拉拉升职记》剧中台词为材料,新员工入职培训 MINI 课程教学设计如下(共 20 分钟)。

> 第一步　开场(导入)(共 2 分钟)
> 观看电影《杜拉拉升职记》中"新员工入职培训"(Orientation)视频片断。

第二步　培训内容的概说（总）（共 1 分钟）

提出问题

1. 什么是新员工入职培训（新生训练）？
2. 新员工入职培训的作用是什么，或者目的是什么？
3. 新员工入职培训的主要内容包括哪些？
4. 视频中，新员工入职培训采用的培训方式是什么？

第三步　培训内容分解（分）（共 15 分钟）

新员工入职培训概念、作用、内容和方式

☆教学内容：

模块一　新员工入职培训概念（3 分钟）

（1）视频："Orientation"其实就是新生训练。

（2）教材：新员工入职培训（Employee Orientation），亦称岗前培训、职前培训、入职培训，指为新员工提供有关企业和工作的基本背景情况介绍的活动。一般而言，这项活动是企业的一个固定培训项目，由人力资源部门和新员工用人部门合作进行。

模块二　新员工入职培训作用（3 分钟）

（1）视频：新生训练可以让你们更快地了解 DB，并且呢，可以很愉快地留在 DB 工作。

（2）教材：新员工入职培训是新员工进入一个新群体过程的一种需要。通过培训，可以消除新员工刚进企业产生的焦虑和陌生感，消除一些不切实际的期望，帮助新员工适应新的工作环境，还能加强新员工对企业的认同感和归属感，塑造企业的良好形象，降低员工的离职率。

模块三　新员工入职培训内容（5 分钟）

（1）视频：胸牌、门禁卡；规章制度；Sop，走路的规范；福利；公司文化（效率、监督、创新）；3 个月的试用期。

（2）教材：新员工入职培训的内容（详细内容略）。

新员工入职培训的主要内容包括哪些？

（一）企业基本情况、制度与政策

1. 公司文化（效率、监督、创新）
2. 福利
3. 规章制度

（二）基本礼仪与工作基础知识

1. 胸牌、门禁卡
2. Sop（走路的规范）

（三）部门职能与岗位职责要求

三个月试用期

> 模块四　新员工入职培训方式(4分钟)
> (1) 视频：讲座法。
> (2) 教材：新员工入职培训的方式灵活多样，可以是集体授课、研讨会、导师制、教练制，也可以是在岗实地培训，还有的企业会委托专业的培训咨询公司负责，比如采用户外拓展训练等方式。
> 第四步　培训内容总结(总)(1分钟)
> 简单总结、回顾新员工入职培训概念、作用、主要内容和方式。
> 第五步　出场(收尾)(共1分钟)
> 课后作业
> (1) 简述新员工入职培训的内容。
> (2) 利用网络收集"富士康科技集团"新员工入职培训的相关内容，并分析其特点。(随机抽取3个小组进行汇报，每组10分钟)
> 第六步　培训内容效果评测(可选)

四、培训课程教案

课程名称	新员工入职培训		课程时间	20分钟
课程目的	掌握新员工入职培训的基本内容，包括概念、作用、内容及方式		课程对象	
时间	课程内容	方法	方式	工具
2分钟	开场(导入)观看"新员工入职培训"(Orientation)视频片断。	多媒体	视频	
1分钟	提出4个问题	提问	幻灯片	
15分钟 3分钟 3分钟 5分钟 4分钟	培训内容： 新员工入职培训概念、作用、内容和方式 1. 新员工入职培训概念 2. 新员工入职培训作用 3. 新员工入职培训内容 4. 新员工入职培训方式	提问讲解讨论	视频 幻灯片	
1分钟	培训内容总结回顾	讲授	幻灯片	
1分钟	出场(收尾)，课后作业	讲授	幻灯片	

五、新员工入职培训课程汇报展示

(1) 时间：10~15分钟。

(2) 内容要求有创意。

(3) 培训专员及配合角色扮演，均要求脱稿。

(4) 汇报结束后，队长说明团队任务完成的过程，各成员谈参与心得。

六、学生新员工入职培训课程模拟示例

◎团队名称:"快乐 12"
◎队长:李琳
◎队员:乔珊、王晓萌、杨帆、张慧、张洋、赵慧卉
◎北京劳动保障职业学院 2011 级工管一班
◎题目:SF 美饰潮品店销售岗位新人入职培训开训典礼

幻灯片 1
  开训典礼
  领导讲话,致欢迎词,宣布培训事宜
  破冰,新员工互相认识
  公司介绍
  公司制度学习
  礼仪培训
  销售技巧
  实操模拟
  培训评估及考核

幻灯片 2
  "快乐 12"团队
  张 慧(礼仪培训专员)
  张 洋(售后客服)
  赵慧卉(销售部经理)
  杨 帆(实体店长)
  乔 姗(人事部经理)
  王晓萌(仓库管理员)
  李 琳(会计)

幻灯片 3
  SF 美饰潮品店
  销售岗位新人入职培训流程开训典礼
  日期:2012 年 12 月 10 日
  地点:总公司大厅

幻灯片 4
  企业基本情况介绍
  本公司自 2010 年由董事长兼销售经理赵慧卉和股东王玥一同白手起家,自主创业建立。迄今已经有两年历史
  公司从最初主营玫瑰金饰品代工到批发,如今经过两年发展,已建立了实体店一间,主营产品也增加了美瞳、陶瓷手表、皮带、耳机等多个种类
  公司方针:做最专业的、最高端质量的产品。做有良心的商人
  公司计划:明年再开一家分店

幻灯片 5
  公司经营准则
  1. 严格把关产品品质,绝对杜绝劣质
  2. 只与有资格、有信誉的厂家合作
  3. 价格无论在批发还是零售中必须是中等的
  4. 不随意涨价、降价
  5. 争取每月都有新品上市,增添产品种类
  6. 销售服务和售后必须做到行业第一,使消费者有保证
  7. 每年与非洲友商交流,掌握市场第一新鲜度和第一手产品状况

幻灯片 6
  礼仪培训
  本公司对礼仪很重视。礼仪方面有礼仪培训专员——张慧负责做新人培训,而且老员工每年也要参加一次培训
  公司要求所有员工必须掌握普通话以及基本的礼仪站姿等知识
  在待人接物及销售过程中,对客人和一起努力的团队队员一定要做到热情、谦和、有礼
  个别商业特殊礼仪情况由礼仪培训专员专项解释

幻灯片 7
  销售技巧
  1. 一定要对本店产品和同等市场商品的信息烂熟于心
  2. 销售东西必须从客人喜好出发,不能把自己意愿强加在客人身上
  3. 不强制销售客人觉得没有用的商品,爱护公司产品,让每个产品都找到喜欢它的人。让客人找到属于他们的商品
  4. 绝对不能罔顾公司制度,销售不合格或者有问题以及固定搭配产品
  5. 销售不只是销售产品,也是销售自己的人品,公司的信誉。所以遇到游客或者有困难的人一定要热心帮助,这属于隐性销售
  6. 谈话有技巧,做到有眼力,先人一步考虑到客人的需求
  7. 产品所有的隐性问题和售后服务均要和客户在购买时讲明
  8. 好的销售量建立在好的品质、好的售后、好的服务之上
  9. 将有老员工带领你们进行实战卖场演练,自己亲自体验

幻灯片 8
  实操模拟
  培训第二天,销售经理——赵慧卉将亲自给大家培训模拟产品销售过程及流程
  试用期 15 天内,会有相应培训评估和考核,试用期过后,根据业务能力、客户反馈、各个经理的评价决定新员工的去留。试用期考核不考虑最终录用人数,只要是人才,都是公司需要的

(续表)

幻灯片9
　　公司制度
　　1. 严格保密公司商业信息以及合作伙伴资料，勿泄露给同业人员或其他公司。具体参看合同
　　2. 不迟到早退，不无故旷工
　　3. 对公司产品相关信息和同业产品必须及时了解掌握，每月及时汇报销量和客户反馈内容
　　4. 不销售不合格或者残缺的产品以及不能销售搭配赠送品
　　5. 所有人员必须了解公司售后制度，不论什么职位都需要知道
　　6. 保证店内货品完好，否则按价赔偿
　　7. 实时了解其他店面的货物价目，汇报更新
　　8. 所有出入库都要记载清楚，汇报完整
　　9. 每月及时给会员群发新品信息，如有会员生日及时赠送礼品。晚送或者不送按公司规定罚款
　　10. 如要离职请提前30天申请
幻灯片10
　　店内日常要求及考勤要求
　　1. 员工要按照店内要求统一着装，不得奇装异服发型怪异。女职工一律马尾，不得留过眉毛的刘海。男员工头发不得超过发髻
　　2. 不得用店内电脑聊天，做私人工作
　　3. 按店内规定时间午休，不得提前，不得晚归
　　4. 保证店内设施每日正常运行，如有问题及时上报
　　5. 保持店内环境卫生，每日下班后打扫卫生
　　6. 工作时间不得谈恋爱，不得带人来店内
幻灯片11
　　实体店店长
　　本次培训的主要目的就是为了让员工充分了解自己上岗后的工作，以及对自己工作内容有个真正的清晰认识
　　现在店内的生意应接不暇，身为店长需要每天监督店内的各个环节，保证店内无论发生什么情况都要稳定运营。这些工作都需要与各位同事一起配合，所以我们很注重新员工的工作能力以及自身素质培养。本次培训主要针对员工随机应变的处事能力进行的培训
　　最后正式上岗的员工，在以后都会成为本店的中流砥柱，并且有一定的提升空间
　　希望你们在培训期间一切顺利
幻灯片12
　　上班时间及考勤
　　1. 早上10点到店，摆放物品打扫卫生，11点正式开店（其间不可离店）
　　2. 午休时间12点半至1点（替班轮休）
　　3. 19点闭店，仓库管理员进行理货、盘点，店长计算一天流水，并及时汇报，完成后方可离店
　　4. 考勤监察：每日离店前拍照片发给店长（如不发算缺勤）
幻灯片13
　　实体店销售岗位新人入职培训内容
　　1. 对本店销售产品种类信息、经营状况进行详细了解并且在培训期间将所有货物价目表背熟（大家手中的资料有货物及价目明细）
　　2. 培训期间体验上岗，写一份500字感想
　　3. 培训最后2天让大家独立处理盘点、理货、码货等日常工作，表现好的立刻上岗，稍差者可由师傅先带着
幻灯片14
　　礼仪培训（图略）
　　1. 标准站姿
　　2. 礼貌用语：
　　顾客进入店时，要说"欢迎光临"，并与顾客一对一介绍店内商品，简单了解顾客需求喜好，再根据喜好进行介绍，禁止强买强卖；顾客离店时应说"谢谢光临"。若与顾客发生争执，请找经理解决
幻灯片15
　　礼仪培训（图略）
　　1. 引导手势
　　2. 微笑标准
幻灯片16
　　仓库展示（图略）
幻灯片17
　　仓库出入库（图略）
　　仓库管理员——王晓萌每日用电脑记录所有库存出入库的记录。每天进行总结、上报
幻灯片18
　　公司产品——陶瓷腕表（图略）
　　本公司陶瓷腕表表盘采用蓝宝石镜面工艺，防划、高档。表带采用进口陶瓷制作，抗火烧、抗高温。可用火机实验
幻灯片19
　　陶瓷腕表（图略）
幻灯片20
　　玫瑰金饰品（图略）
　　本公司玫瑰金饰品均是14K、18K镀金产品，保色不褪色。采用六层镀金和三层颅内镀金工艺以及贝壳滴油，高级防护涂蜡上色。保真均有产品资格证及合格证
幻灯片21
　　正品美瞳（图略）
　　本店出售的均是中国药监局和质量检测局颁发合格的正品美瞳。和中国香港、韩国、日本等美瞳厂家合作。旗下品牌有：DUEBA、BABY COLOR、

(续表)

BELLA、DOLLY WINK、NEO、可瑞恩、可啦啦等。均有官方验证防伪码,买家可从官方查询真伪 幻灯片22 　　公司考勤 　　人事经理——乔姗会统计员工考勤情况。公司每天会有自主打卡、手纹打卡机记录考勤。上下班每日打卡两次 幻灯片23 　　销售总结(图略) 　　每个店员销售员都会有张销售表,每日汇总给实体店长。销售经理再进行审核统计汇总成总表 　　保证店内无安全隐患后方可离店 幻灯片24 　　会计年度总结(图略) 　　会计——李琳每月都要记录、编制会计表格。年底上报至董事长和股东审查 幻灯片25 　　售后服务 　　SF慧家美瞳承诺: 　　1.产品是假的,退钱 　　2.不以国产正品货冒充进口货 　　3.不单卖官方赠品 　　4.如有以上情况,退款 　　售后均有售后客服代表——张洋管理 　　客户申请售后要保留本公司小票和凭证。7天内非人为产品损坏退换货 　　客服需要记录每个客户的问题,之后赔礼道歉,按情况处理退、换货或者退款的相关事宜	幻灯片26 　　售后服务 　　本公司所有产品都有据可查,不符产品规格如果出售了,一定要给客户退货 　　另外,每月新品上市给会员发短信,会员生日售后客服也会代表公司送出礼品 幻灯片27 　　售后客户反馈信息(图略) 幻灯片28 　　客户反馈(图略) 　　售后客服代表还需要在产品售出之后,及时和买家交流,得到产品反馈,以及给新老客户提供小样试用和体验反馈的采集。客户反映的问题要及时记录和向上级领导汇报 幻灯片29 　　我们的努力  幻灯片30 　　希望我们一起努力,公司与大家一同进步

第二节　新员工入职培训概述

一、什么是新员工入职培训

在了解新员工入职培训之前,我们先看下面一个案例。

为什么要重视新员工培训?

唉,糟糕的第一周工作!

一想到明天就要正式到公司报到上班了,李阳内心里别提多高兴了。这家公司是业内很有实力的"新生企业",名牌大学毕业的他要到该公司网络中心开始自己人生的第一份工作。虽然他的专业不是计算机方面,而是市场营销,但他的计算机却玩得很棒。还是在大三时,他就开始帮一些公司编程和开发应用软件系统。想到在最后一轮面试时总经理对他的欣赏,李阳认为明天公司肯定会为他们这几个新招来的大学毕业生安排一些"精彩节目"，比如，高层管理者的接见与祝贺，同事的欢迎，人事部对公司各种情况的详细介绍和完整的员工手册等。李阳的同学有的已经上班半个多月了，有不少同学都欣喜地告诉他自己的公司如何热情地接纳"新人"……

然而，第一天是令他失望的。

他首先来到人事部，人事部确认李阳已经来到公司，就打电话告诉网络中心的王经理让他过来带李阳到自己的工作岗位。过了一段时间，王经理才派自己的助手小陈来，小陈客气地伸出手，说："欢迎你加入我们的公司！王经理有急事不能来，我会给你安排一些事情。"来到网络中心，小陈指着一个堆满纸张和办公用品的桌子对他说："你的前任前些天辞职走了，我们还没有来得及收拾桌子，你自己先整理一下吧！"

说完，小陈自顾自忙了起来。到中午，小陈带李阳去餐厅用餐，告诉他下午自己去相关部门办一些手续，领一些办公用品。在吃饭时，李阳从小陈那里了解了公司的一些情况，午休时与办公室里的一些同事又谈了一会儿，但他感到很失望，公司并没有像他想象得那样热情地接待他、重视他。

第二天，王经理见到李阳，把他叫到自己的办公室开始分派他的任务。当王经理说完之后，李阳刚想就自己的一些想法同他谈一谈，一个电话来了，李阳只好回到自己的电脑前开始构思他的工作，他的工作是网络制作与维护。他知道，他需要同不少人打交道，但他还不知道谁是谁，只好自己打开局面了。

就在第三天，李阳被王经理"教训"了几句。原来，王经理让李阳送一份材料到楼上的财务部，李阳送去之后，就又继续自己的工作了。过了一会儿，王经理走了过来，问他："交给财务了吗？是谁接过去的？"李阳回答："交去了，是一位女士接的，她告诉我放那儿好了。"王经理一脸不悦地说："交给你工作，你一定要向我汇报结果，知道吗？"李阳虽然嘴上说"知道了"，但脸上却露出了不满的神情。王经理便问他有什么意见，李阳忙掩饰说："王经理教导得很对，希望你以后多多指导！"李阳认为，这些细节也太多余了，自己把工作完成就行了，无非是王经理想显示一下自己是领导。

这几天里，让李阳感到好受一点的是另外两个同事对自己还算很热情。一个女孩是自己的前两届的校友；另一个男孩是那种爱开玩笑、颇能"造"气氛的人。李阳曾经问过他俩："难道公司总是这样接待新员工？"校友对他说，"公司就是这种风格，让员工自己慢慢适应，逐渐融入公司。""公司的创始人是几个工程方面的博士，他们认为过多的花样没多大用处，适应的就留下来，不适应的就走人。不少人留下来是因为公司的薪水还不错！"那个男孩对他说。

到了周末，李阳约了同学出来吃饭，谈起自己的第一周工作，李阳望着窗外明媚的阳光，川流不息的车辆，茫然地说："糟糕极了！"

那么，什么是新员工培训呢？正如个案里李阳所抱怨的："糟糕极了！"有不少企业的新员工培训与发展做得很糟糕，因为不少人都认为："不就是报到上班吗！慢慢来，员工自然会熟悉一切，适应一切！何必那么大势声张呢？"据统计，国内的企业约80％没有对新进员工进行有效的入职培训，就立即安排到岗位上去正式工作了。就算做此培训的企业，很多也不太重视，往往把它当作员工到岗日的一个简单"行政步骤"，草草而过，不细致、欠规范。殊不知这样的做法尽管没什么错，但却会埋下人才流失的"风险种子"。我们先从新员工培训与发展的概念来说明新员工培训与发展的重要性。

新员工入职培训(Employee Orientation)，"Orientation"其实就是新生训练，亦称岗前培训、职前培训、入职培训，指为新员工提供有关企业和工作的基本背景情况介绍的活动，是企业将聘用的员工从社会人转变成为企业人的过程，同时也是员工从组织外部融入到组织或团队内部，员工逐渐熟悉、适应组织环境，并开始初步规划自己的职业生涯、定位自己的角色、发挥自己的才能，并成为团队一员的过程。一般而言，这项活动是企业的一个固定培训项目，由人力资源部门和新员工用人部门合作进行。新员工培训，对新员工来说则是一个从企业的局外人转变为企业人的过程，对企业来说则是一个吸收新鲜血液、提升组织活力、开发新人力资源的过程。

在职场中，员工们经常受到的职前教育不过是一种肤浅的，关于公司文化、政策、规程所作的介绍而已，再多的不过是向新员工分发一些手册，或者带他们在办公楼或厂区走马观花地兜上一圈。而在文章开头的个案里，新员工培训被视为不必要，以致同事成了新员工"入职教育"的引路人。对于毕业生来说，刚刚进入职场，踏入社会，他们就像一张白纸一样，不同的企业文化会在上面涂上不同的色彩和图像。他们面临的将是一个完全新鲜和陌生的生活环境，他们的行为举止到内心体验与感受都会发生一些或大或小的改变。对于那些从另一个单位进入本企业的新员工来说，他们要从一种组织文化进入到另一种组织文化，会担心自己是否适应新的工作，是否会得到上司的赏识，是否会与同事们融洽相处，他们在公司的未来发展前景如何等。

对企业来讲，新员工在刚来企业的一个过渡期内，将会依自己对企业的感受和评价来选择自己如何表现、决定自己是要在公司谋发展还是把公司当成跳板，而公司的企业文化、管理行为将会影响新员工在工作中的态度、绩效、人际关系。所以，重视新员工入职培训不仅是对新员工的一种尊重，也是企业留住优秀员工，防止人才流失的第一步骤。如果想追求员工和企业的双赢，企业就必须重视新员工培训，系统地规划新员工培训[①]。

二、新员工入职培训的目的及作用

(一) 新员工入职培训的目的

每一位新员工，刚进入公司时，一定会有这样的状况，除了每天领导给自己安排的工作任务外，对公司其他情况一无所知。不了解公司的企业文化；不知道在公司可以做什么，不可以做什么，做了会有什么样的后果；需要跟其他部门协调时，不知道通过什么样的方式等。这样的状态维持几天，便会使新员工觉得自己不被重视，感觉自己无法融入团队，每天都怀着忐忑的心情来到公司，工作茫然，不知如何下手，领导交办的任务不知该如何去完成，最后导致的结果便是因为压抑而早早结束了在新公司的职业生涯。

因此，怎么能让一个新员工尽快地了解企业文化，了解公司制度，知道什么能做，什么不能做，相应的奖励或者处罚会是什么，如何让他以最快的速度融入团队，顺利开展工作，让他有主人翁的责任感就显得非常重要了！这些都可以通过入职培训来实现。

新员工入职培训的基本目的是使新员工了解有关企业的历史、文化、战略发展目标、组织结构等基本背景，以及工作的流程与制度规范等；帮助员工明确自己工作的职责、程序、标

---

① "为什么要重视新员工培训"，http://info.tjkx.com/News/00001346EB/2004-08-19/0000469941.html。

准,使其尽快熟悉和适应新的业务内容和工作流程,更快地进入角色,胜任工作;最重要的目的是使新员工融入企业文化。企业文化本身包括了理念文化、制度文化、行为文化和物质文化等方面的内容,它是公司长期积累并得到大家认可的价值观和行为体系。将公司的文化观念传递给新员工,可以使他们对公司的各个方面都有一个较全面的认识,从而树立企业是员工与之共同生存和发展的平台,是制度共守、利益共享、风险共担的大家庭,当员工为之奉献的同时,自身素质也会得到提高的理念,从而发自内心去热爱企业,快速融入企业。这才是新员工入职培训最重要的目的之所在。

对于企业而言,每年引进新员工的目的就在于让新员工发展成为企业的希望与顶梁柱。如何让新员工成为企业所期望的人才,很大程度上取决于企业对他们的正确引导、熏陶以及培训。因此,企业在新员工初入职时就要做好新员工入职培训,使新员工在态度、行为、方法等方面有一个系统的认识,全面提升新员工职业素养。只有这样,才能保证新员工尽快掌握工作技能,并提升整个团队的绩效。新员工入职培训工作的实施有助于新员工进行自我管理,同时企业也更加方便地对新员工进行管理,形成企业发展的良好动力。通过入职前培训活动,新员工可以尽快熟悉工作场所,了解企业的规章制度和晋升、加薪标准,清楚企业的组织结构和发展目标,从而有利于新员工适应新的环境。新员工与其他成员能够在最短的时间内融合在一起,凝成一股绳,为企业发展目标尽力。

(二) 新员工入职培训的作用

新员工在进入企业之初将面临以下三个典型问题。

1. 是否会被群体接纳?

每个人都会有这样的感受:进入一个新环境,是否会被这一个新的群体接纳?曾经有一个性格有些内向的女孩子在刚进入企业时曾说:"在学校时同学们都说,工作中的人们比较难以相处,我也看了不少杂志上的文章反映工作中人际关系的复杂。我现在也很担心,不知道同事们会不会喜欢我,我是否会被别人说闲话,我的私人生活会不会被别人过分地干扰。听说,工作之初有不少同学都因为难以与同事们相处而换工作的。但愿我能幸运一点吧!"

不难发现,只有当这个女孩的上述疑虑完全烟消云散之后,她才能以一种愉快的心情来充分地展示她的才智。

2. 公司当初的承诺是否会兑现?

有不少企业为了吸引优秀的人才,在招聘时许以美好的承诺,而一旦员工进入公司,便出现了华而不实的情况,或者要求员工的条件过多,给予员工的过少。相对企业而言,员工更加关心自己的工资、福利、假期、发展前景,只有自己的切身利益得到保障之后,他们才可能从心理上接受企业的文化、融入公司的群体当中去,否则他们会表现出消极的一面,即使是积极的,他们也很有可能是在积累工作经验,为跳槽做准备。

3. 工作环境怎么样?

这里所说的工作环境既包括工作的条件、地点,也包括公司的人际关系、工作风格等。新的工作环境是吸引新人的,还是排斥新人的?同事们是否会主动与新员工交往,并告诉他们必要的工作常识和经验?第一项工作有人指导吗?他们是否完全明白了自己的工作职责?为了完成工作,他们得到了必要的工作设备或条件吗?上述问题直接关系到新员工对企业的评价和印象。

所以说,新员工入职培训是新员工进入并适应一个新群体过程的一种需要。通过培训,可以消除新员工新进企业产生的焦虑和陌生感,消除一些不切实际的期望,帮助新员工适应新的工作环境,还能加强新员工对企业的认同感和归属感,塑造企业的良好形象,降低员工的离职率,增强企业的稳定程度,即"新生训练可以让你们更快地了解DB,并且,可以很愉快地留在DB工作"。

三、新员工入职培训内容

在电影《杜拉拉升职记》的新生训练视频中,新员工入职培训的内容提及"胸牌、门禁卡、Sop规章制度、公司福利,以及公司的文化(效率、监督、创新)"等,这些方面都属于新员工入职培训的范畴。新员工入职培训作为一项由企业人力资源部门和新员工的直接共同协作的工作,其内容主要可分为由人力资源部门负责的企业(组织)层次的常规培训和相关部门负责的岗位培训两大类。前者侧重向所有员工培训企业常规内容,后者侧重向新员工介绍所在的特定部门和具体岗位的工作要求。

(一)第一部分:公司常规培训内容

1. 有关公司基本情况的知识类培训

(1)企业概况(公司的历史、背景、经营理念、愿景、使命、价值观)。企业的创业、成长、发展过程,企业经营战略目标、经营范围、企业的性质、企业的优势和面临的挑战。

(2)本行业的概况,公司的行业地位、市场表现、发展前景。

(3)基本的产品或服务知识、制造与销售情况。企业主要产品或服务的种类及性能、产品包装及价格、市场销售情况、市场同类产品及厂家和主要客户情况等。

(4)企业的规章制度与组织结构。人事管理制度、奖惩制度、考勤管理制度、休假制度、财务管理制度、财务报销制度等基本规章制度、车间管理制度、客户接待制度、库房管理制度、包装管理制度、采购管理制度、产品销售管理制度、安全保卫管理制度、门卫管理制度、食宿管理制度等的介绍和讲解。企业的组织结构与部门职责情况,主要包括:企业的部门设置、纵横关系,以及各部门的职责与权利、主要经理人员等。

(5)薪酬和晋升机制。

(6)行为规范、商业机密、职业操守。

(7)劳动合同,福利与社会保险等。

(8)消防安全、设备安全知识及危机事件处理。

2. 有关员工的态度类和技能类培训

(1)树立正面的职业心态。企业新员工招收对象一般为大学毕业生,这就存在一个新员工角色转变的问题。企业需要引导新员工快速完成从学校人到企业人的转变,使其能够按照工作的角色去处理事情。新员工要树立正面的职业化心态,包括新员工职业观的培养、个人职业形象的塑造等,使得新员工在面对新的工作环境、新的企业文化、新的人际关系时,能够迅速调整心态,以积极乐观的态度面对新的挑战。态度就是竞争力。历史终将证明我们这一代最伟大的发现:"人们可以经由改变态度改变自己的命运。"(威廉·詹姆斯)

(2)成为团队的一分子。新员工要养成一种好的习惯,通过对工作运行机制、工作环境的了解和认知,认识到在工作中应该注意的问题,了解工作的有效方式,避免走弯路,做一个受欢迎的单位新人。现代社会要想获取成功,相互协作显得尤为重要,企业要有意识地培训新员工的团队意识,可以适当地组织一些相关方面的拓展训练,使得新员工在相对轻松的环境下,通过成员间的相互配合,体会团队协作的好处与重要性,树立员工团队合作意识。

(3) 员工职业生涯规划。新员工犹如一块未经雕琢的璞玉,企业要根据新员工实际情况进行正确的引导,帮助新员工尽快确立自己的职业发展目标与擅长的领域。使新员工通过对职业、职业生涯的认知,对个人的才能和驱动力的测评,了解自己要面对的未来挑战,根据自身的特点进行职业生涯设计。

(4) 与上级、同事建立良好合作关系。大部分企业都面临新招收的员工如何与老员工相处的问题。作为新员工本身首先要谦虚,以"空杯"与"历练"的心态虚心求教。认真向老员工学习,这个学习当然是好的方面,包括好的作风、工作经验等,将老员工视作学习与赶超的目标。初入职场的新人对职场环境并不熟悉,需要诚恳地和前辈们沟通,缓和紧张的气氛。只有这样才不会出现自恃才高,半杯水晃荡的处事姿态。老员工也应该摆正位置,平和面对,努力发挥自身优势,身体力行引导新员工做好工作。

(5) 礼仪与专业形象。了解并掌握各种商务礼仪等,如见面礼仪、接待礼仪、电话礼仪、信函礼仪、会议礼仪、仪态礼仪、餐饮礼仪、服饰礼仪,使自己在职场的交往中游刃有余。

(6) 有效沟通技巧。通过培训让新员工了解在工作中如何去有效沟通,学习并运用一些沟通方法来解决工作中遇到的问题,重点学习在工作中如何与上级、同事和客户进行沟通。

(7) 时间管理。了解什么是时间和时间管理,通过对影响时间管理的各个因素进行分析,掌握时间管理的方法,实现自己时间的增值。

这部分培训内容相对标准化,部门或岗位的差异不大,一般由人力资源部门承担和组织,所需时间也通常比较短暂且固定,而且在规模大、新招员工多而密集的公司里,还会集中采取团体性的课程培训,这样的形式投入成本低,但效率并不低。

(二) 第二部分:岗位专业性培训内容

(1) 部门职能。主要包括部门目标及最新优先事项或项目、与其他职能部门之间的关系、部门结构及部门内各项工作之间的关系等。

(2) 岗位职责及知识技能。主要包括工作职责说明书、工作流程、工作绩效考核的具体标准和方法、常见的问题及解决办法、工作时间、合作伙伴或服务对象、请求援助的条件和方法、加班要求、规定的记录与报告、设备的领取与维护等。

(3) 熟悉工作场所、办公设施、设备。

(4) 熟悉内部人员(本部门上级、下属、同事;其他部门的负责人、主要合作的同事)。

(5) 了解业务、流程、职责、权限,包括客户、产品、市场、行业、对外联络方;有时需实地考察,如参观生产线、仓库、研发实验室等(视岗位而定)。

(6) 专业性的技术、业务、财务等管理方法训练(视岗位而定)。这部分培训内容则根据不同岗位的实际工作需要,主要由新员工的直接主管或部门负责人拟定并推动执行,所需时间有很大差异,短则一两日,长则数月,但一般以试用期为上限。在这里,辅导计划是个不错的工具。主管可以根据新员工的个人情况量身定做,考虑其当时的职务所需以及将来的发展所需,使新人的学习有特定的方向。依据辅导计划,主管可每周或每月定期了解新人学习和适应的情况,通过面谈,沟通彼此的想法,修正不适当的部分。通过这种方式,主管不需要全天候"监视"新人的所作所为,也可培养新员工对工作的认同感和责任感。

两部分培训的所有相关记录、执行跟踪、效果反馈等可由人力资源部门总体掌控①。

四、新员工入职培训方式

新员工入职培训的方式灵活多样,可以是集体授课、研讨会、导师制、教练制,也可以是在岗实地培训(On the Job Training),还有的企业会委托专业的培训咨询公司负责,比如采用户外拓展训练等方式。企业新员工培训中最常用的方法有讲授法和工作指导法,此外,还可借鉴一些有特色的培训方法,如野外拉练、自学、茶话会、社会调查等。

(一) 讲授法

讲授法类似于学校教育中老师对学生的单向灌输式的讲解,培训讲师依照教材或经验向学员传授知识,每节课往往只讲解一个主题,整个培训由数节课组成。这种由企业内部人员或外聘讲师来讲解知识的方法,适合大量员工的培训,对场地、设备要求不严格,费用较易被控制,利于大面积普及企业知识和业务常识。讲授法在企业中运用广泛,几乎所有的企业培训新员工都采用了这一经济有效的方法。

(二) 工作指导法

工作指导法是由一位有经验的工人或直接主管对受训者(即将担任工作岗位的学员)工作进行指导的一种方法。企业如果采用这种方法,通常都会安排学员与老员工在一起工作一段时间,老员工通过对学员的观察,指出其不足并帮助改进,学员也可以通过对老员工工作的观察发现自己的不足并提出问题。这种方法不仅可以锻炼员工的动手能力,还能够提高他们的观察能力,增加他们的学识,同时又节约培训成本,很适合新员工对初级操作技术的掌握。

(三) 自学

自学就是由培训管理者规定时间限制,把学什么和怎么学的选择权下放给员工。读书、看视频、听录音带等多种方法都可以在自学中运用。对于一些乐于学习的员工来说,自学无需迁就他人的学习进度,可将学习焦点集中在自己感兴趣和有实用价值的知识或技能上,自己控制学习进度,把被动的"要我学"变成主动的"我要学"。自学还节省了培训者大量的时间和精力,也利于节约培训经费。但是,自学只适合那些自觉并有学习能力的员工,而且整体学习进度不易控制,管理较为松散。在运用此法时,要认真分析新员工的实际情况和企业现有资源,因为自学并不适用于所有的人和企业。

(四) 茶话会

这里所讲的茶话会是指由企业人力资源部门举办的、有新员工和老员工参加的座谈会。会议没有固定话题,主持人可以让老员工先谈谈公司的情况,也可以让新员工自由地向老员工提问。与老员工交谈之后,新员工就掌握了公司的一些基本情况。这种方式,既让新员工感受了企业文化,增强了对公司的归属感,又使老员工初步了解了新同事。但是茶话会对主持人的要求较高,他必须是一个热情开朗、善于调动气氛的人。参会老员工的数量最好也与新员工相当,老员工也必须健谈。这种方法适合新员工数量不太多时使用。对我国来说,只

---

① "新员工职业化培训",http://px.56edu.com/info/1972/1101.html。

有处于成熟期的大企业最为适合运用此法,因为这种企业可以提供良好的沟通环境,也较容易找到健谈的老员工,新员工的素质也相对较高,采用茶话会来使新员工和老员工增进了解、拉近距离会比较有效;而中小企业,往往因为场所和人员素质等因素不能有效地运用此法。

（五）社会调查

社会调查是把员工分成小组,为每一组确定调查课题,在培训者指导下分别展开调研,随后汇总调查资料,由各组组员撰写调查报告,在培训者的组织下,分小组讨论调查结果。企业通过组织员工对与企业知名度、美誉度相关的调查,使员工既了解了客户需求,又产生了企业自豪感;企业通过组织员工对一些社会热点问题的调查,既锻炼了员工的沟通能力,又培养了他们的道德情操。无论针对何种内容进行调研都存在组织难度较大、耗费时间长、人力物力耗费较大、调查问题的设计较为困难等问题。这种方法在适用范围上与茶话会类似,是大型企业可选的培训法,因为规模大的企业人力资源部门（或称培训负责部门）相对制度健全、管理体系完善、对新员工能力要求也高。国内一般的中小型企业,从财力、人力上都不具备搞社会调查的条件,所以要慎重采用这种方法。

（六）讲故事

位列世界五百强的许多大企业,都十分善于利用"讲故事"进行新员工培训。他们通过讲故事让培训变得有人情味,与受训员工建立起和谐的人际关系。故事还可以活跃气氛,改变员工受训时的情绪,释放员工的紧张心情,同时建立起一种向心力。大家听了故事之后,无论是大笑、争论,或是反思,一种牢固的关系已在不知不觉中形成了。然而,并不是所有的讲师都善于在培训中讲故事,讲师讲故事的选材、时机、语调、语速、肢体语言等都会影响讲故事的效果。讲故事对讲师的要求很高,对我国企业来说,只有请到高水平讲师才可能很好地采用此法。但是,企业花费了大量的财力请到了讲师来讲故事,即使效果很好,也可能是培训收益低于培训费用支出。因此,是否真的需要运用"讲故事"的培训方法,应在细致地分析培训需求后再做定夺。

（七）野外拉练

韩国现代汽车集团每年都组织新员工进行山地拉练,新员工被分为几组进行竞赛,小组成员必须互相帮助翻山越野,相互配合搭建帐篷、生火做饭。在活动中,一个人的疏忽都有可能造成整个小组的失败。拉练过程中处处要求员工团结合作,是培养员工吃苦耐劳、团结协作,提升员工个人毅力与自信的良好方法。我国企业一般较重视对新员工知识技能的培训,而忽视对新员工的团结合作精神及体能、耐力等相关胜任能力的培养。因此,可以适当尝试在新员工培训方法中加入类似野外拉练的拓展训练,但时间不可太长、难度也不可太大,因为在初步引入阶段,此方法需要投入大量的人力、物力和财力,也存在安全问题。所以,选用此方法培训时应考虑到自身实力与新员工整体素质[①]。

此外,美国惠而浦公司（Whirlpool Corporation）对新加入的销售人员也采用实地培训的做法。新员工以7个人为一组,被安排在公司密歇根总部附近的房子里,为期两个月,只有两个周末允许回家度假。除了普通的讲授方式,还让新销售员工每天用公司的产品洗衣、做饭、洗碗;他们也会在当地的商店购买家用电器,把惠而浦的产品和竞争者的产品

---

① 王瑾洁:"企业新员工入职培训方法初探",《北京市工会干部学院学报》,2006年9月。

做比较等。这个培训能够使新加入的销售人员快速地熟悉公司产品和业务。参加了该项目的员工通过试用期留在惠而浦的比率也比较高，而且还吸引了不少人前来应聘销售的职位。

有些公司采用"伙伴制"(Buddy System)。类似工作指导法，就是给每个新员工指定一名工作职责相近、热诚负责的老员工作为"结对子"的"伙伴"，事无巨细，随时可给予新员工必要的协助和指点；而能被选上做"伙伴"也是企业对优秀员工的一种认可和荣誉，对其额外的付出，企业也会给予一定的奖励。这种一对一的"贴身全程服务"充分显示出企业的亲和力和凝聚力，也是将企业文化得以传播和加强的可靠途径。

也有的企业会请第三方的培训公司，采用户外拓展训练作为入职培训的一部分。拓展训练是一种新型的培训方法，它沿用了体验式培训的基础理论，结合新人融入方面的心理学和组织行为学研究成果，通过科学的情境设计，让课程兼顾新人的个体行为感受、团队角色观念的树立和企业价值认同的推动，从而可以有效促进新员工融入企业，加强新员工对企业的认同感和归属感；同时，也使新员工在体验中理解和认同企业文化。

> **让第一天印象深刻**
>
> 大家都知道第一印象很重要。那么，让新员工对就职的第一天留下深刻的好印象，就意味着入职培训和员工融入新环境成功了一半；同时，这也不失为留人工作的一个很好的切入点。这里罗列一些方法供参考选择，看似琐碎，却可细微之处见实效。
> - 举办一个简单但热烈的欢迎招待会，备些咖啡和茶点（依据预算多寡），邀请公司员工来和新同事见面认识。
> - 帮助新员工安排好工作的准备，包括办公座位、办公用品、姓名牌、名片、出入卡、内部通讯录、紧急联络表、电话设置、电脑设置（包括电邮信箱的申请、开通）、台历等。
> - 告知最基本和即刻需要用到的信息，如：办公区的布局，最常用的电话和电邮的使用指南，复印机、传真机、打印机等办公设备的使用，茶水间、餐厅、洗手间的使用等。
> - 欢迎信——可用公司的"行话"或"俚语"准备一封生动幽默的欢迎信（也可体现企业文化和亲和力）。
> - 公司纪念品（印有公司标识）。
> - 邀请共进午餐。
> - 尽量指定"专人"负责某位新员工的第一天。

3~6个月的试用期是企业对新员工的考察期，也是员工证实"找对了新东家"的自我验证时期。成功的新员工培训会深入到员工的行为和精神层次，在局外人转变为企业人的过程中，让员工逐渐熟悉、适应组织环境并开始初步规划自己的职业生涯，定位自己的角色，发挥自己的才能。所以，企业需要慎重考虑，利用好新员工入职培训这个工具，对千挑万选招来的人才充分施展"留人"策略，可别让"煮熟的鸭子"飞走了[①]。

---

① 岑颖寅："如何做好员工入职培训"，http://manage.org.cn/article/200411/9949.html。

五、新员工入职培训管理示例

(一) 示例一：某企业新员工入职培训计划及分工

培训类别	时间点		内容	用人部门	人力资源部
新员工职前准备	新员工入职前	1	准备好新员工办公场所、办公用品	√	
		2	为新员工指定一名部门内资深指引导师	√	
		3	准备好给新员工培训的部门内训资料		
部门岗位培训	第1天	1	到人事部报到，进行新员工入职须知培训		√
		2	到部门报到，经理代表全体部门员工欢迎新员工到来	√	
		3	介绍新员工认识本部门员工，参观工作场所	√	
		4	部门结构与功能介绍、部门内的特殊规定	√	
		5	新员工工作描述、职责要求	√	
		6	讨论新员工的第一项工作任务	√	
	第5天	1	部门经理与新员工进行非正式谈话，谈论工作中出现的问题	√	
		2	对新员工一周的表现作出评估	√	
		3	设定下次绩效考核的时间	√	
	第30天	1	部门经理与新员工面谈，讨论一个月来的表现，填写评价表	√	
	第90天	1	人力资源部经理与部门经理一起讨论新员工表现，是否适合现在岗位，填写试用期考核表	√	√
		2	与新员工就试用期考核表现谈话，告之新员工公司绩效考核要求与体系		√
公司整体培训	新员工入职30天内，不定期	1	公司概况、发展历史、组织架构、主要领导		√
		2	公司企业文化，发展规划及展望，公司荣誉，企业业务		√
		3	公司人事、考勤、财务等各项规章制度		√
		4	公司常用业务流程介绍		√
		5	OA办公系统使用	信息部	
		6	商务礼仪		√

资料来源："新员工培训计划书", http://wenku.baidu.com/view/33ec294c767f5acfa1c7cdf9.html。

(二) 示例二：新入职员工事项指导标准

1. 如何使新进员工有宾至如归的感受

当新进员工开始从事新工作时，成功与失败往往取决于最初的数小时或数天中。在这开始的期间内，也最易于形成好或坏的印象。新工作与新上司也和新进员工一样受到考验，所以主管人员成功地给予新聘员工一个好的印象，也如新进员工要给予主管人员一个好印象同样的重要。

2. 新进员工面临的问题

(1) 陌生的脸孔环绕着他。

(2) 对新工作是否有能力做好感到不安。

(3) 对于新工作的意外事件感到胆怯。

(4) 不熟悉的人、事、物,使他分心。

(5) 对新工作有力不从心的感觉。

(6) 不熟悉公司规章制度。

(7) 他不知道所遇的上司属哪一类型。

(8) 害怕新工作带来的困难很大。

3. 友善的欢迎

主管人员去接待新进员工时,要有诚挚友善的态度,使他感到你很高兴他的加入。告诉他,你的确是欢迎他的,与他握手,对他的姓名表示感兴趣并记在脑海中,要微笑着去欢迎他。给新进员工以友善的欢迎是很简单的事情,但却常常被主管人员所疏忽。

4. 介绍同事及环境

新进员工对公司整个环境感到陌生,但如果把他介绍给同事们认识时,这种陌生感很快就会消失。友善地将公司环境介绍给新同事,使他消除对环境的陌生感,可协助其更快地进入状态。

5. 使新进员工对工作满意

最好能在刚开始时就使新进员工对工作表示称心,使他对新工作有良好的印象。回忆一些当你自己是新进员工时的感触和经验,然后推己及人,在新进员工参加单位工作时去鼓励和帮助他们。

6. 与新进员工做朋友

以诚挚及协助的方式对待新员工,可使其克服许多工作之初的不适应与困难,如此可降低因不适应环境而造成的离职。

7. 详细说明公司规章制度

新进员工常常因对公司的政策与法规不明了,而造成一些不必要的烦恼及错误,所以要说明与他相关的各种公司政策及规章制度。

8. 以下政策须仔细说明

(1) 给薪方法。

(2) 升迁政策。

(3) 安全法规。

(4) 员工福利。

(5) 人事制度。

(6) 员工的行为准则。

上述政策务必于开始入职时,利用机会向新员工加以解释。

9. 如何解释公司政策

对新进员工解释有关公司政策及规章时,必须使他们感受到一种公平的态度。假如领导人员对新进员工解释规章,使他们认为规章的存在是在处处威胁他们时,那他对新工作必然不会有好的印象。所有公司的政策及规章都有其制定的理由，主管人员应将这些理由清楚地告诉他们。因为当一个新进员工在参加一项新工作时，他是着手与公司建立合作的关系，因此愈是明白那些理由，则彼此间的合作愈是密切。

10. 给予安全培训

配合新进员工的工作性质与工作环境，为他们提供安全培训和指导，可避免意外伤害的发生。安全训练的内容包括：一是工作中可能发生的意外事件；二是安全事件的处理原则与步骤；三是仔细介绍安全常识；四是经过测试，检查人员对"安全"的了解程度。

11. 解释给薪计划

新进员工特别想知道下列问题：一是何时发放薪金；二是上、下班时间[①]。

(三) 示例三：新员工入职培训管理条例

1. 培训目的

(1) 让新员工了解公司概况、规章制度、组织结构，使其更快适应工作环境。

(2) 让新员工熟悉新岗位职责、工作流程，与工作相关的知识，以及服务行业应具备的基本素质。

2. 组织管理

(1) 新员工培训由人力资源部归纳管理，相关部门负责人协助执行。

(2) 新员工培训应在报到后一个月内进行。一般为期两天，学习公司的企业文化、企业历史、基本规章制度等，使员工了解公司的基本情况。

(3) 参加新员工培训的员工在培训期间如需请假者，根据实际情况按考勤管理制度可给予请假，请假情况应体现在综合评定中。

(4) 培训结束后，应进行考核。不合格者，辞退或降薪使用。

(5) 人力资源部为每一位员工建立培训档案，新员工培训考核情况应记入员工个人培训档案。

3. 培训程序

(1) 人数多，文化层次、年龄结构相对集中时，由公司人力资源部同各部门负责人共同培训，共同考核(定期：三个月一次)。

(2) 人数较少、分散时，由具体用人部门负责培训，培训结果以部门和员工书面表格确认为准(不定期的培训)。

4. 培训内容

(1) 公司岗前培训——人力资源部准备培训材料。主要是对新来员工表示欢迎；按照公司行业特点、组织结构、工作性质，有关规章制度和本公司服务行业基本素质来准备员工手册或由专人讲解；指定新员工工作部门的经理或组长作为新员工贴身学习的辅导老师；解答新员工提出的问题。

(2) 部门岗位培训——新员工实际工作部门负责。介绍新员工认识本部门员工；参观工作部门；介绍部门环境与工作内容、部门内的特殊规定；讲解新员工岗位职责要求、工作流程、工作待遇，指定一名资深老员工带新员工；一周内，部门负责人与新员工进行交换意见，重申工作职责，指出新员工工作中出现的问题，回答新员工的提问；对新员工一周的表现进

---

① "新进员工指导方法"，http://www.doc88.com/p-698272295343.html。

行评估,给新员工下一步工作提出一些具体要求。

(3) 公司整体培训:人力资源部负责——不定期。分发《员工培训手册》简述公司历史与现状,描述公司地理位置、交通情况;公司的企业文化与经营理念;组织结构及主要领导、各部门职能介绍,主要服务对象、服务内容、服务质量标准等;公司政策与福利、规章制度、员工合理化建议采纳的渠道;解答新员工提出的问题。

5. 培训实施

(1) 召集各部门负责培训人员,就公司新职工培训实施方案,征求与会者意见,完善培训方案。

(2) 公司尽快拿出具有针对性的培训教材,落实培训人选。

(3) 在公司内部宣传"新员工培训方案",通过多种形式让全体职工了解新员工培训系统,宣传开展新员工培训工作的重要意义。

(4) 所有新员工在正式上岗前,都必须在公司集中培训一次(培训内容见人力资源部岗前培训);然后再到具体工作部门进行培训(培训内容见部门岗位培训)。公司可根据新员工基本情况实施相应的培训计划,一般情况下,培训时间为1~3天;根据新员工人数不定期实施整体的新员工培训,总体培训时间以一周为宜,培训合格名单报公司人力资源部。

6. 培训反馈与考核

(1) 人力资源部制作的培训教材须经过公司总经办审核,并交人力资源部存档,所进行"人力资源部→部门"培训应在公司总经办的指导下进行。人力资源部每培训一批新员工都必须完成一套"新员工培训"表格,"部门→人力资源部"培训要紧密连接,不要出现培训空当。

(2) 培训实施过程应认真严格,保证质量,所有培训资料注意保存,并注意在实施过程中不断修改、完善。

(3) 培训结果经人力资源部抽查后,上报公司总经办,总经办对人力资源部及部门的新员工培训情况,每三个月向人力资源部总结反馈一次。由人力资源行政部对员工在参训期间的纪律、态度表现及笔试成绩,进行综合性评定,评定不合格者,辞退或降薪使用。

(4) 试用期内因特殊情况无法参加新员工培训的员工,经人力资源部经理批准后可以正常转正,但仍需在转正后3个月以内完成培训。

(5) 对培训考核综合成绩优秀的员工,将予以公司内通报表扬。

(6) 新员工培训结束后行政人力资源中心将培训记录归档。

7. 部门新员工培训所需表格

表格1:新员工部门岗位培训表(到职后第一周由部门填写)

部门		新员工姓名	
培训内容			
1. 准备好新员工办公场所、办公用品			
2. 部门经理代表部门全体员工欢迎新员工的到来,介绍新员工认识本部门员工			
3. 部门结构与功能介绍,部门内的特殊规定			
4. 新员工工作描述、职责要求			

(续表)

5. 讨论新员工的第一项工作任务
6. 一周内,部门经理与新员工进行非正式谈话,重申工作职责,讨论工作中出现的问题,回答新员工的问题。对新员工一周的表现作出评估,并确定一些短期的绩效目标,设定下次绩效考核的时间(30天后)
谈话记录:
部门经理完成确认签名:　　　　　　　　　　　日期:

表格2:新员工岗位培训反馈表(到职后第一周由新员工填写)

部门		新员工姓名		
1. 你是否已了解部门的组织架构及部门功能?			A. 是	B. 否
2. 你是否已清晰了解自己的工作职责及岗位描述?			A. 是	B. 否
3. 你是否已熟悉公司大楼的情况?			A. 是	B. 否
4. 你是否已认识部门里所有的同事?			A. 是	B. 否
5. 你是否觉得部门岗位培训有效果?			A. 是	B. 否
6. 你今后在工作中遇到问题,是否知道如何寻求帮助?			A. 是	B. 否
7. 你是否已接受了足够的部门岗位培训,并保证可以很好地完成任务?			A. 是	B. 否
8. 在岗位培训中,可以改进的地方:				

表格3:新聘员工培训统计表

序 号	姓 名	性 别	年 龄	工 作 部 门	备 注

资料来源:"培训方案",http://wenku.baidu.com/view/32f82f8671fe910ef12df890.html。

第三节　新员工入职培训案例

一、案例一:康佳集团的新员工入职培训

新员工培训,又称岗前培训、职前培训,它是指一个企业所录用的员工从局外人转变为

企业人,从一个团体的成员融入到另一个团体的过程,同时,也是一个员工逐渐熟悉、适应组织环境,规划自己职业生涯、准确定位自己角色、充分发挥自己才能的一个过程。因此可以说,成功的新员工培训可以强化员工的行为和精神的层面,使其成为企业与员工间群体互动行为的开始。

康佳集团自成立之始,就相当重视新员工的入职培训,一直把它作为集团培训体系中的重点,给予了相当的关注,而且还专门成立康佳学院来统筹安排并规划新员工的入职培训。多年以来的新员工入职培训的组织实践,使康佳学院针对企业用工的特点,摸索出了一套行之有效的新员工入职培训方案,最大限度地发挥了新员工培训的作用,使新入职的员工通过康佳学院的系统培训,能够迅速地转变成为具有康佳企业文化特色的企业人,敬业爱岗,为企业的发展作出了应有的贡献。

康佳集团新员工入职培训的最大特色是能够针对不同的新员工类型,规划出不同的新员工培训方案,而且,运用多种培训手段和培训方式来实施新员工培训。

比如,康佳集团针对新员工的学历、岗位及工作经验的不同,将新入职的员工分成一线员工入职培训、有经验的专业技术人员入职培训和应届毕业生入职培训三种类型。不同的类型培训内容和培训重点也各有不同,针对一线员工的入职培训,除了共同性的企业文化、人事福利制度、安全基本常识、环境与质量体系等内容以外,还规划了一线优秀员工座谈、生产岗位介绍、生产流程讲解、消防安全演练等课程。而且,还采用师带徒的方式,指定专人对新员工进行生活和工作方面的指导;对于有经验的专业技术人员的入职培训,除了共同性的必修内容外,还增加了企业环境与生产线参观、企业历史实物陈列室讲解,集团未来发展规划、团队建设与组织理解演练、团队与沟通技能训练、销售与开发介绍,及公司产品销售实践等课程;对于应届毕业生的入职培训,除了一些共同的课程外,还针对其特点,安排有校友座谈、公司各部门负责人讨论、极限挑战、野外拉练等活动,同时,还规划有三个月生产线各岗位轮流实习、专业岗位技术实习等内容,采取导师制的方式,派资深员工辅导新员工进行个人生涯规划设计,并对整个一年的工作实习期进行工作指导与考核,使其能尽快熟悉企业,成为真正的企业人。

另外,针对企业用工的特点,康佳还配合人力资源部,对不定期招聘的单个新员工采取报到教育的方式。每一个新招聘的员工,不管是从何时进入企业,在办理入职手续之前必须经过康佳学院的报到教育,由康佳学院指派专人进行个别的单独培训,培训时间安排为3小时,培训内容包括:作为一个新入职员工必须掌握的内容,如上、下班时间与规定、公司基本礼仪、办公室规定、公司基本组织架构等,只有等新员工人数达到康佳学院规定的培训人数后,才针对新员工的类型,组织实施新员工入职培训。

通过不同形式、不同内容的新员工入职培训方案的实施,有效地贯彻了集团公司选才、用才、留才的人力资源宗旨,并且通过培训,缩短了新入职人员在公司实习过程,使部分有能力、有才干的人能够很快脱颖而出,成为公司的骨干,降低了招聘成本,规避了选才风险,成为公司人力资源管理中最为重要的一环。

康佳学院应届毕业生入职培训规划为六天,全部项目由三部分组成。

1. 相见欢

(1) Ice Breaking(破冰术):"我的画像。"通过康佳学院精心设计的游戏,让新员工自我介绍、相互认识,使相互间有一个初步的了解。

(2) 组织团队：把新员工分成若干个小组，每组人数三至七名（最好是五名），每个小组成员要求搭配合理（性别搭配、学校搭配、体能搭配、家庭背景搭配），每个小组民主选出一名组长，带领全组成员完成本小组团队建设的内容：组名、组徽、组口号、组歌及其他。

(3) 举行入职式：培养对公司的热爱，在国歌和康佳集团司歌的伴奏下，新员工代表带领大家向公司总裁庄严宣誓（宣誓词为公司晨读内容）。

2. 培训内容展开

(1) 人事福利制度介绍：由人力资源部负责人介绍公司在劳动用工合同、工资、奖金、福利、休假等人事方面的相关制度，使学员清楚地了解自己能享受的权利和应承担的义务。

(2) 康佳发展历史、组织架构、发展规划等介绍。使学员对企业有一个较清晰的了解，帮助新员工发现企业的优势、特点，从而树立起对企业的崇敬之情，培养作为一名康佳人的自豪感。由企业文化中心、发展中心负责人讲授。

(3) 通信及电视的开发管理课程。由通信与家电开发中心负责人带领新员工参观开发中心，并在参观中逐项介绍公司新产品在投产前产品开发的主要流程及各个阶段，使新员工初步了解新产品开发过程中各个流程的重要作用。

(4) 营销管理课程。由营销公司负责人介绍公司产品的营销战略、市场定位、销售策略及竞争对手分析，使新员工能够迅速了解公司产品的营销方式和所面临的竞争压力。

(5) 安全、健康、纪律教育课程。由安全委员会负责讲授，主要介绍公司基本的规章制度和违规处罚标准。目的是培养新员工的安全意识，养成良好的生活与工作习惯，同时提醒学员在日后的工作中注意遵守，共同创造文明有序的工作环境。

(6) 岗位礼仪及公司礼节、5S教育课程。由康佳学院讲师讲授，主要涉及集团公司在问候、着装、汇报工作等方面商务礼仪的培训和个人办公中应注意的礼仪问题，目的是创造公司内部文明的工作环境，维护公司对外文明的企业形象，推行企业5S观念。

(7) 商场促销活动（实践课程）。由康佳学院、销售公司共同组织，安排学员到各个商场进行现场促销，亲身体验市场上各家电厂商之间激烈的竞争气氛，培养新学员居安思危的思想观念。

(8) 公司各部门及产品生产线参观。由康佳学院带领，参观公司的各个职能部门，由各个部门负责人介绍本部门的业务范围与重点，同时还参观公司产品生产线，了解产品的生产流程。

(9) 角色转变课程。由康佳学院讲师讲授，主要包括以下三个课程。

1) 理解组织的培训。通过游戏，让学员认识到组织中不同的成员对目标理解存在的差异，并初步认识个体与组织间的关系。

2) 团队、沟通培训。通过科学设置的系列课程项目，体会团队的作用，以增进对集团的参与意识，消除抱怨与负面冲突，同时，还可以培养自我授权的团队领导力。

3) 企业模拟挑战赛。运用相关软件，通过挑战赛形式来达到培养学员正确面对竞争的观念，培养学员既要勇于冒险，也有勇于承担责任的精神，同时还培养了小组成员的团队意识和团队成员间的合作能力。

3. 室外活动（选择实施）

(1) 极限能力（自我挑战）培训。通过一次长途拉练来锻炼学员的意志力和团队合作精神（如爬山）。

（2）野外郊游：通常安排在海滨之地。全部培训结束，学员们在宁静的大海边放松自己，体会生活的美好。同时，还对培训进行最后的总结，提交书面的培训总结报告，并评选出本次培训的各种奖项（如最有成就的小组、最富有合作精神的小组、康佳之歌唱得最好的小组、本次培训最潇洒先生、最靓小姐、最有前途的组长等），由康佳学院予以表彰[①]。

二、案例二：海尔新员工培训四部曲

较有实力的企业每年都要引进一批大学毕业生，然后像"宝"一样进行培训，希望他们成长为企业未来的顶梁柱。然而，每年新进员工的离职率之高又让不少企业头疼。毕业生进入企业后，往往待上一段时间，就会出现一个跳槽高峰期。因为初入社会的年轻人思想难免偏于理想化，而工作后会发现现实并非想象得那么完美，容易出现心理落差。这当然与大学生对社会、对企业了解不充分，思想不够成熟有一定关系，但是企业对新员工初期的培训方式也是相当重要的一个原因。不同的培训方式会产生不同的结果。好的培训方式能引导帮助大学生正确、客观地认识企业，进而留住他们的心。海尔作为一个世界级的名牌企业，每年招录上千名大学生，但是离职率一直很低，离开的大部分是被淘汰的（海尔实行 10/10 原则，奖励前 10% 的员工，淘汰后 10% 的人员），真正优秀的员工多半会留在最后。那么，海尔是怎样进行新员工培训的呢？

第一步：使员工把心态端平放稳。

这第一步很重要。有些企业迫不及待地向新进毕业生灌输自己的企业文化或职业技能，强迫他们去接受，希望他们能尽快派上用场，而全不顾及他们的感受。毕业生新到一个陌生的与学校完全不同的环境，总会有些顾虑：待遇与承诺是否相符；会不会得到重视；升迁机制对自己是否有利等。在海尔，公司首先会肯定待遇和条件，让新人把"心"放下，做到心里有"底"；接下来会举行新老大学生见面会，让师兄师姐用自己的亲身经历讲述对海尔的感受，使新员工尽快客观地了解海尔；同时，人力中心、文化中心和旅游事业部的主管领导会同时出席，与新人面对面地沟通，解决他们心中的疑问，不回避海尔存在的问题，并鼓励他们发现、提出问题；另外，还与员工就如何进行职业发展规划、升迁机制、生活方面等问题进行沟通。让员工真正把心态端平放稳，认识到没有问题的企业是不存在的，企业就是在发现和解决问题的过程中发展的。关键是认清这些问题是企业发展过程中的问题还是机制本身的问题，让新员工正视海尔内部存在的问题，不走极端。要知道没有人会随随便便跳槽的，往往是思想走向极端、无法转回时才会"被迫"离开。

第二步：使员工把心里话说出来。

员工虽然能接受与自己的理想不太适应的东西，但并不代表他们就能坦然接受了，这时就要鼓励他们说出自己的想法——不管是否合理。让员工把话说出来是最好的解决矛盾的办法，如果你连员工在想什么都不知道，解决问题就没有针对性。所以应该为他们开条"绿色通道"，使他们的想法第一时间反映上来。海尔给新员工每人都发了"合理化建议卡"，员工有什么想法，无论制度、管理、工作、生活等任何方面都可以提出来。对合理化的建议，海尔会立即采纳并实行，对提出人还有一定的物质和精神奖励。而对不适用的建议也给予积极回应，因为这会让员工知道自己的想法已经被考虑过，他们会有被尊重的感觉，更敢于说

[①] "康佳集团的新员工入职培训"，《人才资源开发》，2008 年第 4 期。

出自己心里的话。

在新员工提的建议与问题中,有的居然把"蚊帐的网眼太大"的问题都反映出来了,这也从一个侧面表现出海尔的工作相当到位。而有些企业做得就不够:新进大学生因为来到企业后受到的待遇与招聘时的承诺不太符合,产生不满,这种不满情绪原本并不算什么大事,只是员工初来乍到时很自然的一种反应而已,但是这个企业却没有很好地消除这种不满,反而造成了新员工情绪激化,导致新员工把老总堵在了办公室里要求给个答复。而老总出来后居然说:"你们愿干就干,不愿干就走人!"把员工当作工作的"乞讨者",员工还有什么理由留下呢?

第三步:使员工把归属感"养"起来。

敢于说话是一大喜事,但那也仅是"对立式"地提出问题,有了问题可能就会产生不满、失落情绪,这其实并没有在观念上把问题当成自己的"家务事"。这时就要帮助员工转变思想,培养员工的归属感。让新员工不当自己是"外人"。海尔本身的文化就给员工一种吸引、一种归属感,并非像外界传闻的那样,好像海尔除了严格的管理,没有一点人性化的东西。"海尔人就是要创造感动",在海尔每时每刻都在产生感动。领导对新员工的关心真正到了无微不至的地步。你会想到在新员工军训时,人力中心的领导会把他们的水杯一个个盛满酸梅汤,让他们一休息就能喝到吗?你会想到集团的副总专门从外地赶回来目的就是为了和新员工共度中秋吗?你会想到集团领导对员工的祝愿中有这么一条——"希望你们早日走出单身宿舍"(找到对象)吗?海尔还为新来的员工统一过了一次生日,每个人得到一个温馨的小蛋糕和一份精致的礼物。首席执行官张瑞敏也特意抽出半天时间和700多名大学生共聚一堂,沟通交流。对于长期在"家"以外的地方漂泊流浪,对家的概念逐渐模糊的大学生来说(一般从高中就开始住校),海尔所做的一切又帮他们找回了"家"的感觉。

第四步:使员工把职业心树立起来。

当一个员工真正认同并融入到企业当中后,就该引导员工树立职业心,让他们知道怎样去创造和实现自身的价值。海尔对新员工的培训除了开始的导入培训,还有拆机实习、部门实习、市场实习等一系列的培训,海尔花费近一年的时间来全面培训新员工,目的就是让员工真正成为海尔躯体上的一个健康的细胞,与海尔同呼吸、共命运。

海尔通过树立典型的形式积极引导员工把目光转移到自己的工作岗位上来,把企业的使命变成自己的职责,为企业分忧,想办法解决问题,而不是单纯提出问题。现在海尔新来的大学生还处于培训初期,刚刚结束了导入培训进入拆机实习阶段。但是,不少人已经进入了"角色"。他们利用周末时间走访各商场、专卖店,观察海尔的展台,调查直销员的表现,发现问题并反映给上级领导;还有的在和一般市民闲谈交流的过程中,发现了海尔产品或服务方面的缺陷,就把顾客的姓名、住址、电话等信息记录下来,反映到青岛工贸……

总之,由于大学毕业生是刚刚由学校进入社会,公司初期的培训方式就显得格外重要。管理者应采取能与公司实际情况结合的技巧和方法,让员工自己去体验,自己去表现,让培训工作成为员工的一种主动行为[①]。

---

① 王跃军:"海尔新员工培训四部曲",《车间管理》,2004年第4期。

三、案例三：世界名企新员工培训理念

联想："入模子"文化培养。

"入模子"就是用强化培训的方式让不同背景的新员工很快适应联想文化，能用同一种声音说话，这是联想新员工入职培训最重要的一个目的。此外，公司会为每一位新员工指定一名指导人，一般由其直线经理或部门资深员工担任，为新员工提供个性化、多层级的指导。

P&G：注重仪式。

培训课程结束后，公司中国区最高职位领导将为新员工主持毕业典礼仪式。在宝洁，新员工在培训组织中起着领导角色，经过一段时间的培训，新员工会自己搞一些活动，用所学的东西编排节目。同时，宝洁会让新员工明白：第一印象往往是不正确的，每个人都有自己的做事风格。

海尔：说出你的心里话。

海尔给每个新员工发放"合理化建议卡"，让员工说出自己的想法。对于合理的建议，海尔会立即采纳并实行，还会给予提出者一定的物质和精神奖励；而对不适用的建议也会给予积极回应，让员工有被尊重的感觉，更敢于说出自己的心里话。

玫琳凯：着手细处，贴心服务。

上班第一天，玫琳凯的新员工都会收到一份"大礼"——醒目的立牌上有中英文欢迎词。培训专员会给每位新员工发放一个文件袋，里面装有公司资料、规章制度、工作证及e-Learning系统的用户名和密码。此外，电脑、电话、文件架、印有公司标识的笔记本、圆珠笔等办公必需品早就准备妥当。

微软（中国）："传、帮、带"。

熟练员工教育新雇员是微软入职培训的一大特色。公司会把一些重要的培训计划放在员工网站的主页上，员工可根据自己的需要向上级提出申请参加这些培训。有些"导师"通常是员工所在部门之外的资深员工，微软的目的在于为员工多创造了解自己工作领域之外业务的机会，以培养其本职工作之外的能力并发现自身的潜能。

英特尔：让新员工与执行层对话。

Intel会给新员工安排与执行层ESM（Executive Staff Member）对话的机会。管理新员工的经理还会从公司拿到一套资料，资料非常明确地告诉经理每个月要教新员工哪些内容。同时，经理会记录每个新员工的情况，平等对待每一个人。

IBM：如何发展靠自己。

要成为IBM的正式员工，除了要经过四个月的培训，还要经过一年的实习。实习期间，公司会给每个新员工指派师傅，师傅和徒弟要共同制订实习计划，进行一对一的辅导。实习期间，师傅需定期向人力资源部和新员工所在部门反馈员工的实习情况。

实习结束后，员工需做出个人工作计划和发展计划，可以选择继续从事当前的岗位工作，也可变换岗位。同时，员工可根据自身情况提出需要再参加哪些培训，是否需要师傅指导。如果提出变换岗位，则要说明现有的素质能力及如何适应新的岗位。

华为："大合唱"激励新员工。

"进入世界500强，为民族工业争光"，宣扬民族主义情怀是华为入职培训的主旋律。在

培训方法上,有生动的案例教学,也有热情洋溢的高层演讲,《真心英雄》和《华为之歌》是经常唱的歌曲,还有专门针对销售人员的激励歌曲。

LG:口号式魔鬼培训。

身着红色马褂,手拿红色旗帜,一边做20公里的拉练,一边背诵各种斗志昂扬的口号——这不是红军的两万五千里长征,而是LG电子新员工的野外拉练培训。20公里下来,这些口号已经融入每个新员工的骨子里面。员工每天的时间都被培训安排得满满的:早上6:30起床早操,然后是封闭式授课,一般到晚上9点以后才会结束。

可口可乐:全方位导师制辅导。

可口可乐中国公司在应届大学生的招聘上非常严格,主要以管理培训生项目来开展。公司会对管理培训生实行为期3年的发展计划。三年里,公司会给每名培训生安排一名导师(mentor)、一名教练(coach)、一名主管(supervisor),再安排一名高级主管做他的教导人(sponsor)。以此保证在员工整个发展计划的实施过程中,都会有4个人一直关注并帮助他们的发展。

百威英博:高层一对一辅导。

如何让新招募的年轻人成长为独当一面的人才?百威英博会让每个培训生与一名高管层领导建立一对一的培养关系,要求导师至少每两周和培训生通一次电话,至少每两个月和培训生面谈一次,了解培训生的想法,并根据自己丰富的经验给出指导。百威英博要求培训生从一开始就关注业务发展,主动发表意见,找到自己力所能及可以改进的方面[①]。

四、新员工入职培训管理制度示例

(一)目的

为规范公司新员工入职培训(New Hire Orientation)管理,使新员工能够尽快熟悉和适应公司文化、制度和行为规范,了解企业情况及岗位情况,并快速地胜任新的工作,特制订本制度。

(二)适用范围

新员工入职培训,除人事管理制度及培训管理制度另有规定外,均依本制度执行。

(三)培训计划

1. 培训目的

(1)让新员工在最短的时间内了解公司历史、发展情况、相关政策、企业文化等,帮助新员工确立自己的人生规划并明确自己未来在企业的发展方向。

(2)让新员工体会到归属感,满足新员工进入新群体的心理需要。

(3)为新员工提供正确的有关公司和工作岗位的信息及公司对他们的期望。

(4)提高新员工解决问题的能力,并向他们提供寻求帮助的方法。

(5)加强新老员工之间、新员工与新员工之间的沟通。

2. 培训内容

(1)企业的发展历史及现状。

---

① "世界名企的新员工入职培训理念",《培训》,http://www.chinahrd.net/talent-development/training-management/2013/0118/185949.html。

(2) 企业当前的业务、具体工作流程。
(3) 企业的组织机构及部门职责。
(4) 企业的经营理念、企业文化、规章制度。
(5) 工作岗位介绍、业务知识,及技能和技巧培训。

3. 培训分为三个阶段：公司培训、部门培训、试用期转正计划。

(1) 公司培训(通识类知识)。

1) 培训内容。
- 公司概况。公司的发展历史、经营业务、经营现状、公司使命、公司愿景、行业地位、发展趋势、公司组织机构,各部门的工作职责与业务范围、公司高层管理人员的情况。
- 相关规章制度。人事规章制度包括薪酬福利制度、培训制度、考核制度、奖惩制度、考勤制度等;财务制度,如费用报销制度。
- 其他,如商务礼仪、职业生涯规划。

2) 培训讲师。
培训讲师应对受训新员工的优势、劣势做出评价,并提供给该员工未来部门培训的负责人,以便培训人员针对各个员工的弱点开展有侧重点的培训。

(2) 部门培训(实际工作技能)。

1) 培训内容。
- 新员工所在部门组织结构、主要职能和责任、规章和制度。
- 掌握未来工作的岗位职责及具体内容、每天的例行工作及非例行工作。
- 未来工作可能会用到的技能和技巧。
- 掌握与其他兄弟部门的协调与配合,培养团队精神。
- 对工作乐观、积极的态度,对企业、部门充满信心,对客户真诚服务的信念。

2) 培训讲师。
培训讲师必须是新员工未来的主管和实地培训的负责人,具有丰富的工作经验和规范的技术,以免误导新员工。

(3) 试用期转正计划(即为试用期,让新员工在一位导师的指导下开始承担工作)。

对于以上三个阶段的培训,可以根据需要和具体情况,酌情灵活运用、交叉安排、拟订培训实施计划。

(四) 培训管理

培训管理由公司 HR(人力资源部)和培训教育部统一负责管理,各部门予以配合。

1. 培训时间

由公司进行集中培训,起始时间为新员工入职后的第 1~2 个月,为期 3 天;第二阶段的培训,起始时间为新员工入职当天,为期 1 个月;第三阶段的培训,起始时间为新员工入职当天,为期 3~6 个月。

2. 培训纪律

受训员工在培训期间不得随意请假。如有特殊原因,须经所在部门经理审批,并将相关证明交至 HR(人力资源部),否则,以旷工论处。

3. 奖惩措施

培训期间无故迟到、早退累计时间在 30~60 分钟者,以旷工半天论处;超过 1 小时,以旷工1天处理;情节严重者,记过1次。

4. 培训考核

培训结束后,HR(人力资源部)组织相关人员对新员工入职培训效果进行考核,考核主要采用笔试和实操演练两种方式进行。考核结果分为六个等级,具体标准及相应的人事政策参见下表。

评分	表　　　现	措　施
5分	表现特别突出,工作态度和技能都到达精英标准	提前通过试用期
4分	工作态度很好;工作中有些小错误(技能不足),但是没有任何大错误(比如迟到、小聪明)	通过试用期
3分	工作态度好;工作中存在问题(比如不准时完成任务、拖沓),工作不饱和	考虑延长试用期
2分	还需要观察	延长试用期
1分	工作态度不好,学习改进趋势也不明显	试用期不合格
0分	已经离职,或还未建立 mentor 与 mentee 辅导关系	试用期不合格

(五) 培训实施

1. 培训讲师的确定

新员工入职培训的讲师最好是公司的内部人员,因为公司内部人员是最熟悉公司的人。公司高层、HR(人力资源部)经理、部门主管、专业技术人员都可以被邀请来就不同的内容给新员工做培训。

2. 相关设备和设施

在新员工入职培训实施过程中,会使用到投影仪等设备,在培训实施前要将这些设备的准备工作落实到位,以保证培训工作的正常进行。

3. 培训时间和培训内容的安排

对新员工进行培训时,HR(人力资源部)应事先制订培训计划,做好相应的日程安排。

(1) 公司培训。

公司培训阶段分为两个部分:

● 第一部分,由 HR(人力资源部)集中培训,起始时间为新员工入职当天,为期1天。

培训内容	实施时间	培训地点	培训讲师	培训方式	培训主要内容
入职登记	1小时	会议室	HR(人力资源部)	集中授课	入职资料填写 入职资料收取核实 签订劳动合同 员工照片拍摄 发放公司门卡
公司文化	1.5小时	会议室	HR(人力资源部)	集中授课	公司价值观 公司战略 公司道德规范

(续表)

培训内容	实施时间	培训地点	培训讲师	培训方式	培训主要内容
公司概况	1小时	会议室	HR（人力资源部）	集中授课	公司的经营理念和发展状况 公司的组织架构、管理体系和各事业部职能 公司的经营业务和主要产品 公司在同行业中的竞争力状况
人事规章制度	2小时	会议室	HR（人力资源部）	集中授课	聘用制度 培训制度 薪酬、福利制度 绩效考核制度

● 第二部分，由培训教育部集中培训，起始时间为新员工入职后的第1~2月，为期2天。

（2）部门培训。

实施时间	培训内容
入职当天	本部门概况介绍，包括人员引见、部门工作及工作环境等 部门管理制度介绍
入职一周	一周内，直接上级与新员工进行正式谈话，重申工作职责，谈论工作中出现的问题，回答新员工的提问 对新员工一周的表现做出评估，并确定一些短期绩效目标 设定下次绩效考核的时间 发送记录文档给HR（人力资源部）
入职一月	直接上级与员工面谈，讨论试用期一个月以来的表现，发送记录文档给HR（人力资源部）

（六）培训评估

（1）每开展一阶段培训项目，培训讲师应对新员工的培训效果及时进行检查。检查方法包括测试、现场操作等。

（2）培训讲师于培训结束后一周内，评定出新员工的测试成绩，并登记在"新员工入职培训测试成绩表"上。培训测试成绩作为新员工试用期考核及正式录用的参考。

（3）因故未能参加测验者，事后一律补考，否则不予以转正。

（4）每项培训结束时，HR（人力资源部）和培训教育部根据实际需要开展新员工入职培训意见调查，要求学员填写"新员工入职培训调查表"与测试试卷一并收回，以此作为培训效果评估的参考依据。

（5）培训教育部应定期调查新员工入职培训的效果，分发调查表，用人部门主管或相关人员填写后收回，以此作为评估长期效果的参考依据。

（6）将以上评估的内容及结果形成书面的报告，呈报用人部门主管、MENTOR（导师）、HR（人力资源部）经理及公司高层，以此作为新员工录用转正的参考。

（七）培训特别规定

（1）培训讲师要对企业的政策、法规及规章制度进行仔细说明，例如发薪方法及日期，晋升制度，休假及请假规定，员工福利制度，作息时间及轮班制度，迟到、早退、旷工处分办法,劳动合同协议,聘用、解雇规定,在职员工行为准则等。

(2) 培训人员培训新员工时,还应注意以下几个方面。

- 要确认新员工是否清楚地了解和掌握了其工作性质和工作责任,真正掌握了业务知识。
- 要对新员工的责任心、效率、效能意识重点加强培训。
- 要训练新员工的礼仪修养,养成礼貌待人的良好习惯。
- 要让新员工意识到校园生活与企业生活的差别,意识到自己的责任。
- 要培养新员工尊重知识、尊重时间、严肃认真的工作态度。
- 注意培养新员工的团队合作和集体利益优先的意识。

(3) 新员工入职培训不仅仅是HR(人力资源部)、培训教育部和公司高层的事情,公司全体员工都有责任参与新员工入职培训工作[①]。

思 考 与 实 践

1. 新员工入职培训工作是企业常规化的培训工作,培训体系比较健全,内容较为固定,被认为是欲从事培训工作人员的实验场。建议利用假期时间,去尝试两种角色的体验:一是企业新员工——受训者角色;二是向企业培训人员学习——未来培训讲师角色。

2. 如果你有过兼职经历,并且接受过企业新员工入职培训的经历,请写下整个培训的过程,与团队队员一起分享。

3. 观看电影《杜拉拉升职记》中新员工入职片断,并尝试补充其他未涉及的培训内容。

4. 你在新员工入职培训模拟团队活动中,承担了什么角色,完成了哪些工作,有何收获?

5. 可以通过网络搜索一些知名企业的新员工入职培训视频,来了解国内企业在此方面的成熟做法。

---

① "新员工入职培训制度",http://wenku.baidu.com/view/4b774dd6360cba1aa811da0f.html。

项目三

培训能力开发(1)
——需求调查与计划制订

学习目标

1. 了解培训与开发的基本操作流程
2. 会选择恰当的研究方法进行培训需求调查,并进行分析
3. 掌握调查研究方法,会编写简易的调查问卷
4. 根据培训需求分析结果,编制相应培训计划
5. 参与调查或访谈过程,提升沟通交流能力

到东京迪士尼去游玩,人们不大可能碰到迪士尼的经理,门口卖票和检票的也许只会碰到一次,碰到最多的还是扫地的清洁工。所以,东京迪士尼对清洁员工非常重视,将更多的训练和教育集中在他们身上。即便这些扫地的员工是暑假打工的学生,只扫两个月的时间,迪士尼也要用三天的时间培训他们。

第一天上午要培训如何扫地。扫地有三种扫把:一种是用来扒树叶的;一种是用来刮纸屑的;一种是用来掸灰尘的。这三种扫把的形状都不一样。怎样扫树叶才不会让树叶飞起来,怎样刮纸屑才能把纸屑刮得很好,怎样掸灰才不会让灰尘飘起来?这些看似简单的动作却都应严格培训。而且,扫地时还另有规定:开门时、关门时、中午吃饭时、距离客人15米以内等情况下都不能扫。

第一天下午学照相。十几台世界最先进的数码相机摆在一起,各种不同的品牌,每台都要学,因为客人会让员工帮忙照相,可能会带世界上最新的照相机来这里度蜜月、旅行。如果员工不会照相,不知道这是什么东西,就不能照顾好顾客,所以照相要学一个下午。

第二天上午学怎么给小孩子包尿布。孩子的妈妈可能会叫员工帮忙抱一下小孩,但如果员工不会抱小孩,动作不规范,不但不能给顾客帮忙,反而会增添顾客的麻烦。不但要会抱小孩,还要会替小孩换尿布。给小孩换尿布时要注意方向和姿势,应该把手摆在底下,尿布折成十字形,还要在尿布上面别上别针。这些地方都要认真培训,严格规范。

　　第三天学辨识方向。有人要上洗手间,"右前方,约50米,第三号景点东,那个红色的房子";有人要喝可乐,"左前方,约150米,第七号景点东,那个灰色的房子";有人要买邮票,"前面约20米,第十一号景点,那个蓝条相间的房子……"顾客会问各种各样的问题,所以每一名员工要把整个迪士尼的地图都熟记在脑子里,对迪士尼的每一个方向和位置都要非常的明确。

　　训练三天后,发给员工三把扫把,开始扫地。如果在迪士尼里面,碰到这种员工,人们会觉得很舒服,下次会再来迪士尼,也就是引客回头,这就是所谓的员工面对顾客。

　　对此,《基业长青》的作者柯林斯写道:"沃尔特·迪士尼把他在军队对秩序和控制的热爱转化成了有形的做法,从个人仪容、招聘和培训的过程、对实际布置最细微部分的注重都制订出了一丝不苟的标准和规定,力求保持迪士尼每一个角色的一贯性和严整性。"正是这种艰苦的磨炼,像训练军队一样的操练,才使得这个团队保持了竞争精神和战斗力。

　　作为企业培训管理者,应当从中体会出培训需求分析与评估的途径、方法和内容来,特别是能感觉到如何确定企业的组织需求。

　　迪士尼乐园对清洁工扫地培训项目的需求评估,其重点是放在了迪士尼的组织需求评估与分析上。对清洁工的扫地培训不仅仅是专业知识、专业技能的培训,更突出了企业文化、经营理念的培训,要让每一位清洁工们学照相、学包尿布、学辨识方向,其目的是让迪士尼的员工们为游客提供全方位的服务。

　　不仅如此,迪士尼对员工的培训,也体现了现时所倡导的"专一、精二、会三"的培训理念。

　　培训工作流程包括培训需求分析、培训规划与设计、培训实施和培训效果评估与转化等主要环节。培训需求分析是整个培训管理活动的起点,无论是在制订年度培训计划之前,还是在制订一个培训项目计划之前,乃至在执行一次单一培训课程之前,进行培训需求分析都是第一环节,它决定了培训工作能否准确定位,向着正确目标前行,影响到能否设计与提供有针对性的培训课程。缺乏有效的培训需求分析,企业培训目标会偏离方向,直接导致人力资本投入的失效,给企业资源带来大量浪费。一位资深培训经理曾说过:"我把60%的时间和精力放在了培训需求分析上",可见培训需求分析的重要性[①]。

---

① "在迪士尼培训扫地",http://wenku.baidu.com/view/4f25e020ccbff121dd368382.html。

"培训"模拟项目操作流程

1. 培训需求调查与分析	使用问卷调查法、访谈法、观察法或文献研究法,就培训对象目前所面临的问题,进行培训需求调查分析,形成简易的调查分析结论,确定培训主题,选择范围要力求"小而精"
2. 根据确定的培训内容,进行课程设计,并制作课件	团队成员分工合作,群策群力,讨论拟定培训内容范围,并进行课程设计,然后制作培训 PPT 课件,最终形成培训 MINI 课程 角色分配:培训讲师、秘书、技术支持、创意师、导演等
3. 培训项目预演	(1) 时间:15分钟 (2) 预演内容(以团队为单位,向指导老师汇报): ● 题目是什么,由何而来,说明调查与访谈情况(提供充分的证据) ● 内容提纲或结构 ● 开头、结尾设计 ● 创意点或创新点(原创性) ● 目前项目准备过程中存在的问题 (3) 团队成员进行分工、创作、展示排练
4. 培训项目正式展示	(1) 时间:15~20分钟 (2) 内容要求真实、贴合实际、有创意(以团队为单位,向班级全体人员汇报) (3) 培训讲师及配合者均要求脱稿 (4) 要求有主持人、培训讲师等角色扮演,其中培训讲师重点负责课程讲授
5. 项目评估	包括培训讲师评价和项目实施效果评价两部分 主要由指导教师进行点评,然后打分。其他团队可参与评分,权重20%

第一节 培训需求调查与分析任务

企业培训的目的首先是服务于企业发展,提高企业利润创造的能力,其次才是满足员工个人的职业成长,当员工也希望通过培训来增长知识、提高技能,以此增强自身职业竞争力时,企业与员工之间的预期就会出现交集,那么培训的效果也就会比较理想。

一、培训需求调查方法选择

使用调查问卷法、访谈法、观察法或文献研究法,就培训对象(主要以在校大学生群体和大学实际工作岗位为模拟对象,如教师、管理人员、辅导员、厨师、园艺工人、宿管人员等)目前所面临的问题,进行培训需求调查分析,选取培训主题。

(一) 调查问卷法
(1) 设计员工培训需求分析的调查问卷。
(2) 调查问卷式调查,修改,正式调查。
(二) 访谈法
(1) 设计访谈提纲。
(2) 访谈模拟,提纲修改,正式访谈。
(三) 观察法
(1) 选择某个工作岗位作为观察对象,记录该岗位员工主要工作内容。

(2) 分析岗位工作内容并找出存在的问题。

(四) 文献研究法

(1) 对某些问题、现象进行分析,或者以新理念作为研究主题,进行理论研究。

(2) 查找文献,资料汇总与梳理,确定研究的内容及其结构。

(五) 调查选题提示

(1) 可选择具有共同特点的一类学生群体或大学部门工作岗位人员作为培训对象,进行需求分析(此为一类选题)。

(2) 一本最新书籍的启示,最近发生的事件,最新的观念,最新的一部电影(此为二类选题)。

(3) 团队成员的特殊技能,或者是人生特殊经历中的感悟和故事(此为三类选题)。

二、培训需求调查与分析实施

正式实施调查,对所搜集的信息进行整理分析,预测培训对象的培训需求,形成简易的培训需求调查分析结论。

三、学生培训需求调查示例(1)

◎团队名称:"青年"

◎队长:申屠骏尧

◎队员:王少璞(秘书)、杜旭(外联)、王蕊(资料)、张子航(摄影师)、赵婧(技术支持)

◎北京劳动保障职业学院2011级人力资源管理(1)班

(一) 大学生培训需求调查问卷

大学生培训需求调查问卷

请您花费2分钟,认真阅读并填写以下问题。非常感谢。

1. 您现在最需要什么样的培训?(单选)
   □简历撰写培训　　□面试培训　　□礼仪培训　　□办公室潜规则培训
   □化妆培训　　□企业文化培训　　□时间管理培训　　□人际沟通培训
   □其他_____

2. 您曾有过什么样的培训经历?(可多选)
   □简历撰写培训　　□面试培训　　□礼仪培训　　□办公室潜规则培训
   □化妆培训　　□企业文化培训　　□时间管理培训　　□人际沟通培训
   □其他_____　　□没有过培训经历

3. 您觉得一个培训师怎么样进行培训更能吸引您?(可多选)
   □做好ppt,认真照ppt讲解　　□不拘一格,天马行空地讲解
   □做一个培训大纲,讲解时加上自由发挥　　□带有演示的讲解

4. 您觉得一次培训多长时间更合适?(单选)
   □按内容多少1~2个小时范围内
   □越短越好
   □能说完就行,时间不重要

5. 您觉得间隔多久进行一次培训更让您能够接受？（单选）
☐1～2星期　　　☐1～2个月　　　☐1～2年　　　☐更长_____

6. 您认为培训与您个人发展及工作提升关联程度如何？（单选）
☐很有帮助　　　☐有帮助　　　☐一般　　　☐没什么帮助
☐浪费时间

7. 对于培训讲师您有什么样的要求？（可多选）
☐语言流利　　　☐幽默风趣　　　☐样貌端正　　　☐有人格魅力
☐对学员要求严格　　☐言行得体　　　☐认真负责

8. 您是否介意培训过程中有人录像？（单选）
☐介意　　　☐不介意　　　☐无所谓

感谢您花费宝贵时间参与我们的问卷调查。

(二) 培训需求调查问卷分析

共有15人参与投票。

1. 您现在最需要什么样的培训？（单选）

简历撰写培训	面试培训	礼仪培训	办公室潜规则培训
0票	1票	2票	1票
企业文化培训	时间管理培训	人际沟通培训	化妆培训
0票	0票	0票	11票
总计：			15票

由于化妆培训占的比重最大，所以我们最终确定的培训内容是化妆培训。但是，职业妆培训没有什么技术含量，所以最后选了party妆的培训。

2. 您曾有过什么样的培训经历？（可多选）

简历撰写培训	面试培训	礼仪培训	办公室潜规则培训	化妆培训
0票	0票	0票	0票	0票
企业文化培训	时间管理培训	人际沟通培训	其他	没经过培训
0票	0票	6票	0票	9票

好像都只选了一个。

3. 您觉得一个培训师怎么样进行培训更能吸引您？（可多选）

做好ppt，认真照ppt讲解	不拘一格天马行空的讲解	做一个培训大纲，讲解时加上自由发挥	带有演示的讲解
3票	5票	14票	15票

4. 您觉得一次培训多长时间更合适？（单选）

按内容多少1~2个小时	越短越好	能说完就行,时间不重要
1票	11票	3票

5. 您觉得间隔多久进行一次培训更让您能够接受？（单选）

1~4星期	2~12个月	1~2年	更长
0票	2票	2票	11票

6. 您认为培训与您个人发展及工作提升关联程度如何？（单选）

很有帮助	有帮助	一般	没什么帮助	浪费时间
0票	6票	9票	0票	0票

7. 对于培训讲师您有什么样的要求？（可多选）

语言流利	幽默风趣	样貌端正	有人格魅力	对学员要求严格	言行得体	认真负责
15票	13票	12票	10票	8票	12票	14票

8. 您是否介意培训过程中有人录像？（单选）

介意	不介意	无所谓
0票	5票	10票

四、学生培训需求调查示例（2）

◎团队名称："群英逐路"
◎队长：张琪（技术支持）
◎队员：谭艾鑫（秘书）、胡雨薇（资料）、贾宁（摄影师）、王迎晨（外联）
◎北京劳动保障职业学院2011级人力资源管理（1）班

（一）大学生培训需求调查问卷与分析

需求调查问卷	调查问卷分析结果
尊敬的朋友： 　　您好！非常感谢您在百忙之中做此次关于导游能力的问卷调查，感谢您的配合。 1. 如果随团旅游，您希望导游的性别是： 　A. 男 　B. 女	第1题为单项选择，我们共调查了20个人。其中5个人希望导游的性别为男性，15个人希望导游的性别为女性。这说明导游行业女性导游更受人青睐，我们需要着重对女性导游进行培训。

(续表)

需求调查问卷	调查问卷分析结果
2. 您认为导游应该具备哪些知识? 　　A. 语言知识 　　B. 史地文化知识 　　C. 政策法规知识 　　D. 心理学和美学知识	第2题为多项选择,我们完成了20份调查问卷。其中A选项语言知识被选择了11次;B选项史地文化知识被选择了15次;C选项政策法规知识被选择了6次;D选项心理学和美学知识被选择了11次。B选项的选择次数为最多,说明对四种知识进行培训的同时,我们应该着重对导游进行史地文化知识的培训。史地文化知识是导游讲解的素材,掌握史地文化知识是做一名合格导游人员的必备条件。史地文化知识包括历史、地理、民族、宗教、风俗民情、风物特产、文学艺术、古建园林等诸多方面的知识。导游人员应综合理解史地文化知识并将其融会贯通、灵活运用。这对做好导游服务工作具有特别重要的意义。
3. 如果随团去旅游,你希望导游更具备什么技能? 　　A. 有很好的组织协调能力,灵活地安排活动 　　B. 具备独立工作能力,能够独当一面地完成工作 　　C. 具有不错的讲解能力,能够吸引游客注意力 　　D. 有很好的应急能力,能出色地应对各种突发情况	第3题为多项选择,我们完成了20份调查问卷。其中A选项被选择了7次;B选项被选择了4次;C选项被选择了6次;D选项被选择了17次。D选项的选择次数是最多的,这就说明在四种知识进行培训的同时,我们应该着重对导游进行应急能力的培训。 　　旅游活动中出现问题和事故在所难免,能否妥善处理问题和事故是对导游人员的考验。临危不惧、头脑清醒、处事果断、随机应变是导游人员处理问题和事故时应有的素质。 　　旅游活动中出现问题和事故的时空条件、问题和事故的性质各不相同,不允许导游人员墨守成规,而应该根据不同情况采取相应措施,合情、合理、合法地予以处理。
4. 你更看重导游哪项心理素质? 　　A. 敏锐的观察能力和感知能力 　　B. 冷静的思维能力和准确的判断能力 　　C. 较强的自控能力 　　非常感谢您参与此次调查!	第4题为多项选择,我们完成了20份调查问卷。其中A选项被选择了9次;B选项被选择了13次;C选项被选择了5次。B选项的选择次数是最多的,这就说明应该着重对导游进行冷静的思维能力和准确的判断能力的培训。 　　导游人员在带团过程中,需要冷静思考各种各样的问题并且准确判断,采取有效措施,正确予以处理。当遇到险情时,更要求导游人员沉着冷静、果断处理,这样往往能化险为夷、避免事故的发生;出现问题后,如果措施果断,处理合情、合理、合法,会大大减少损失和消除不利影响。
总体分析: 　　此次调查让我们小组认识到,女性导游的社会需求量较大。大多数人认为导游觉得应该具备一定的历史地理文化知识,更应该具备很好的应急能力,能出色地应对各种突发情况。	

(二) 调查问卷讨论纪要

1. 确定培训内容

下午2:00。张琪提出:可以根据旅游行业特点,想到身为一个导游应该具备有哪些知识技能和哪些素质,据此设计一个简易的调查问卷。

2. 制订调查问卷

下午2:20。关于导游应具备哪些基本知识,王迎晨提出语言知识是导游人员最重要的基本功和服务工具,所以导游应该具备语言知识;谭艾鑫提出史地文化知识是导游讲解的素材,掌握史地文化知识是做一名合格导游人员的必备条件,所以导游人员应该具备史地文化知识;张琪认为政策法规是导游人员处理问题的原则和工作指针,所以导游更应该掌握一定的政策法规知识;胡雨薇认为导游人员的服务对象是形形色色的旅游者,而且都是短暂相处,因而掌握心理学知识也具有特殊的重要性,所以导游更应该具备心理学和一些美学知识。在大家商议之下,设立一题调查旅游人员更看重哪些选项。

下午2:35分。胡雨薇提出导游应该具备哪些基本技能。贾宁认为导游人员接团后,要根据旅游接待计划合理安排旅游活动,带领全团游览好,这就要求导游人员具有较强的组织、协调能力;谭艾鑫认为导游服务工作的独立性很强,带团外出旅游,导游人员一般是独当一面,需要独立地组织旅游活动,独立地处理好各种各样的问题,所以较强的独立工作能力对导游人员成功完成导游工作具有特殊意义;张琪认为导游人员要学会对相同的题材从不同角度进行讲解,使其达到不同的意境,满足不同层次和不同审美情趣旅游者的审美要求,所以导游的讲解能力很重要;王迎晨认为在旅游活动中出现一些突发的问题和事故在所难免,能否妥善处理好问题和事故是对导游人员的考验,临危不惧、头脑清醒、处事果断、随机应变是导游人员处理问题和事故时应有的素质。

下午2:45分。张琪提出需要知道人们更看重导游哪项心理素质,导游讲解"贵在灵活、妙在变化",而灵活变化的依据是通过导游人员的观察得到的信息,所以导游应该具备敏锐的观察能力和感知能力;谭艾鑫提出导游人员在带团过程中,需要冷静思考各种各样的问题并且准确判断,所以需要具备冷静的思维能力和准确的判断能力;王迎晨提出导游人员应该是一个心理健康、十分理性的人,无论在什么情况下都不会放纵自己、感情用事,所以需要具备较强的自控能力。

3. 问卷调查及统计分析

晚上6:10。根据讨论结果,设计并打印20份调查问卷,对班级同学对于导游应具备什么类型能力进行了调查。

晚上7:15。完成了调查数据的统计与分析。

第二节 培训需求分析概述

国内不少企业近些年来对培训的重视程度越来越高,在培训工作和培训经费投入方面也是不遗余力。但是,培训效果却往往不尽如人意,其中一个重要原因就在于企业在选择培训项目时,对自身需求定位不明确,选择培训课程盲目性大。很多企业往往是在出现经营问题、经营业绩不好的情况时,才会临时考虑培训这件事。所以,应急性培训,"潮流"式培训成为主流,常常是"流行什么学什么,企业着急要改善什么就学什么",甚至直接拍脑门决定培训内容的,往往花了许多冤枉钱,企业老板和员工似乎也不买账,不仅技能不见提升,私底下还不时听到员工抱怨培训工作走过场,华而不实。据统计,目前约有70%的企业选择了与企业发展不匹配的培训课程。解决这个问题的关键是企业要有充分有效的培训需求调查和分析,以减少培训工作的盲目性和随意性。

一、培训需求是什么

培训需求分析是指在规划与设计每项培训活动之前,在企业培训需求调查的基础上,由培训部门采取各种方法和技术,对组织及成员的目标、知识、技能等方面进行系统的鉴别与分析,从而确定培训必要性及培训内容的一种活动或过程。它具有很强的指导性,是确定培训目标、制订培训计划、有效地实施培训的前提,是培训活动的首要环节,也是进行培训评估的基础。培训需求反映了企业要求具备的应有状态与现实状态之间的适当差距。差距的确认包括三个环节：① 对所需要的知识、技能、能力进行分析，即理想的知识、技能、能力的标准或模型是什么；② 对实践中所缺少的知识、技能、能力进行分析；③ 对理想的或所需要的知识、技能、能力与现有的知识、技能、能力之间的差距进行比较分析。培训需求分析的基本目标就是确认差距，这三个环节应独立、有序地进行。

影响培训需求的因素可分为常规性因素、偶然性因素两类（见表3-1）。

表3-1 影响培训需求的因素

常 规 性 因 素	偶 然 性 因 素
社会发展环境	新员工加入
组织发展目标和经营战略	员工职位调整
同类组织培训的发展状况	员工工作效率下降
员工个人职业生涯发展设计	顾客抱怨投诉
员工考核	发生生产事故
员工行为评价	产品质量下降或销售下降
组织资源对培训需求的限制	组织内部损耗升高，成本增加
	发生导致员工士气低落的事件

二、培训需求确定的基本步骤

传统看法认为企业工作岗位要求的绩效标准与员工实际工作绩效之间存在着差距，所以培训需求分析应从绩效差距入手。此外，也有包括企业战略或企业文化需要的员工能力与员工实际能力之间的差距，这种差距也会导致低效率，阻碍企业目标的实现。所以企业会考虑能否通过培训手段来消除差距，提高员工生产率。

培训需求确定的基本步骤见表3-2。

表3-2 培训需求确定的基本步骤

第一步：差异的评估：期望与实际的工作行为和业绩	绩效差异产生的原因比较多，比如：绩效指标制订不合理，员工尽力也无法完成；员工自身欠缺适当的知识技能；生产、工作环境的限制；缺乏适当的激励手段；员工的身心健康状况不佳等。上述因素需要企业人力资源和业务部门来共同分析，并确认哪些是主要原因。只有找出存在绩效差距的地方，才能明确改进的目标。
第二步：绩效差异的重要性	对比较分析所确认的差异进行评估，确定改变这些差异的重要性。只有绩效和行为差异对组织有负面影响时才值得重视。绩效差异的重要性由组织的目标和发展方向而定，当绩效差异影响到组织目标实现与组织未来发展时，就必须进行调整。
第三步：培训是否是最好的方法	在很多情况下，企业各个层面的业绩问题，并非是可以通过培训来解决的，即便可以，培训也未必是最有效的方法。所以，发现了绩效差距的存在，并不等于完成了培训需求分析，还必须寻找造成差距的原因，因为不是所有的绩效差距都可以通过培训的方式去消除。有的绩效差距属于环境、技术设备或激励制度的原因，有的则属于员工个人难以克服的个性特征原因，只有在员工不是因为难以克服的个性特征原因而存在的知识、技能和态度等方面能力不足的情况时，培训才是必要的。 找出了差距原因，就能判断应该采用培训方法还是非培训方法去消除差距。企业根据差距原因有时采用培训方法，有时采用非培训方法，有时也采用培训与非培训相结合的方法，一切都根据绩效差距原因的分析结果来确定。

培训的成功与否在很大程度上取决于需求分析的准确性和有效性。进行培训需求分析，除了以上对培训需求形成原因的客观分析外，还要着重从培训需求的不同层次、不同方面、不同对象来进行培训需求分析①。

三、培训需求的层次分析

现实与理想的差距就是培训需求，培训需求的来源体现在四个方面（见表3-3）。

表3-3 培训需求的来源

依据来源	培训需求分析与计划制订的主要依据
公司战略与环境	公司的战略规划
	市场竞争需要与核心竞争能力培养需要
	公司年度经营目标
	人力资源规划
工作与任务分析	流程、单位、职位运行状况和人员任职能力状况
人员与绩效分析	绩效与行为表现考核结果
员工职业生涯规划	员工职业发展的状态和可提升的可能空间

培训需求是由各个方面的原因引起的，确定进行培训需求分析并收集到相关的资料后，就要从不同层次、不同对象对培训需求进行分析。现行主流培训需求分析主要从多个层面进行，包括组织层面、职务层面及员工个人层面的培训需求分析，然后去查找绩效差距。

（一）组织层面培训需求分析

培训需求的组织分析主要是通过对组织的目标、资源、特质、环境等因素的分析，在收集与分析组织绩效和组织特质的基础上，确认绩效问题及其原因，寻求可能解决的办法，为培训部门提供参考，主要包括以下四个方面的因素。

1. 公司战略

公司战略会对培训与开发需求产生重大影响。公司的战略与培训的数量和种类之间存在一定的相关性，培训与开发的主题因为企业的经营战略不同而存在显著差异。

2. 可获得的培训资源

培训与开发的负责人在进行需求分析时，必须清楚自己可获取的培训资源状况，包括预算经费、场地及设备、培训时间、专业培训讲师等。因为资源的限制往往会导致培训无法达到预期目的，效果也不会令人满意。在选择内部培训还是外部培训时，企业可根据自身拥有的人员专业水平及预算进行确定。如果企业内部缺乏时间或能力，那么可选择从咨询公司、培训公司、科研机构和高校等专业机构购买培训服务。

3. 组织支持

实践证明，组织支持对培训十分重要，组织支持主要包括企业决策者的支持和受训员工的上级管理者以及同事的支持。培训成功的关键在于管理者和受训者对培训活动的参与有

---

① 石金涛：《培训与开发》，中国人民大学出版社，2009年。

正确的态度。

4. 重大事件分析

重大事件是指那些对实现公司目标起关键积极性或消极性作用的事件。确定重大事件的原则是：工作过程中发生对公司的绩效有重大影响的特定事件，包括重大事故、顾客的迫切需求等。

(二) 职务层面培训需求分析

职务层面培训需求分析又称工作层面培训需求分析。这是指确定各个工作岗位的职工圆满完成任务所必须掌握的技能和能力，明确说明每一项工作职责的任务要求、能力要求和对人员的素质要求。通过对工作任务进行分析，使每个员工都能够认识到接受一项工作任务的最低要求是什么，其目的在于了解与绩效问题有关的工作的详细内容、标准和达成工作所应具备的知识和技能。工作任务分析是培训需求分析中最繁琐的一部分，需要投入大量时间和精力去收集、分析数据，最好有工作经验丰富的员工积极参与，以提供完整的工作信息。也只有对工作进行精确的分析并以此为依据，才能制订出有效可行的培训计划。任务分析的结果也是将来设计和编制相关培训课程的重要资料来源。任务分析首要要选择分析的工作岗位，可以采用德尔菲法，让一组专家以开会或书面调查的形式回答有关各项工作任务的问题(可以企业内部挑选，也可以聘请行业外部专家)。通用的问题如：执行该任务的频率？完成各项任务需要多长时间？该任务对取得良好的工作业绩有多重要？学习各项任务的难度有多大？该任务对员工的要求标准是什么？然后，把各专家的回答进行统计分析，找出关键性影响因素来确定比较客观的任务清单。在工作任务确定后，就要明确胜任一项任务所需的知识、技能，可通过访谈和调查问卷形式来收集。对于比较规范的企业，这项工作开展起来相对简单。因为此工作的实质可以理解为员工能力素质模型或胜任力模型，对于已经建立此类模型的企业，只需按照模型中对应的岗位能力、素质要求，挑选出工作清单所列岗位要求的能力、素质即可。

(三) 员工个人层面培训需求分析

员工个人层面培训需求分析又称个人层次的培训需求分析，是指对员工的实际工作情况进行分析。人员分析主要是通过分析员工现有状况与应有状况之间的差距，来确定谁需要或应该接受培训，以及接受什么样的培训。重点是评价工作人员的实际工作绩效及工作能力。人员分析的信息来源包括：员工业绩考核的记录、员工技能测试成绩、工作人员个体现有状况与应有状况之间的差距，以及员工个人填写的培训需求调查问卷等资料。

1. 工作绩效评估分析

通过实施公司绩效管理体系，可规范评估每位员工的个人能力、岗位技能的差距与努力方向，从而为公司制订培训计划和岗位技能训练提供依据。如果员工的工作绩效达不到组织的要求，就说明存在着培训需求。因此，绩效管理应是员工培训需求信息的首要来源。

2. 人员技能、能力和综合素质分析

此项分析与工作分析密切相关。工作任务分析明确了每项工作所要求的知识、技能、能力、态度和绩效标准；而人员分析是为了考察、评估该员工是否能达到这些要求，以及其技能、能力和综合素质达到了什么样的水平，并由此决定培训的需求状况。此外，人员分析不仅仅是为了满足当前工作的需要，也是为了满足组织未来发展的需要。培训开发的目的之一就是激发人的潜能，从而使组织的人力资源系统得到合理的利用和发挥。但是，这一切都需要对现有人员技能、能力和综合素质进行全面准确的分析。

3. 职业前瞻性发展的培训需求分析

从公司发展和员工的工作变动、职位晋升及工作内容的变化角度来分析，同时也为建立公司的人才培养梯队，必然会引发对相关的员工进行有针对性的培训。

"培训需求分析"时应当把握两个重点。一是"培训需求分析"应当尽可能地让培训利益相关方充分参与，杜绝那种单凭"一张培训需求调查表"收集来的所谓的"数据"，然后由 HR 进行分析后就形成的"培训需求"，而是要"挖掘"培训需求调查分析方法，比如针对培训经费出资方（企业负责人）的培训需求分析，可采用"深度访谈"方式进行，只有与企业负责人面对面进行深度访谈，HR 才能真正了解到企业组织中哪些地方需要培训以及达到何种程度，同时才可能真正了解到企业负责人对企业培训的期望与要求。二是系统化地思考，培训需求分析中"组织分析、任务分析和人员分析"，将三层面有机结合起来。实践表明，中小企业的培训需求分析往往容易将三者"顾此失彼"，常常是只重视"任务分析"，而忽视"组织分析"或"人员分析"。诚然，由于管理的规范程度不够，大多数中小企业没有建立起企业内部数据库，导致培训需求分析过程中"人员分析"相关数据不全，甚至完全缺失。因此，HR 在日常工作中要善于建立、搜集并整理与人力资源管理相关的数据，以完善 HR 管理和培训的支撑系统[1]。

四、培训需求分析工作流程

（一）做好培训前期的准备工作

（1）建立员工背景档案。

（2）同各部门人员保持密切联系，企业各部门负责人上报部门培训需求。

（3）向主管领导反映情况，拟定调研计划，上报审批。

（4）准备培训需求调查。

（二）制订培训需求调查计划

培训需求调查计划应包括以下四项内容。

（1）培训需求调查工作的行动计划。

（2）确定培训需求调查工作的目标。

（3）选择适合的培训需求调查方法。

（4）确定培训需求调查的内容。

（三）实施培训需求调查工作

制订了培训需求调查计划以后，就要按计划规定的行动展开工作。实施培训需求调查主要包括以下步骤。

（1）提出培训需求愿望。

（2）调查、申报、汇总需求。

（3）分析培训需求，从员工层面关注以下三点：

1）受训员工的现状。

---

[1] 1. "培训需求分析"，http://baike.baidu.com/view/1160934.htm。
2. "培训：一个中心，两个基本点"，http://wenku.baidu.com/view/39f870808762caaedd33d472.html。

2) 受训员工存在的问题。
3) 受训员工的期望和真实想法。
(4) 汇总培训需求意见,确认培训需求。
(四) 分析与输出培训需求结果
(1) 对培训需求调查信息进行归类、整理。
(2) 对培训需求进行分析、总结。
(3) 撰写培训需求分析报告。
(4) 根据企业战略目标、绩效管理状况等要求,制订《年度培训计划》,报领导层审批。

表 3-4　培训需求分析工作流程

部门	流 程 图	说 明
人力资源部相关部门或单位	培训需求分析前期准备	收集员工资料(员工培训档案、员工绩效考核、个人职业生涯规划等)、掌握企业部门和员工现状、建立收集培训需求的渠道、培训需求调查的审批手续
人力资源部	制订培训需求分析计划（未通过）	1. 培训需求分析计划包括培训需求分析工作的时间进度、培训需求分析的层次(战略、组织、员工)、培训需求分析方法的确定(观察法、问卷调查法、面谈法、工作任务分析法等) 2. 培训需求分析计划由人力资源部负责人进行审定
人力资源部相关部门或单位	实施培训需求分析计划	征求培训需求、审核汇总培训需求、排列培训需求
人力资源部	培训需求数据分析总结	培训需求信息归类整理、培训需求的确认
人力资源部	撰写培训需求分析报告	报告提要,实施背景、目的和性质,实施方法和过程,培训需求分析结果,分析结果的解释评论、附录

五、培训需求分析的常见方法

培训人员在确定培训需求时,不能凭主观想象,而应运用科学的方法进行需求分析。常见的方法有访谈法、问卷调查法、观察法、绩效分析法、重大事件法等。

(一) 访谈法

访谈法是通过与被访谈人进行面对面的交谈来获取培训需求信息的一种常用方法。应用过程中,可以与企业管理层面谈,以了解组织对人员的期望;也可以与有关部门的负责人面谈,以便从专业和岗位工作角度分析培训需求。这个过程不只是收集硬性数据,比如事实、数据等,也包括印象、观点、判断等信息。

一般来讲,在访谈之前,要求先确定到底需要何种信息,然后准备访谈提纲。访谈中提出的问题可以是封闭性的,也可以是开放性的。封闭式的访谈结果比较容易分析,但开放式的访谈常常能发现出人意料的更能说明问题的事实。访谈可以是结构式的,即以标准的模式向被访者提出同样的问题;也可以是非结构式的,即针对不同对象提出不同的开放式问题。一般情况下是把两种方式结合起来使用,并以结构式访谈为主,非结构式访谈为辅。在访谈中,访谈人员需要首先取得被访谈人的信任,以避免产生敌意或抵触情绪,这对于保证收集到的信息具有准确性非常重要。

表3-5 访谈法的优、缺点

优 点	缺 点
1. 操作方法相对简单 2. 易于得到员工的支持与配合 3. 利于观察被访者的反应与感受	1. 需要时间长,要求访谈者的面谈技巧高 2. 访谈内容难以量化,分析难度大 3. 被访者应具有代表性,否则易造成培训需求分析的片面化 4. 一般员工不愿意轻易透露自己的问题和不足。

另外,访谈法还可以与下述问卷调查法结合起来使用,通过访谈来补充或核实调查问卷的内容,讨论填写不清楚的地方,探索比较深层次的问题和原因。

1. 采用访谈法了解培训需求,应注意的问题

(1) 确定访谈目标,明确"什么信息是最有价值的、必须了解到的"。

(2) 准备完备的访谈提纲。这对于启发、引导被访谈人讨论相关问题、防止访谈中心转移是十分重要的。

典型访谈问题如下。

1) 职位。你怎样描述你的工作?你当前的努力目标是什么?你工作的中心活动是什么?

2) 业务。你部门的业务是怎样启动的?你主要接触哪些人?对你的工作结果有何影响?你完成任务面临的主要问题是什么?

3) 奖励。你工作中采用的是什么衡量标准?你怎样得到有关你工作结果的反馈?如果你工作出色,会为此得到工资、提升、个人表扬之类的奖励吗?

4) 问题和变化。完成工作时你认为主要面临的问题和阻碍是什么?在未来1~2年中你期望自己的工作发生怎样变化,为什么?你认为你的工作效率会提高吗?

5) 培训。你接受过哪些培训?有用吗?为了更好地或更满意地工作,你认为自己还需要学些什么?

2. 访谈法遵循的基本步骤

表3-6 访谈法的基本步骤

步骤	内 容	说 明
1	访谈计划	确定访谈目的、项目,准备相关资料,确定访谈人员名单
2	访谈预演	进行访谈练习,总结经验,发现问题及时更正
3	访谈开始	向访谈对象做简单介绍,营造适合交流的访谈氛围
4	收集数据	通过向访谈对象提问获得信息,基本工具为访谈记录表
5	访谈结束	对访谈内容进行小结并让访谈对象确认,深入询问没有充分回答的问题
6	访谈总结	整理访谈记录表,总结访谈记录并收集归档
7	访谈综合	对访谈资料进行分析,总结访谈中的发现及结论

访谈记录表如下。

访谈对象:		职位:	
访谈人:		访谈时间:	
具 体 问 题		访 谈 记 录	
员工的性格特征、个人素质如何			
员工特别出色的知识、技能表现在什么方面			
员工特别需要学习的知识和技能有哪些			
员工对工作的热忱、关心度如何			
员工有望取得的成绩或者晋升的职务			
对员工参加培训的意见和建议			
其他需要说明的内容			
备注:			
记录人:		日期:	

(二) 问卷调查法

问卷法是最普遍也最有效的收集资料和数据的方法之一。一般由培训部门根据需求分析的任务,确定需要了解的事项,并把事项转换成一系列问题,设计成问卷,以标准化的问卷形式列出一组问题,要求调查对象就问题进行打分或做是非选择,从而根据问卷的结果分析培训需求的一种方法。当需要进行培训需求分析的人数较多,并且时间较为紧急时,就可以精心准备一份问卷,以电子邮件、传真,或直接发放的方式让被调查者填写,也可以在进行面谈和电话访谈时由调查人自己填写。在进行问卷调查时,问卷的编写尤为重要,只有经过精心设计的问卷才能获取到有价值的培训信息。

表 3-7 问卷调查法的优、缺点

优　　点	缺　　点
1. 成本低,资料来源广 2. 灵活的方式和广泛的应用面,可大规模开展 3. 提问方式多样,调查的数据资料易于汇总统计	1. 问卷设计周期较长,设计难度大 2. 间接获取信息的深度不够,缺少个人发挥的空间 3. 可能会出现问卷回收率低的情况

1. 编制问卷步骤

(1) 列出希望了解的事项清单,一份问卷可以由封闭式问题和开放式问题组成,两者应视情况分配比例。

(2) 先就问卷的大概内容对一小组人(2~3人)进行试验,以便确定问卷中所使用的名词和一般概念对众人是否合适。

(3) 设计的问卷内容应以目标为导向,根据所需获得资料的种类及性质进行设计和编辑,并最终形成文件。

(4) 请他人检查问卷,并加以评价。

(5) 初步设计好的问卷,需要事先测试其可行性,在小范围内对问卷进行模拟测试,并对结果进行评估。尽量避免被调查者对同一问卷的内容有不同的看法或出现有歧义的解释,这可能会影响调查的准确性。

(6) 对问卷进行必要的修改。

(7) 实施调查。

2. 问卷内容应注意的事项

(1) 应附有明确详细的填写说明,以便让被调查者知道如何答卷。

(2) 问题尽量简短,并注意使用简单的、固定用法的术语,避免使用被调查者不了解或者容易引起歧义的名词;

(3) 问卷的每一个问题应尽量保证被调查者能完全了解并做有效回答。

(4) 问题的形式应力求新颖,题目设计要简单,不要让被调查者作计算或逻辑推理;并以能广泛收集信息为目标。

(5) 最好将问题中有否定含义的地方用明显的记号标出来,以免被调查者因一时未加注意而误答。

(6) 每个题目只涉及一件事,避免"结构复杂"的问句;避免在一个题目中要求被调查者表示两个以上的意见。

(7) 避免出现诱导答案的问题,保证被调查者完全陈述自己观点。

调查问卷的设计看似一份简单的工作,但是要设计出一份高水平的问卷,并不是一件容易的事。有一点要特别注意:从问卷调查中得到的信息,只是员工认为自己需要培训什么的信息,不一定是他们真正的需求。因此,不能完全依赖调查结果来决定培训计划,而应对各种培训需求调查得到的信息进行综合分析,根据企业的实际情况来决定。

表 3-8　培训需求调研问卷例表

姓名:		部门:		岗位:	
您对现在岗位的工作程序	非常熟悉	比较熟悉	一般	不太熟悉	很不熟悉
您对本行业的新知识	非常熟悉	比较熟悉	一般	不太熟悉	很不熟悉
以您现有的知识,您对您现在的工作	非常胜任	比较胜任	一般	不大胜任	很不胜任
备选课程	培训需求程度				
	很高	高	中	低	不需要
专业知识					
专业技能					
创新性思维					
目标管理					
成本管理					
时间管理					

(续表)

备选课程	培训需求程度				
	很高	高	中	低	不需要
沟通与表达技能					
会议管理与技巧					
团队领导与协作					
商业礼仪					
办公室自动化					
心态培养和压力管理					
潜能开发					
其他					
			年	月	日

备注：填表时在对应的内容下面用"√"标明。

(三) 观察法

观察法是指调查人员亲自到工作部门、工作地点，观察员工的工作表现和实际情况，以标准格式记录各个环节的内容、原因和方法，来获取信息数据，然后进行分析和归纳的方法。观察法的适用范围有限，比较适合操作技术方面，易被直接观察和了解的工作，多用于生产型或服务性行业，对管理类工作具有一定的参考价值，但不适用于技术要求较高的复杂性工作。

表 3-9 观察法的优、缺点

优　点	缺　点
可以得到有关工作环境以及关键性任务的完成情况信息	1. 培训需求调查分析人员需具有丰富的观察知识和技巧 2. 只能在工作环境中进行资料的收集 3. 观察活动可能会对被调查者的工作造成影响

观察前要做好一定的准备，观察后，需要进行观察内容的归纳总结，把所收集到的各种信息合并为一个综合的工作描述，这些信息包括主管、工作者、现场观察者及有关工作的书面材料，并进行反馈核实，形成完整和准确的工作描述。为了取得良好的观察效果，应提前设计一份观察记录表，用来核查各个要了解的环节。由于观察法得出的结果通常缺乏深层信息，因此还必须与其他方法配合使用，才能收到较好的效果。

表 3-10 观察记录表

观察对象：		部门：		岗位：	
观察地点：			观察时间：		
观察内容		记　录		评　价	
工作态度					
工作方法					

(续表)

观察内容	记录	评价
工作熟练程度		
工作制度遵守		
工作沟通与协作		
灵活性与创新性		
工作效率		
工作完成情况		
时间管理		
突发事件应对		
备注：		
记录人：	记录时间：	

运用观察法应注意以下三点。

（1）观察者必须对要进行观察的员工工作有深入的了解，明确其行为标准。否则，无法进行有效观察。

（2）防止受被观察者的心理作用影响。观察法一般在非正式的情况下进行，当被观察者意识到自己处于被观察状态时，会造成被观察者的紧张和不适，他们的一举一动可能与平时不同，这就会使观察结果产生偏差。为了避免这种情况，观察时应尽量隐蔽并进行多次观察，或延长观察时间，这样有助于提高观察结果的准确性，然后对于多种观察结果进行综合考虑，最终得出结论。当然，这样做需要考虑时间上和空间条件上是否允许。

（3）防止观察者的主观影响。在评价别人时，任何人都会因为主观意愿而产生各种误差，导致评价结果有偏差。避免这个问题的唯一办法是增加观察者的人数或组建一个观察小组开展员工评价工作。必要时，还可请外来人员进行观察，如请人扮演顾客，观察终端销售人员的行为表现是否符合标准或处于何种状态。

（四）绩效分析法

绩效分析法是考察员工目前的工作绩效与组织目标的理想绩效之间存在的差距，以及通过培训缩小这些差距的方法。培训的最终目的是改进工作绩效，减少或消除实际绩效与期望绩效之间的差距。因此，对个人或团队的绩效进行考核可以作为分析培训需求的一种方法。这种方法主要围绕缺陷展开，也称缺陷分析法。通常员工的缺陷有两种情况：一是技术上的缺陷，称为"不能做"，它是指员工在工作技能、工作技巧、工作熟练程度、业务知识水平等方面的不足；二是管理上的缺陷，称为"不想做"，它是指员工在工作态度、领导层的任务分派和指导、信息沟通与反馈等方面存在的不足。

运用绩效分析方法进行培训需求分析的过程，主要围绕下面四项展开。

（1）工作认知。员工对自己工作价值的理解和认识，需要具备的工作知识和技能，工作中的行为规范。

（2）员工自身条件的认知。这里的条件主要指员工的知识、能力、态度和体力等。

（3）工作成绩的认知。员工的工作成绩与组织要求的标准之间存在的缺陷或不足。

（4）评价结果反馈的认知。主要指上级领导对其工作成果的评价,员工的工作绩效与应该达到的标准绩效的差距幅度。

（五）关键事件法

关键事件法是指通过分析企业内外部对员工或者客户产生较大影响的事件,以及暴露出来的问题,确定培训需求的一种方法。关键事件法不像工作分析那样看待的是整体工作,而是关注任职者顺利完成职能的例外事件,通常是那些对组织目标起关键性积极作用或消极作用的事件,常见的典型事件如顾客投诉、重大事故等。每个人在本身的工作完成之后都要以书面形式简单地描述2~3件最难处理的事情,可以用来考察工作过程和活动情况,以发现潜在的培训需求。关键事件的记录为培训需求分析提供了方便而有意义的信息来源。

确定关键事件的原则是：工作过程中发生的对企业绩效有重大影响的特定事件,如系统故障、获取大客户、大客户流失、产品交期延迟,或事故率过高等。关键事件法要求管理人员记录员工工作中的关键事件,包括导致事件发生的原因和背景、员工特别有效或失败的行为、关键行为的后果,以及员工自己能否支配或控制的行为后果等。

进行关键事件分析时应注意以下两个方面。

（1）制订保存重大事件记录的指导原则并建立记录载体(如工作日志、主管笔记等)。

（2）对记录进行定期分析,找出员工在知识、技能和态度方面的缺陷,以确定培训需求。

表3-11 关键事件收集例表

员工姓名：		部门：		岗位：	
访问者：		访问时间：		访问地点：	
访问背景陈述：					
访问内容及其描述	工作中遇到哪些重要事件				
	事件发生的情境				
	采取了怎样的应对行动				
	事件结果				
	经验教训				
分析及评价	导致事件发生的原因和背景				
	员工的特别有效或多余的行为				
	关键行为的后果				
	员工自己能否支配或控制上述后果				
	员工事件处理欠缺的方面				
备注：					
制表人：			日期：		

（六）经验判断法

有些培训需求具有一定的通用性或规律性,可以凭借经验加以判断。比如,一位经验丰富的管理者能够轻易地判断出他的下属在哪些能力方面比较欠缺,应该接受哪些内容的培训;又比如,人力资源部门仅根据过去的工作经验,不用调查就知道那些刚进入公司的新员工需要进行哪些方面的培训;还比如,公司在准备将一批基层管理者提拔为中层干部时,公司领导和人力资源部门不用做调研,也能大致知道这批准备提拔的人员应该接受哪些培训;再比如,在企业重组或兼并过程中,有关决策者或管理部门不用调研,也能大致知道要对相关人员进行哪些方面的培训。

采取经验判断法获取培训需求信息在方式上可以十分灵活。既可以设计正式的问卷表交由相关人员,由他们凭借经验判断提出培训需求;还可以通过座谈会、一对一沟通的方式获得这方面的信息;培训部门甚至可以仅仅根据自己的经验直接对某些层级或部门人员的培训需要作出分析判断。那些由公司领导亲自要求举办的培训活动,其培训需求无一不是来自公司领导的经验判断。

(七) 头脑风暴法

头脑风暴法是由美国创造学家 A·F·奥斯本于 1939 年首次提出,1953 年正式发表的一种激发思维的方法。在实施一项新的项目、工程,或推出新的产品之前,需要进行培训需求分析时,可将一群相关的人员集中在一起共同工作、思考和分析。在公司内部寻找那些具有较强分析能力的人并让他们成为头脑风暴小组的成员;还可以邀请公司以外的有关人员参加,如客户或供应商,最好由不同专业或不同岗位者组成。

头脑风暴法的主要步骤如下。

(1) 会议要明确主题。会议主题提前通报给与会人员,让与会者有一定准备,围桌而坐,人数一般 5~10 人为宜。

(2) 让参会者就某一主题提出培训需求,并在一定时间内进行无拘无束的讨论。

(3) 只许讨论,不许批评和反驳。观点越多、思路越广越好。

(4) 所有提出的方案都当场记录下来,不作结论,只注重产生方案或意见的过程。

事后,对每条培训需求的迫切程度与可培训的可能性提出看法,以确认当前最迫切的培训需求信息。

事实上,培训需求分析方法的选择主要取决于培训本身的要求,企业必须依据自身条件,再结合各方法的优点和缺点,最后确定培训需求的分析方法。

表 3-12 确定培训需求分析方法的建议和说明

建 议	说 明
多种方法混合使用	选择两种或多种方法进行组合,可以弥补缺点,提高效果
允许自由意见	允许培训对象就他们认为重要的问题自由发表意见
做好充分准备	分析进行之前一定要明确目标,找准关键数据和关键人

不同的企业使用调研分析方法的侧重点也有所不同,例如:一个 20 人的小企业通过访谈就可以知道每个员工的基本培训需求和岗位差距;而一个 2 000 人的企业的培训需求调查靠访谈却很难实现,而用调研问卷法则更容易,也更能了解到普遍情况。又例如,在具体方法的使用过程中,调研问卷和访谈法都是自上而下进行,由于职务、工作等缘故,被访对象反映的问题不一定是真实情况,因此就没有现场取样的方法那么直观和可靠;但是现场取样方法在使用时也有一定的局限性,不能覆盖企业管理的各个层面。

因此,企业在实际操作中可以结合自身特点,综合利用各种方法进行培训需求分析,得出可信、准确的培训需求结论[1]。

第三节 培训需求调查分析示例

一、示例一:某公司年度培训需求调查计划

一、目的
针对公司2012年的培训情况,通过对公司内部员工、管理人员的培训需求调查,为2013年部门、公司培训计划的制订提供依据。

二、目标

最 终 交 付 物	交付截止日期
《培训需求调查统计分析报告》	11月30日
《部门培训需求统计分析报告》	11月30日
中 间 交 付 物	交付截止日期
《培训需求调查表——员工篇》	11月13日
《培训需求调查表——中层管理人员篇》	11月13日
《中层管理人员培训需求面谈表》	11月13日
《高层管理人员培训需求面谈表》	11月13日

三、调查计划描述
此次培训需求调查共由如下四个部分组成。
(1)《培训需求调查表——员工篇》(附件一)
(2)《培训需求调查表——中层管理人员篇》(附件二)
(3)《中层管理人员培训需求面谈表》(附件三)
(4)《高层管理人员培训需求面谈表》(附件四)
《培训需求调查表》主要是用来调查公司普通员工和中层经理对培训工作的认可程度和明年的个人培训需求。《中、高层管理人员培训需求面谈表》主要用来调查公司中层、高层管理人员对部门培训工作的安排和个人培训需求。
《员工培训需求调查表》由人力资源部下发至各部门经理处,由部门经理负责督促员工填写并上交人力资源部。《中、高层管理人员培训需求面谈表》由人力资源部和中、高层经理面谈时填写。

---

[1] "培训需求分析的方法和工具",http://wenku.baidu.com/view/25c08b13a2161479171128fa.html。

人力资源部根据收集的《培训需求调查表》和《中、高层管理人员培训需求面谈表》进行统计分析和面谈记录分析,最终形成《部门培训需求统计分析报告》和《培训需求调查统计分析报告》。

四、行动计划

(一)方案制订阶段

(1) 11 月 13 日完成行动计划及调查表初稿,提交部门经理审核;

(2) 11 月 15 日初稿修改完毕并提交审核;

(3) 11 月 19 日完成调查表确定稿。

(二)问卷调查

(1) 11 月 20 日下发调查问卷;

(2) 11 月 26 日前回收全部问卷。

(三)统计分析

11 月 30 日前完成需求结果分析。

(四)后续工作

(1) 12 月 1 日将统计的各部门培训需求结果分析,反馈到各个部门,与各部门经理面谈,协助制订《部门年度培训计划》;同时展开与高层管理人员的面谈。

(2) 12 月 7 日前收集各部门《部门年度培训计划》,并完成讨论。

(3) 12 月 11 日完成《公司 2013 年培训计划》初稿。

(4) 12 月 11~15 日完成公司领导审核《公司 2013 年培训计划》。

(5) 12 月 15~20 日完成《公司 2013 年培训计划》修改完成。

(6) 12 月 21~26 日完成领导审批《公司 2013 年培训计划》。

(7) 12 月 31 日正式颁布《公司 2013 年培训计划》。

附件一:

培训需求调查表——员工篇

各位同事:

为做好 2013 年度培训工作,提升员工工作技能和培训满意度,实现公司发展战略,使培训工作真正体现员工所需、公司所需。人力资源部面向公司全体员工开展 2013 年度培训需求调查,通过沟通了解大家对公司培训工作的看法、实际需求、建议和期望。

调查结果将为制订公司 2013 年度培训计划提供重要参考和依据,调查问卷也为您表达自己的建设性意见提供了机会,您的意见将有助于实现您对培训的需求,同时也会促进公司培训体系的改进与提高,更重要的是您的积极参与将有助于公司培训的顺利实施,为公司的发展奠定坚实的文化基础。

非常感谢您抽出宝贵的时间来完成这个问卷,我们将对填写问卷给予培训积分 2 分的奖励!再次感谢您对我们培训工作的支持和帮助。

一、基本信息

姓 名		部 门	
岗 位		入职时间	年 月

(续表)

二、培训现状调查(请在您认可的选项"□"内打"√")		
1.	您认为目前公司对培训的重视程度:	□很重视 □比较重视 □一般 □有待加强
2.	您所在的部门是否有培训计划并按计划开展培训工作?	□有计划,并按计划开展 □有计划,但没按计划开展 □无计划,但有培训开展 □无计划,也没有培训开展
3.	今年您参加过几次培训课程(包括公司级和部门级培训)?	□1~2次 □3~4次 □5~6次 □7~8次 □9~10次
4.	对于今年各级培训中授课老师水平,您认为:	□很高 □比较高 □一般 □比较低 □很低
5.	对于今年各级培训的频率,您认为:	□很高 □比较高 □一般 □比较低 □很低
6.	对于今年各级培训的时间安排,您认为:	□很合理 □比较合理 □一般 □不太合理 □不合理
7.	通过公司各级的培训,您个人感觉收获如何?	□很大 □比较大 □一般 □不大 □没有收获
8.	您对公司培训的整体感觉如何?	□很满意 □比较满意 □一般 □不太满意 □很不满意
9.	你认为目前影响培训效果的因素是什么?(可以多选,限三项)	□时间安排不太合适 □课程内容对工作无太大帮助 □培训师的授课水平有限 □员工培训意识未跟上 □形式太单调 □领导重视不够 □其他_____
10.	您认为目前公司培训需要改进的地方是(可多选,限选3项):	□老师的选择 □时间的安排 □内容的选择 □效果的评估 □培训的形式
11.	您今年是否参加了公司组织的公司培训?	如果是的话请回答下列问题:
	您参加的课程是(可多选):	□营销创新 □合同、采购、成本全过程精细化管理 □其他_____
	您认为讲师所讲授内容和所选材料的新颖程度如何?	□很强 □较强 □一般 □较弱 □很弱
	您认为讲师所讲授内容和实际的联系程度如何?	□很紧密 □比较紧密 □一般 □不太紧密 □脱离实际
	您认为讲师的授课速度如何?	□很满意 □比较满意 □一般 □不太满意 □很不满意
	您认为讲师讲授的清楚程度、条理性是否满意?	□很满意 □比较满意 □一般 □不太满意 □很不满意
	您认为讲师授课态度如何,是否友善、鼓励参与?	□很满意 □比较满意 □一般 □不太满意 □很不满意
	通过的培训,您个人感觉收获如何?	□很大 □比较大 □一般 □不大 □没有收获
	您是否能将培训学到的内容落实到实际工作中?	□全都落实 □部分落实 □少量落实 □基本没落实
	您认为公司培训需要改进的地方是(可多选,限选3项):	□老师的选择 □课堂互动 □内容的选择 □效果的评估 □培训的形式
	我公司在课程组织上还需要改进的地方是(可多选,限选3项):	□前期与学员的沟通 □课程选择 □时间安排 □地点安排 □组织频率 □效果评估

(续表)

三、培训需求调查(请在您认可的选项"□"内打"√",如选择"其他"请在空格内简要描述)		
12.	您认为公司的培训重点应该是(可多选,限选3项):	□企业文化 □入职教育 □规章制度 □专业技能 □管理技能 □营销战略 □梯队与后备人才培养 □其他_____
13.	您希望参加公司各种培训的频率是:	□每周一次 □每月两次 □每月一次 □每两个月一次 □每季度一次
14.	您认为公司培训的讲师来源最好是:	□公司内部 □管理咨询公司 □行业专家 □其他____
15.	您最喜欢的培训方式是:	□课堂讲授 □案例分析 □模拟操作 □音像多媒体 □游戏竞赛 □研讨会 □其他_____
16.	您希望培训师的风格是:	□知识丰富 □口才好 □生动幽默 □理性
17.	您希望培训时段安排在:	□工作时间 □晚上时间 □周末时间 □其他____
18.	您希望的每次培训时间长度为:	□半天以内 □半天 □一天 □两天 □无所谓
19.	您个人感觉,在工作中是否存在下列困惑?(请如实填写,可多选!) □工作压力大,有时或经常因工作原因情绪低落。 □工作任务个人感觉多,总是感觉忙不过来。 □和同事合作时,感觉沟通不够顺畅。 □工作中和同事发生意见分歧时,有时不知如何处理,或处理后感觉效果不好。 □个人感觉工作已经努力,但目标仍无法完成,或领导有时感到不满意。 □日常活动中,个人的有些行为不知是否恰当,是否合乎礼仪要求。 □其他1._____ 　　　2._____ 　　　3._____		
20.	在专业知识、理论方面,结合您个人的职业发展规划,请列出您个人感觉最需要提高的三个方面: 1._____ 2._____ 3._____		
四、培训建议(如您对公司的培训有任何好的建议,请您在下表中提出,谢谢!)		

附件二:

培训需求调查表——中层管理人员篇(略)

附件三:

中层管理人员培训需求面谈表

姓名:		职务:		访谈日期:	
问　　题					回　应
1. 请问今年您所负责部门的业务重点是什么?					
2. 要实现这些目标,需要团队具备哪些业务核心能力,哪些方面需要提高?					

(续表)

问　　题	回　应
3. 要实现明年的业务重点,您团队中的管理人员需要具备什么样的能力?哪些能力是明年迫切需要提高的?	
4. 您部门的关键岗位有哪些?他们分别需要具备什么样的能力?哪些能力是明年迫切需要提高的?	
5. 您认为上述能力需求哪些可以通过培训提高?哪些需要上级的指导和在实践中学习?	
6. 您本人对哪些方面的培训感兴趣?	
7. 您认为目前影响培训效果的因素是什么?(时间安排不太合适、课程内容对工作无太大帮助、培训师的授课水平有限、员工培训意识未跟上、形式太单调、缺乏制度保障等)	
8. 您今年是否参加了公司安排的外出培训、考察活动?您感觉效果如何?有哪些需要改善的地方?	
9. 您对本年度培训工作的评价?整体感受,优点,不足(老师的选择、时间的安排、内容的选择、效果的评估、培训的形式等)	
10. 您认为人力资源部应该如何与您的部门密切配合,开展培训?	
11. 对培训体系建设的建议:内容、制度、培训方法、培训成果转化与评估	

附件四:

高层管理人员培训需求面谈表(略)[①]

二、示例二:某公司员工培训需求分析报告示例

培训需求分析的信息来源于不同的渠道,因此其反映的形式也有所不同。所以,有必要对收集到的信息进行分类整理,并根据不同的培训分析内容的需要进行信息的归档。同时,要制作一些表格对信息进行统计,并利用直方图、分布曲线图等工具将信息所表现的趋势和分布状况予以形象的处理。

在对所有的信息进行分类处理以后,就必须根据处理结果撰写相应培训需求分析报告,然后制订年度培训规划,具体做法可参照以下示例。

2012年度培训需求调查问卷分析报告
引　　言

2012年1月中旬,人力资源部在公司部门主管级范围内进行了2012年度培训需求调查。该培训需求调查主要包括两个部分《培训需求调查问卷(纸质档)》,对公司的培训现状和培训需求进行了调查,现将相关调查结果分析整理报告如下。

第一章　培训需求调查概况

1.1　调查问卷及调查对象

为了有效地制订2012年度培训计划,提高培训需求调查的针对性及可信度,设计了

---

① "培训需求调查方案",http://wenku.baidu.com/view/6b25223ff111f18583d05aa1.html。

《培训需求调查问卷(纸质档)》,主要是针对部门经理级以上人员,通过调查问卷获取相应层级的培训需求和信息,经过对问卷的汇总及数据整理分析,基本上能反映出各部门的培训需求。

1.2 调查问卷结构与内容

第一部分 个人基本信息

填写人姓名:_____ 填表日期:_____ 在本公司工作年限:_____

所属部门:_____ 现任职务:_____ 部门现有人员:_____人

请您简单描述您现在主要的工作职责:

第二部分 培训认同度

1. 您认为公司是否应该加强培训工作?
□A. 是 □B. 否 理由是_____

2. 您认为自己对于企业培训需求的迫切程度如何?
□A. 非常迫切 □B. 比较迫切
□C. 有一些培训需求,不是那么紧迫 □D. 无所谓,可有可无
□E. 没有培训需求

3. 关于以下培训理念,您比较认同哪些选项(可同时选择三项以内):
□A. 培训很重要,公司在逐步发展壮大,应该逐步发展和完善培训体系,帮助员工成长,吸引和留住人才。
□B. 作为高科技公司,业绩最重要,培训对员工而言是一种负担,会占用到员工拜访客户的时间、休息时间。
□C. 以公司业务特点而言,外部讲师不了解公司的经营状况与业务特点,培训也不会有什么效果。
□D. 公司招聘来的员工基本上都是有经验的员工,已经符合公司的要求,不需要进行培训。
□E. 主要依靠公司内部的培训力量就够了,让经验丰富的员工或经理来担任讲师,他们熟悉公司的情况。
□F. 培训的费用和成本较高,员工的流失会给企业带来损失。
□G. 其他:_____

4. 最近两年参加过的培训有哪些?效果如何?请列举(包括公司培训、部门培训、个人深造、参加外部培训班等):

培训时间	培训项目	授课方式	培训效果

第三部分　培训的组织和安排
1. 根据公司的业务特点,您认为最有效的培训方法是什么? 请选出您认为最有效的3种:
　　□A. 邀请外部讲师到公司进行集中讲授
　　□B. 安排受训人员到外部培训机构接受系统训练
　　□C. 拓展训练
　　□D. 部门内部组织经验交流与分享讨论
　　□E. 建立网络学习平台
　　□F. 建立公司图书室
　　□G. 其他：_____
2. 您认为最有效的课堂教学方法是什么? 请选出您认为最有效的3种:
　　□A. 课堂讲授　　　　　　　　　□B. 案例分析
　　□C. 模拟及角色扮演　　　　　　□D. 音像多媒体播放
　　□E. 游戏竞赛　　　　　　　　　□F. 分享交流会
　　□G. 其他：_____
3. 公司在安排培训时,您会选择哪种类型的讲师?
　　□A. 实战派知名企业专家,有标杆企业工作经验
　　□B. 学院派知名教授学者,理论功底深厚,知识渊博
　　□C. 职业培训师,丰富的授课技巧和经验
　　□D. 咨询公司高级顾问,丰富的项目经验
　　□E. 本职位优秀员工,对公司业务很了解
　　□F. 其他：_____
4. 鉴于您在某一领域的丰富经验,假如您被推荐担任某一门课程的内部讲师,您是否愿意?
　　□A. 非常乐意,既可以锻炼自己,又可以分享知识,何乐而不为
　　□B. 愿意,但是没有经验,希望公司能提供关于讲授技巧方面的培训
　　□C. 愿意,但是没有时间做这个事情
　　□D. 需要考虑一下
　　□E. 不会担任
5. 您认为对于一次培训课程来讲,多长时间您觉得比较能接受?
　　□A. 1小时　　　　　　　　　　□B. 2～4小时
　　□C. 7小时(1天)　　　　　　　□D. 14小时(2天)
　　□E. 14小时以上　　　　　　　 □F. 无所谓,根据课程需要来定
　　□G. 其他：_____
6. 您认为培训时间安排在什么时间段比较合适?
　　□A. 上班期间,如周五下午2～3小时　□B. 工作日下班后2～3小时
　　□C. 周末1天　　　　　　　　　　　□D. 双休日2天
　　□E. 无所谓,看课程需要来定　　　　 □F. 其他：_____
7. 您希望或者所能接受的培训频率是多少?

☐A. 每周一次 　　　　　　　　☐B. 半月一次
☐C. 每月一次 　　　　　　　　☐D. 两月一次
☐E. 每季度一次 　　　　　　　☐F. 其他：_____

第四部分　培训需求信息

1. 考虑到各部门岗位、职能差异较大，以下问题请您针对本部门的业务特点及管理重点，以文字进行描述。

（1）您认为本部门员工在岗位专业技能上，需要进行哪些方面的培训（请列举三项最紧迫的培训需求）：

1. 2. 3.

（2）您本人在日常工作中（包括个人与管理能力）经常遇到哪些问题或困难？希望提升哪些方面的能力？获得哪些方面的培训与支持？

● 您本人在日常工作中经常遇到的问题或困难，请举例说明（列举三项）：

● 希望提升哪些方面的能力：

（3）您认为本部门员工在日常工作中常遇到哪些问题和困难？需要提升哪些方面的能力？需要公司提供哪些培训？

● 本部门员工在日常工作中经常遇到的问题或困难，请举例说明（列举三项）：

● 需要公司提供的培训与支持（请列举三项最紧迫的培训需求）：

2. 为了更好地帮助您及部门完成业绩目标，请您根据个人及部门的实际情况，选择出最希望在2012年接受的培训。

● 您认为，以下哪些通用技能课程能帮助本部门员工提升工作绩效（可多选）：			
☐《PPT演示文档制作》	☐《Excel函数使用技巧》	☐《公司财务流程》	☐《公司内控管理流程》
☐《公司客服流程》	☐《公司产品及市场》	☐《商务礼仪》	☐《压力与情绪管理》
☐《沟通技巧》	☐《时间管理》	☐《积极心态》	☐《成功人士的七种习惯》

(续表)

- 如果您所带领的是销售团队,您认为以下哪些销售技能课程能帮助部门员工提升工作绩效(请选出最紧迫的四个需求):

☐《电话营销技巧》	☐《人际关系行销》	☐《优质客户服务》	☐《产品呈现技巧》
☐《销售谈判技巧》	☐《销售心理学》	☐《主动行销》	☐《销售策略分析》
☐《市场调研分析》	☐《如何撰写销售报告》	☐《成本控制》	☐《销售技巧提升》
☐《销售财务管理》	☐《大客户营销》	☐《销售预测》	☐《增值型销售技巧》

- 以下管理技能培训,请选择您所需要的最紧迫的四个培训需求:

☐《项目管理》	☐《目标管理》	☐《危机管理》	☐《问题分析与解决》
☐《创新思维》	☐《普通心理学》	☐《组织行为学》	☐《提升执行力》
☐《提升领导力》	☐《高层战略管理》	☐《跨部门沟通与合作》	☐《高绩效团队建设》
☐《决策管理》	☐《员工辅导与激励》	☐《高效会议管理技巧》	☐《劳动法及相关知识》
☐《年度经营计划制订》	☐《从优秀专才走向管理者》	☐《授权管理》	☐《商务演讲技巧》
☐《营销战略规划与执行》	☐《非财务经理的财务管理》	☐《非人力资源经理的人力资源管理》	

- 以下财务管理、兼并收购、流程审计课程,如与您工作相关,请选择您认为最紧迫的三个培训需求:

☐《财务报表的编制》	☐《财务报表分析》	☐《成本分析与成本管理》	☐《全面预算管理与控制》
☐《税法与税务筹划》	☐《财务诊断及预警机制》	☐《国际规范预算管理》	☐《逾期账款管理实务》
☐《项目投资分析与决策》	☐《收购兼并实务》	☐《内部审计与风险控制》	☐《专项审计开展要点》

3. 除本问卷所涉及的内容,您对公司培训还有哪些建议和期望?或者是您还期望学到哪些方面的知识?

1.3 调查问卷的发放与回收

人力资源部共发放培训需求调查问卷纸质档 25 份,现已回收 21 份,回收率 84%,基本能代表大部分同事的需求及建议。

第二章 培训需求调查统计结果及分析

2.1 培训意愿及现状调查统计分析

问卷调查中培训意愿调查设置了 14 个调查问题,其中前 13 题基本上都完整填写,第 14 项仅有 2 人填写,根据问卷反映出以下问题。

2.1.1 负责人及骨干人员培训意识不强,参与度不高。自己主动参加培训比例为 27%;只是在公司参加相关培训课程的比例为 50%;未参加任何培训人数为 23%。所以必须加强对培训工作的重视。

2.1.2 培训工作的认同上,通过培训工作会议,大家提高了对培训工作的重视,形成了对培训工作的高度认同。认为需要加强培训、培训需求迫切,及培训重要性人数比例分别为 100%、81% 和 75%。

2.1.3 认为最有效的培训方法依次为：外派培训(26%)、内部讲师(22%)、邀请外部讲师(18%)、拓展训练(13%)、内部讨论(11%)。

2.1.4 选择最有效的教学方式依次为：案例分析(32%)、分享交流会(18%)、模拟角色扮演(16%)、课堂讲授(13%)。

2.1.5 授课讲师类型选择的前三位依次为：实战专家(34%)、咨询公司顾问(26%)、本职位优秀员工(18%)。

2.1.6 你是否愿意担任内部讲师的选项上"非常乐意"和"愿意"的比例分别为44%和26%，说明大多数人还是愿意主动承担内部讲师一职，只是由于个人缺乏这方面的经验，需要公司给予相应的培训。

2.1.7 培训课程的时间安排依次为：2~4小时(67%)、1小时(28%)、视课程需要而定(5%)。

2.1.8 培训时间：选择上班时间如周五下午为62%，在下班后为24%，无所谓占14%。

2.1.9 培训频率：每月1次(52%)、两月1次(19%)、半月1次(14%)。

2.2 培训课程需求项目调查统计分析

培训课程选择排序如下表所示(21人)。

序号	课程名称	选取人数	所占比例	序号	课程名称	选取人数	所占比例
1	项目管理	12	57.14%	21	高层战略管理	5	23.81%
2	公司产品及市场	11	52.38%	22	员工辅导与激励	5	23.81%
3	沟通技巧	11	52.38%	23	劳动法及相关知识	5	23.81%
4	积极心态	11	52.38%	24	成本分析与成本管理	5	23.81%
5	创新思维	9	42.86%	25	项目投资分析与决策	5	23.81%
6	成功人士的七种习惯	8	38.10%	26	内部审计与风险控制	5	23.81%
7	高绩效团队建设	8	38.10%	27	市场调研分析	4	19.05%
8	PPT演示文档制作	7	33.33%	28	目标管理	4	19.05%
9	时间管理	7	33.33%	29	组织行为学	4	19.05%
10	提升执行力	7	33.33%	30	公司内控管理流程	3	14.29%
11	压力与情绪管理	6	28.57%	31	商务礼仪	3	14.29%
12	危机管理	6	28.57%	32	产品呈现技巧	3	14.29%
13	提升领导力	6	28.57%	33	销售谈判技巧	3	14.29%
14	商务演讲技巧	6	28.57%	34	增值型销售技巧	3	14.29%
15	Excel函数使用技巧	5	23.81%	35	跨部门沟通与合作	3	14.29%
16	人际关系行销	5	23.81%	36	决策管理	3	14.29%
17	销售心理学	5	23.81%	37	营销战略规划与执行	3	14.29%
18	销售策略分析	5	23.81%	38	财务报表分析	3	14.29%
19	问题分析与解决	5	23.81%	39	全面预算管理与控制	3	14.29%
20	普通心理学	5	23.81%	40	公司财务流程	2	9.52%

(续表)

序号	课 程 名 称	选取人数	所占比例	序号	课 程 名 称	选取人数	所占比例
41	电话营销技巧	2	9.52%	50	大客户营销	1	4.76%
42	优质客户服务	2	9.52%	51	高效会议管理技巧	1	4.76%
43	主动行销	2	9.52%	52	年度经营计划制订	1	4.76%
44	销售技巧提升	2	9.52%	53	非财务经理的财务管理	1	4.76%
45	销售预测	2	9.52%				
46	授权管理	2	9.52%	54	财务报表的编制	1	4.76%
47	财务诊断及预警机制	2	9.52%	55	逾期账款管理实务	1	4.76%
48	成本控制	1	4.76%	56	收购兼并实务	1	4.76%
49	销售财务管理	1	4.76%	57	专项审计开展要点	1	4.76%

2.3 培训的意见及建议

2.3.1 各部门主管已就培训工作达成一致的认同:希望各部门负责人在今后的具体培训中能够身体力行,发挥模范带头作用,真正把公司和各部门培训工作提到日程上来。

2.3.2 在讲师的选择上,统筹考虑在经费有保证的前提下,以外训为主;如果经费不足,应以内训为主,充分利用现有资源开展培训。

2.3.3 在授课讲师和培训方法上,首选实战专家以案例分析为主,以优秀骨干员工经验分享会为辅。

2.3.4 充分发挥各部门主管培训意愿和热情,对有意愿做内部培训师的人员进行系统培训,建立内部培训师队伍。

2.3.5 在培训频率上掌握在每月 1~2 次为宜,每次课时安排在周末 2~4 个小时,这样可以提高员工培训的参与度。

2.3.6 最紧迫、最需要的培训课程应先给予优先安排,再依次开展其他课程,可参见培训课程排序表。

第三章 2012年度培训规划

3.1 2011年度培训待改善事项

培训工作只有在所有参训对象的积极参与和及时反馈下,才能够适时做修正,满足大多数参训对象的合理要求。根据培训调查统计数据,现总结 2011 年度培训需求改善事项如下。

3.1.1 2011 年公司培训大多数属于应急性培训,没有形成独立的培训体系,存在缺位现象,培训组织未建立,培训流程不清晰,缺乏基本的培训需求调查和分析环节,所以导致制订的培训计划缺乏系统性和可持续性。

3.1.2 公司 2011 年培训工作虽然已经开展,但并未建立相应培训体系,培训内容过少,针对性差,培训经常出现滞后现象,无相关培训制度和流程支持,培训形式单一。

3.1.3 内部培训讲师数量缺乏,现有内部讲师授课技巧有待提高,培训后续反馈与评估机制脆弱,且培训对象仅局限在新员工及少部分在职员工。

3.1.4 其他培训未有效开展,培训组织力度不够,学员参与程度低。公司对培训重视度不足,没有相应的监督机制,常出现培训时实际出席人数和计划出席人数反差大,导致培训的功能与价值无法显现。

3.1.5 公司虽派出一部分人员参加外部培训机构的培训课程,但培训后缺少跟踪机制,很多好的内容未在公司进行再转化与再培训,以致培训效果无法深入与量化。

3.1.6 对培训的投入尚显不足,有些培训因为人员和费用问题不能及时展开。

3.2 针对以上存在的问题,2012年培训工作应该从以下六个方面开展。

3.2.1 把培训工作列入公司战略层面考虑,提高公司各层级(尤其是中层以上管理人员)对培训工作重要性的认同度。岗位工作和培训在时间上会存在一定的矛盾和冲突,但不要把培训与部门割裂开来,应形成培训工作有助于部门业绩提升和管理的理念,实现业绩和公司持续发展。

3.2.2 增加培训管理部门人员的配置。培训工作是个复杂而且系统的工作,需要与公司各部门紧密沟通和协作,现有人员忙于应付各种应急性培训,没有时间做深入系统的培训规划,更不要说做培训效果评估。建议培训部人员增加1~2人。

3.2.3 组建一支对公司文化高度认同和具有专业知识的内部讲师队伍。公司目前尚没有内部培训师队伍,但根据2012年培训工作会议和培训调查问卷的反映情况,一部分部门负责人和业务骨干有意愿担任内部讲师,只是缺乏经验和技巧,需要公司提供相应的支持。建议着手搭建内部培训师队伍,聘请外部专业培训顾问为储备培训师梯队人员进行专业培训授课,形成内部培训师梯队。

3.2.4 逐步建立和完善现有培训管理制度和组织流程,使培训工作制度化、流程化。由于缺乏培训制度,培训工作中经常会出现配合度不够,这样会造成培训人员的参训意识不强,培训效果不佳。

3.2.5 针对外训人员的培训效果不能及时转化及人员流失问题,要加强外训人员的筛选和管理,建立和完善各种程序和手续,在选择外训人员时要认真把关,注重稳定性和再培训能力。

3.2.6 应增加培训费用的投入,针对不同层级人员开展形式多样、注重培训效果的培训模式,真正使公司的培训工作纳入正常发展的轨道。

3.3 2012年度培训重点规划项目

鉴于公司当前现状:一是新进人员较多,其中新进的中、高层管理人员,由于来自不同文化背景的公司,难免会留有以前的工作方法和习惯;二是各部门及人员之间配合度不高,协作性不强,表现在工作效率不高。为了使这个新团队尽快进入状态,确实需要加强公司企业文化、行为方式和工作要求的培训。具体设想重点规划项目如下:

3.3.1 组织常规性培训,主要结合公司经营目标,以塑造合格员工为重点。

主要侧重企业发展史、企业文化、管理制度、行为和工作规范、产品知识、合格员工标准等方面的培训。

3.3.2 组织ERP系统系列专项培训。为了提升公司整体管理水平,全面实现信息化管理,公司要配合做好相关ERP系统管理专项培训工作,具体和ERP系统公司协商确定培训计划。

3.3.3 开展公司内部CISP认证相关课程。结合公司行业和业务特点,开展公司内部CISP认证相关课程的培训,提升营销团队的整体素质和业务知识。

3.3.4 品质培训班项目培训。品质管理将是公司实行品牌营销战略的重要保障,提升全员的品质意识是公司2012年的工作重点。人力资源部将与品质部门沟通协调,开设品质培训专项班,提升公司全员品质意识与技能,优化品质要求,逐步提升公司产品品质。

3.3.5 外聘讲授"团队建设""沟通协调"方面的课程。跨部门及部门内部沟通问题是培训调查反馈最多的问题,这也是影响公司管理运行效率、执行力不高的因素之一。人力资源部计划在2012度聘请业内知名讲师开设关于"团队建设""沟通协调"方面的课程,授课对象是中高层管理者、办公室职员,以此提升管理水平。

3.3.6 外聘讲授或外派"心态调整与减压"方面的课程。对于心理压力方面问题,公司计划在2012年度聘请业内知名讲师开设关于"心态调整与减压"课程,以此帮助部分同事端正心态,舒缓工作及生活各方面带来的压力。

3.3.7 加强"双基"培训,即基本知识和基本技能,尤其是电脑操作知识的培训(如PPT制作和EXCEL使用技巧等)。为了提升基层人员岗位基本知识和技能,将开展计算机办公软件操作的培训工作,帮助基层人员提高综合素质,人力资源部将在2012年度强化基本办公软件的培训提升使用技巧,提高工作效率。

3.4 2012年度培训规划

总结2011年度培训工作中存在的不足,同时设定了2012年度的重点培训项目,这基本构成了2012年度培训工作的主体框架。2012年度培训总计划来自这两个维度,但是不拘泥于这两个维度。因为事物和状态都随时在变化,后续制订的2012年度总计划也并非一成不变,人力资源部将根据公司整体情况和培训效果评估情况适时适度进行调整,以期达到培训目标,具体培训工作计划见下表。

根据不同层级的职位进行分类(纵向)课程建议

级 别	培训对象及建议课程	开课安排
高级经理 (副总级)	高层干部管理培训:公司管理决策层,须学习掌握高级管理相关课程。如:外派学习《EMBA》、《MBA》、《高级职业经理人》课程或参加行业《高峰论坛》研讨会等	培训部门每年组织1次
部门经理	中层干部管理培训:在经理岗位上有待提高,需进一步提升管理层次者。如:《分析问题与决策》、《危机管理》、《商务谈判》、《时间管理》、《非人力资源的人力资源管理》、《团队建设》等	培训部门每月组织1次
初级经理及主管	基层管理干部培训:已在管理岗位上,有待提高,进一步符合公司管理发展需要及人员升迁者。 如:《有效会议管理》、《情景管理》、《目标管理》、《团队协作》、《管理与激励》、《产品知识》、《有效沟通》等	培训部门每两个月组织1次
	储备干部培训:为即将或已储备的管理人员安排的基础性管理培训课程。 如:《有效执行力》、《管理者的角色定位》、《呈现技巧》、《SOWT分析》、《有效沟通》等	培训部门每月组织1次

(续表)

级 别	培训对象及建议课程	开课安排
各岗位业务技能提升	根据分部门岗位(分岗位中级、高级)进行能力评估后,落实相关课程,如电话营销岗位: (1) 新进员工基础课《初级电话营销》; (2) 入公司三个月后:《电话营销技巧》、《网络营销》等	各部门每月根据需求组织实施
核心能力课程	相关岗位核心能力课程(根据岗位胜任力情况,确定各岗位核心能力)。如:行政人员必须掌握《接待礼仪》课程,项目部成员必须学习《商务礼仪》课程,以及《产品知识系列培训》、《防泄密6+1解决方案》等	每月根据实际需求,由培训部门安排相关课程实施
新进员工	新员工入职相关通用课程+岗位业务必训课程。如:《企业文化》、《规章制度》、《工作平台操作标准》、《职业素养》、《职业礼仪》、《公司产品介绍》、《积极心态》等业务必训课程;岗位业务课程须根据各岗位实际工作内容确定	根据每月入司情况,由培训部门牵头,各用人部门协助进行

序号	培训主题	培训对象	培训讲师	培训课时	培训形式	培训时间	培训考核	备注
1	《公司发展历程》	新进员工	培训组	0.5小时	内部培训	根据招聘计划以及部门实际情况安排时间	书面考试	
2	《企业文化》	新进员工	培训组	1小时	内部培训		书面考试	
3	《公司规章制度》	新进员工	培训组	1小时	内部培训		书面考试	
4	《员工日常行为规范》	新进员工	培训组	1小时	内部培训		书面考试	
5	《职业礼仪》	新进员工	培训组	1小时	内部培训		书面考试	
6	《保密知识》	新进员工	质量标准督导处经理	1小时	内部培训		书面考试	
7	《公司产品及市场》	新进员工	产品部指定讲师	1小时	内部培训		书面考试	
8	《岗位知识和技能》	新进员工	各部门负责人	2~4小时	内部培训	由各部门自行组织	每月的绩效考核结果	

序号	培训主题	培训对象	培训讲师	培训课时	培训形式	培训时间	考核
1	《企业发展历程及企业文化》	全体公司成员	培训组	1小时	内部培训	每月1次	书面考试
2	《公司规章制度与日常行为规范》	全体公司成员	培训组	1小时	内部培训	每月1次	书面考试
3	《职业素养与职业技能提升》	新进大学生	培训组	3小时	内部培训	每月1次	心得总结

(续表)

序号	培训主题	培训对象	培训讲师	培训课时	培训形式	培训时间	考核
4	《公司产品知识》	全体公司成员	产品部	2小时	内部培训	每月1～2次	现场考核
5	《有效沟通》	全体公司成员	培训组	3小时	内部培训	每月1次	心得总结
6	《TTT培训》	储备培训师	培训组	2小时	内部培训	根据需要确定	书面考试
7	《成功人士的七种习惯》	全体公司成员	培训组	3小时	内部培训	每月1次	心得总结
8	《项目管理》	全体公司成员	培训组	3小时	内部培训	每月1次	心得总结
9	《高效会议管理》	全体公司成员	培训组	3小时	内部培训	每月1次	心得总结
10	《呈现技巧》	营销相关人员	培训组	2小时	内部培训	每两月1次	心得总结
11	《情绪与压力管理》	全体公司成员	培训组	2小时	内部培训	每两月1次	心得总结
12	《工作计划制订及时间管理》	全体公司成员	培训组	2小时	内部培训	每两月1次	心得总结
13	《职业礼仪》	全体公司成员	培训组	2小时	内部培训	每月1次	心得总结
14	《团队协作精神》	全体公司成员	培训组	2小时	内部培训	每月1次	心得总结
15	《劳动法及相关知识》	全体公司成员	法律顾问	2小时	内部培训	每两月1次	心得总结
16	《时间管理》	全体公司成员	培训组	2小时	内部培训	每月1次	心得总结
17	《积极心态》	全体公司成员	培训组	2小时	内部培训	每月1次	心得总结

结 束 语

在公司转型和快速发展阶段,人员调整和增加必不可少,但公司要实现快速和可持续发展,培训工作就必须要加强,因为只有一支高素质的精英团队,才是企业永续经营和快速发展的保障,也是企业核心竞争力。当然,培训是一项系统复杂的工作,需要得到各方面的支持、配合与参与,让我们共同努力,一同去创造公司辉煌灿烂的明天。

人力资源部
2012年2月3日

资料来源:"2012年度培训需求问卷调查分析报告",http://wenku.baidu.com/view/d581ca0802020740be1e9ba8.html。

三、示例三:公司员工培训方案

2013年公司员工培训方案

为提升员工的综合素质、提高员工的工作技能,满足公司的快速发展需要,打造高绩效团队,为公司进一步发展储备相关人才,使公司在激烈的市场竞争中,实现可持续发展。

针对公司的经营状况,现拟定公司员工 2013 年培训方案。

一、参加培训人员

公司全体员工。培训将针对不同级别的员工安排培训。

二、培训的重点

(1) 提高员工的职业意识与职业素养,提升其主动积极的工作态度、团队合作与沟通的能力,增强敬业精神与服务观念,加强专业水平。

(2) 提高销售人员的销售技巧。

(3) 针对公司管理人员管理水平、领导能力、执行力等问题开展培训。

三、培训原则

(1) 以公司战略与员工需求为主线。

(2) 以针对性、实用性、价值性为重点。

四、培训方式

结合公司 2012 年培训学习组织情况(见附件 1)以及公司实际,提出以下方式。

(1) 计划以参与外部培训带动公司内部培训,以项目式培训和持续性培训相互穿插进行。

(2) 外部培训主要包括参与专门培训机构组织的公开课、邀请专业讲师到公司组织的内训课程。公开课面对各级员工;内训课主要针对中、高层人员。

(3) 内部培训主要包括公司自行组织的员工集体培训、各部门内部组织的员工培训。授课者可安排公司领导、部门经理,或参加过外训的人员。一年至少组织 1 次全体员工的思想教育培训课,部门内部培训由各部门自行安排。

五、2013 年培训计划费用预算(主要为外部培训费用)

序号	培训公司	培训形式	计划上课安排	课时	单价(元/天)	预算合计(元)	备注
1	杭州某企业管理咨询有限公司	内训课	一年 2 次	共 2 个课时(1 课时/2 天)	18 000	72 000	课时及费用参照一般课程,具体需根据所选择课程定 不含讲师食宿费用
2	某企业管理顾问股份有限公司	公开课	10 堂课(据课程安排选择适合公司情况的课程)	90 人次/年		48 800	费用为一次性交纳购买学习卡的形式 2013 年培训课程多以 100 人的课型为主
3	中国某协会	网络课程	每周可上 1 次	2013.1.1 至 2013.6.30		—	因今年购买该课程的时间截至 2013 年 6 月,且其课程效用有待进一步考虑,建议先不购买新课程,可待 2013 年上半年课程临结束时再作计划
			合计			120 800	

六、培训管理

建议由行政部负责制定公司的培训管理制度。从培训前期方案的制订、培训主题和内容的落实、培训开展、培训后的知识巩固等环节明确流程,形成制度规定,可作为员工绩效考核评定依据之一,以保证公司开展的各项培训课程起到实际效果。

七、审批流程

直接上级意见:	
部门经理意见:	
人力资源部副总签阅:	
总经理签阅:	

企划部广告组
2012 年 12 月 30 日

附件 1:

2012 年公司组织外部培训情况(结合公司内部进行的调查情况汇总)

序号	培训公司	培训形式	培训内容	数量	费用合计(元)	培训效果调查反映	备注
1	杭州某企业管理咨询有限公司	内训课	打造企业新中层	1课时/2天	31 824	小课形式效果较好,有针对性,切合公司需求	费用含学费、讲师食宿费用
2	某企业管理顾问股份有限公司	公开课	沟通与执行、商务礼仪、销售总监提升、团队复制精英班	80人次/年	28 000	课程内容涵盖面广,大部分内容符合公司人员培训需求,尤其一些特训班效果反映较好。但有时上课人数较多,相对没有小课更具针对性	已使用44次,剩余36次,可延续下一年使用
3	中国某协会	网络课程	主要为广告媒体行业发展策略、销售技巧等	2012 年 6 月至 2013 年 7 月	18 000	课程主要为广告业的发展指导内容,部分内容有助于提升员工的思考及技术能力,了解宏观市场信息。培训对象范围相对窄小,网络授课形式缺少现场互动,学员注意力容易分散	
			费用总计		77 824		

思 考 与 实 践

1. 调查问卷法和访谈法是最常用的培训需求调查研究方法,而掌握研究方法是我们对现实世界和工作实践深入思考的重要手段。如果你想探究这个世界，深入体验社会，对研究方法的学习是必修课，当你可以灵活运用这些研究方法收集数据，进行分析，并得出相应结论的时候，这正是你培训工作专业化的开始。那么，我们从现在就开始吧。

2. 你在参与团队调查或访谈过程中，参与了哪些任务？比如编制调查问题，担任调查实施中的访谈员或调查员角色，调查结果的分析和报告撰写。选择其中让你感触最深的几点，和大家分享一下。

3. 需求是培训工作的出发点，是围绕培训对象展开的活动，除了运用既定的需求调查方法外，你认为还有哪些方面需要培训工作人员的关注？是不是仅依靠程序化的做法，就可以获取员工真实的培训意愿和需求。谈谈你的看法。

4. 假设自己是企业中的一名员工，你认为自己最迫切的培训需求是什么？列出一、二、三点，并说明理由。当然你也可以没有任何需求，也请说明理由。

5. 你对迪士尼乐园扫地案例中清洁员工的专项培训有何看法？谈几点对你有价值的启示。

项目四

培训能力开发(2)
——培训课程单元设计

学习目标

① 理解成年人学习的特点,并在培训实践中加以运用
② 知晓企业培训课程体系的基本组成内容和开发流程
③ 能够根据培训需求,完成课程单元设计,且可以灵活讲授
④ 可熟练运用课件制作工具,将培训内容多媒体化呈现
⑤ 会制作简易的教学手册

培训课程单元设计是一个团队全体成员参与,充满创意和挑战的过程。课程内容不仅要求准确精练、层次分明、通俗易懂,而且要充分使用动画、PPT等多媒体工具,使培训课程的设计图文并茂、生动有趣。培训讲师的扮演对团队成员来说,同样是一个巨大的挑战,除了要有后台课程的设计能力,还需要有前台的演讲表达能力。如果把培训过程比作一部电影,那么培训课程的设计就像撰写一部剧本,而培训课程的实施就是演员演出的过程。如果没有一个好的剧本,就很难拍出一部好的电影,但如果烂剧本能拍出好电影,那一定是有非常好的演员。类比培训讲师,也是这样一个道理,好剧本与好培训讲师的组合,将有最佳的效果。培训单元课程设计制作的过程就如写电影剧本的过程。

写电影剧本,过去会用小说来改编,而现在行内的人更多的是将它格式化。剧本呈现是按时间一分钟一页的。拍100分钟的电影,就要写100页。一定要想办法在15分钟之内强烈地吸引住观众。如果到第15页,你还没有吸引到观者,基本上可以宣布这个剧本不是一个令人满意的剧本。所以,展现的内容必须

> 精心设计。
> 　　我们在培训课程设计上也要像写剧本一样，什么地方用蒙太奇了，什么地方镜头拉近拉远，其实是在不断地变换场景。一个培训课程是不断变换镜头和场景的过程累积，对于大部分的培训师来说，还是处在懵懂之中，缺少相关的经验，只是凭着自己的感觉去写。当真正分析课程结构的时候，就会发现它的散乱。所以，写剧本是电影艺术最根本的或最高的功夫，而培训最高的功夫就是设计好培训课程。一个设计好的课程是非常容易讲的，它就像非常流畅的工艺流程：如果照着流程走，做出来的产品一定是上品；如果没有工艺流程，凭着兴趣和感觉去做，发挥就会不稳定。原因就在于这种设计没有流程化，没有成为一种职业化的技术。

第一节　培训课程单元设计项目模拟

◎团队名称："群英逐路"
◎队　长：张琪（技术支持）
◎队　员：谭艾鑫（秘书）、胡雨薇（资料）、贾宁（摄影师）、王迎晨（外联）
◎北京劳动保障职业学院2011级人力资源管理(1)班

一、培训课程选题缘由

培训选题：导游应急情况处理能力的培训。

我们公司是任我行国际旅游股份公司，主营业务是旅游，所以我们格外重视基层员工——导游的培训。为了了解人们更看中导游的哪些素质，我们设计了关于导游素质的调查问卷，调查结果显示人们更看重导游应对各种突发情况的能力。此次调查让我们小组认识到，女性导游的社会需求量较大。对于一个导游来说，大多数人觉得应该具备历史地理文化知识，所以我们在培训导游时加入了一些史地文化知识的元素在里面；同时，导游更应该具备很好的应急能力，能出色地应对各种突发情况，故此我们团队选题确定于此。旅游活动中出现问题和事故在所难免，能否妥善处理问题和事故是对导游人员的职业化考验。临危不惧、头脑清醒、处事果断、随机应变是导游人员处理问题和事故时应有的素质。旅游活动中出现问题和事故的时空条件、问题和事故的性质各不相同，不允许导游人员墨守成规，而需要根据不同情况采取相应措施，合情、合理、合法地予以处理；导游同时也应该具备冷静的思维能力和准确的判断能力，这正与我们组的培训主题相呼应。

二、培训课程设计教案

本次培训主题为"导游对突发情况的应急处理"，这种能力是一个合格导游必须具备的。在课程的开始，我们会通过真实发生的突发事件场景先让学员了解这种能力的重要性和必要性；然后，让大家了解"地陪、全陪、领队"三者的区别；接下来，会给大家展示一个案例，让学员自由发言,了解学员们目前在整体旅游过程中出现的应急情况处理的把握情况,之后会依次列举三种不同情况的应急处理及解决办法的案例,这些都是带团过程中最常遇到的。

(1) 在景点游览时,发现少了一个游客,导游人员应如何处理?

(2) 旅游团中有一个客人心脏病发作,导游人员应如何处理?

(3) 道路不通,旅行团被迫取消前往某地的一天行程。客人非常沮丧,导游人员应如何处理?

我们会适时请学员上来模拟带团遇到这些情况时,他自己的解决办法,之后会展示给学员更合理的解决办法,以加深其印象。

最后会通过提问的方式告知学员地球上最危险的旅游地区分布在哪里,以及面对自然灾害的应对方法,还有一些忠告及期许。

课程名称	导游对突发情况的应急处理		课程时间	20~25分钟
课程目的	当我们带团出游的时候,会有很多意想不到的特殊情况发生。一个导游,作为一个旅游团的核心力量,当遇到这些突发情况时,需要具有足够的应变能力及事故处理的能力。		课程对象	本公司新进导游
时间	内容	方法	方式	工具
1~2分	开场白,课程目的	解说	幻灯片	
3~5分	了解三个名词:"地陪、全陪、领队"	提问解说	幻灯片	
6~10分	提问讲解案例1:"在景点游览时,发现少了一个游客,导游人员应如何处理?"	提问讲解	幻灯片	
11~14分	讲解案例2:"旅游团中有一个客人心脏病发作,导游人员应如何处理?",并进行模拟	模拟讲解	幻灯片	
15~18分	模拟案例3:"道路不通,旅行团被迫取消前往某地的一天行程。客人非常沮丧,导游人员应如何处理?"	模拟	幻灯片	
19~22分	提问测验两个知识点	提问	幻灯片	
23~24分	总结语	讲解	幻灯片	

三、培训内容的讨论纪要(2013年4月9日晚7:00~8:30)

根据调查问卷显示:在旅游中避免不了有突发情况,而如何处理这些突发事件是对导游素质的一个考验。于是,我们确定的培训主题是:对旅游突发事件的应急处理。

张琪提出,导游是一个旅游团的核心力量,当遇到这些突发情况时,要求一个合格的导游应当具备足够的应变能力以及处理事故的能力。这样才能使我们的顾客享受到一个满意的旅程。由此产生了此次培训的目的。

谭艾鑫认为导游分不同的种类,有地陪、全陪、领队。

地陪是地方陪同导游人员,指受接待旅行社委派,实施接待计划,为旅游者提供当地旅游活动安排、讲解、翻译等服务的工作人员;全陪是全程陪同导游的简称;领队是出境旅游团队的随队导游。

王迎晨认为培训还应该有案例让大家进行分析处理,提出了第一个问题:一个学生团在旅游时,因人群拥挤,等大家集中后,一名学生说自己的手机不见了,面对此事,导游该如何处理?

经过讨论后,大家认为先帮助其在附近寻找(短时间),如果找不到留下领队或全陪帮其寻找,征询客人意见是否需求助景区保安和报警,导游则须带其他人继续游览景点。

其他成员相继提出问题,经过资料搜集,讨论筛选后,确定另外几种突发情况。

一是在景点游览时,发现少了一个游客,导游人员应如何处理?

处理方法:

(1) 了解情况,迅速寻找。地陪带领其他游客继续游览。

(2) 向当地派出所和景点管理部门求助。

(3) 与饭店联系,询问该游客是否已回饭店。

(4) 向旅行社报告。

(5) 做好善后工作。

(6) 写出事故报告。

二是旅游团中有一个客人心脏病发作,导游人员应如何处理?

处理方法:

(1) 若证实是心脏病发作,应让病人就地平躺,头略抬高;让其家人或帮助客人取出备用药品让病人服用,以舒缓病情。

(2) 马上叫救护车,或送病人到最近的医院。

(3) 通知旅行社派人协助。

(4) 医院抢救时,导游人员应要求病人亲属在场。

(5) 要不时去医院探望,若患者是入境团的客人,帮助其办理分离签证、预订回国交通票证等事宜。

(6) 安排好团队其他游客的活动。

三是道路不通,旅行团被迫取消前往某地的一天行程。客人非常沮丧,导游人员应如何处理?

处理方法:

(1) 要安排另一个有价值的活动替代。

(2) 要以精彩的介绍、新奇的内容和最佳的安排激起游客的兴致。

(3) 请全陪报告组团社并作出决定。

谭艾鑫提出还应该有情景模拟,给出假定情景,员工应该如何处理,于是模拟以下场景:

假定明日应带一个80后上班族旅游团去某地泡露天温泉,但由于协商失策,造成行程未果,现在需要马上制定出一个应急方案。当地可选择的旅游景点:一个是大型游乐园;另一个是农园,可采摘各种瓜果蔬菜,并可自行购买一块土地,种植自己喜欢的农产品。

处理方法:

(1) 在协商时应注意强调所选地点的优势,引起游客注意和兴致。

(2) 必须诚恳向顾客道歉,是由于旅行社的失误造成大家旅程不快。最重要的是安抚顾客的心情。

（3）和大家说明由于地点变动造成的旅游费用变动，如缴纳费用高于实际花销，可声明旅行社将赔偿顾客一部分损失。

（4）和顾客签订协议，以免有后续麻烦。

小组商议有个小测验，详情见 PPT。

张琪提出自然灾害的应急处理方案：

（1）首先，导游要点清旅客是否到齐并查看是否有人员伤亡。

（2）带旅客到安全的地区避难，尽快安抚旅客情绪，把受伤人员带到医院马上就医。

（3）向旅行社报告第一消息，向国家驻当地的大使馆寻求帮助，尽快返华。

（4）制定应变计划，等待当地救援。

（5）返华后，导游应写出详细的书面报告。

（6）尽快对伤亡人员作出赔偿，做好一系列善后工作。

经过团队成员细致热烈的讨论，大家集思广益，初步形成此次培训的主题和内容。

四、培训课程 PPT

第二节 培训课程开发理论

一、培训学习理论

（一）戴尔的"经验之塔"

人类主要通过自身的直接经验和间接经验两个途径来获得知识。戴尔的"经验之塔"理论把人类学习的经验依据抽象程度的不同分成 3 类 10 个层次，如图 4-1 所示。

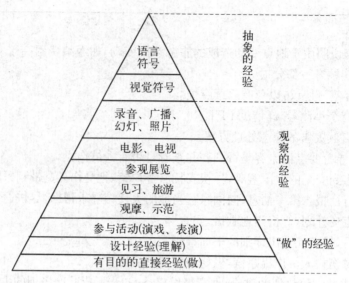

图 4-1 戴尔的"经验之塔"

1. "做"的经验（塔的底部）

这一类经验指的是自己亲自做的活动。它位于"经验之塔"的塔底，主要包括以下三方面。

（1）有目的的直接经验。"经验之塔"的底层是直接经验，是直接与真实事物本身接触的经验，是通过对真实事物的看、听、尝、摸和嗅，即通过直接感知获得的具体经验。

（2）设计的经验。真实的改编、设计有助于人们更容易理解真实情况。通过模型、标本等学习间接材料获得的经验。模型、标本等是通过人工设计、仿造的事物，都与真实事物的大小和复杂程度有所不同，比真实事物易于领会，可以产生比用实物教学更好的效果。

（3）参与活动（表演、做游戏）。把一些事情编成戏剧，让学员在戏中扮演一个角色，使他们尽可能在接近真实的情景中去获得经验。参加演戏与看戏不同，演戏可以使人们参与重复的经验，而看戏是获得观察的经验。通过表演、做游戏感受那些在正常情形下无法获得的感情上和观念上的体验。

2. 观察的经验（塔的中部）

观察的经验在心理学上也可以称为摸象直观，是通过观察事物和载有事物信息的媒体间接获得事物的信息，主要包括如下五个方面的信息（见表 4-1）。

表 4-1 五类信息

信息类别	信 息 说 明
观摩、示范	通过看别人怎么做，使学员知道自己该如何做，以后学员就可以动手模仿去做
见习、旅游	可以看到真实事物和各种景象
参观展览	通过观察了解进行学习
电影、电视	屏幕上的事物是实际事物的代表，而不是事物本身。通过看电视电影，得到的是替代的经验
广播、录音、照片、幻灯	广播、录音、照片和幻灯介于"做"的经验和抽象的经验之间，既为学员提供必要的感性资料，容易理解、记忆，又便于解说或进行培训的提示和总结，从而加强学员的认识

3. 抽象的经验(塔尖)

抽象的经验在心理学上也可以称为语言直观,是指通过抽象符号的媒体去获得事物的信息,主要包括以下两个方面。

(1) 视觉符号:表达一定含义的图形、模拟图形等抽象符号。

(2) 语言符号:一般有口头语言和书面语言两种,是一种纯粹的抽象。

戴尔的"经验之塔"可以给我们以下一些启示。

一是"塔"基的学习经验最具体,越向上越抽象。它根据不同教材和方法所提供的学习经验的具体程度将它们分类,是培训讲师根据学员需求和能力,根据培训任务性质选择合适媒体的理论指南。

二是"塔"的分类基础。具体或抽象的程度与学习的难易无关。各类学习经验是相互联系、相互渗透的。培训中应充分利用各种学习途径,使学习者的直接经验与间接经验产生有机联系。

三是培训应从具体经验入手,逐步抽象,防止"言语主义"——从概念到概念的做法。学习间接经验应尽可能以直接经验作为充实的基础;同时,也要适时引导学生向抽象思维发展。

四是每个人的经历都受时空限制。位于"塔"腰阶层的视听教学媒体能为学习者提供一种戴尔所谓的"替代经验",有助于突破时空的限制,解决培训中具体经验和抽象经验的矛盾,弥补各种直接经验的不足。

戴尔之所以提出"经验之塔"理论,是让人们认识人类认知途径,根据人类的这种"从简单到复杂,从形象到抽象,形象和抽象相结合的认知规律",选择合理的学习方式,使自身的认知过程符合这一认知规律,达到最佳的学习效果。培训中所采用的媒体越是多样化,所形成的概念就越丰富、越牢固。网络的出现、各种视听辅助教具的利用,使塔的中部的主观性得以增强,并更容易转向塔的两端即抽象概念化和具体实际化。在培训活动中,白板、写字板、投影仪、录音带、幻灯片、电影剪辑材料、音乐等多媒体的使用,正是遵循了戴尔所提出的"媒体越多元化,所形成的概念就越牢固"的原理和指导思想[①]。

(二) 成人学习理论及特点

曾经有一位客户单位的老总受"构建学习型组织"思想的深刻影响,很热衷员工的培训,每年都作出很多培训预算,请著名的培训师甚至专家、权威来授课,但是反映效果并不好,员工要么不去,要么上课没效率,要么就是工作没效果。

其实这位老总的出发点是好的,他希望自己的公司有很好的学习氛围,让员工们能感到在公司可以不断地提高自己的能力,既有培育人才的作用,又有吸引人才的效果。但是,为什么事与愿违呢?不但钱没少花,而且"怨声载道",这与这位老总忽略了培训中的一个重要理论——成人学习理论有直接联系。

成人学习理论是教育心理学家诺斯(Malcolm S. Knowles)认识到正规教育理论的局限性,而开发出的一套成人教育法。诺斯提倡学习应划分为儿童学习和成人学习,指出训练儿童和训练成人有很大的区别。儿童因为阅历较浅、分辨力差,他们所学的内容就像海绵吸水一样不加选择,不管水清洁与否,照收不误;而成人却不同,成人由于人生经验较为丰富,思

[①] "戴尔经验之塔",http://wenku.baidu.com/view/ab4d9c0202020740be1e9b76.html。

想比较复杂,对学习的要求,无论是学习的内容、教学的方法、学习的目的,以及能否达到、怎样达到等环节,都要经过仔细辨别和思考。也就是说,成人对学习的要求和期望程度较高。

显然,如果我们把成人当作儿童来训练,很可能会令学员感到窘迫或尴尬,培训也很难达到应有的效果。因此,了解成人学习的特点,对于加强培训的效果,将大有裨益。概括起来,成人学习有以下六个特点。

1. 成人必须想学才能学

强烈的自我学习愿望是学习的最好动力。常常听学员这样说:"没办法,是企业硬要我来的。"如果是这样的动力,那么效果肯定不会好。所以,作为企业和培训讲师,激发学员兴趣和动力是有效培训的第一步。

2. 成人只学他们认为需要学的东西

成人学习具有很强的目的性,尤其是对于与现实联系密切的知识和技能更能引起成人的注意。即学即用,能立即解决实际工作中遇到的难题,是他们迫切需要的,自然就会乐意去学习,这是其学习的主要动力之一。

3. 成人在学习中喜欢运用过去的经验

成人拥有丰富的经验,喜欢用新的知识与旧的经验做比较。年纪越大,对新生事物、新观念的接受态度就越谨慎,这时学习的抗拒力也就大。培训师灌输得越多,溢出得也就越多;就像弹簧,压力越大,弹力也越大。这时,拥有一个开放的学习心态,也就是我们常说的"空杯心态"是非常重要的。

4. 成人喜欢在做中学

有人把人的五种感官和实践(do)形象地比喻为通向大脑的六个通道,而这其中又以实践(do)和视觉最为重要。所以,英国有句谚语:"If I tell you, you will forget; If I show to you, you will remember; If I do with you, you will sure understand."也就是说:"你听见了会忘记;你看见了就记住了;你做了就明白了。"听——看——做,是思维与行动的结合。

5. 成人在非正式的环境中学习最有效

成人喜欢受到尊重和重视,自尊心比小孩更强,更讲"面子",在众人面前喜欢听到积极和肯定的评价。如果在轻松、愉悦和友爱的环境下学习,心灵的开放度会更高,更易于接受,效果更好。

6. 成人需要借助不同的学习手段

在整个学习过程中,多途径的信息传递,能使感官得到更多样化的刺激,使学员对所学习的知识有更为全方位的了解。所以,在培训的全过程中,综合应用案例、经历、游戏、录像、图片、演练等方式,培训效果会更好。

成人学习理论的要点可以归纳为以下五点。

(1) 成人需要知道他们为什么要学习。
(2) 成人有进行自我指导的需求。
(3) 成人可为学习带来更多的与工作有关的经验。
(4) 成人是带着一定问题去参与学习的。
(5) 成人受到内部和外部的激励而学习。

所以,成人的学习动机是为了满足兴趣、有利可图,而成人的学习风格是"自我导向、强调实用性、以问题为中心"。那么,员工培训也要做到五点:目的性、互动性、实用性、启发性、趣味性。成人绝不能等同于学生,填鸭式的授课方式显然已不适合。成年人只有在认为有必要时才肯投入精力学习,需要外部鼓励和自身内驱力的共同作用。他们参加培训更多的是为了应用于工作,提高自己的工作绩效和发展潜力,只有在工作实践和职业生涯发展中遇到了困难,才会产生真正的培训需求,并且有培训的欲望。

只有清楚了解成人学习的特点,才能更好地为员工安排培训,提高培训效益。这是需要公司领导、员工和培训师共同努力的,尤其是作为培训领域的从业者和研究人员,更应该急客户所急,更好地促进培训事业的进步与发展,改变原有的传统培训方式,推行更适合特定公司的培训方法和技术[①]。

二、企业培训课程体系

企业培训课程一般可分为以下三大类。

（一）新进员工入职培训体系

新员工入职培训,又称岗前培训、职前教育。主要内容包括公司概况、历史发展与文化、产品业务、发展规划、经营理念、核心价值观、员工道德规范和行为准则、人事管理制度、职业道德与职业精神等。除了以上这些基本内容外,优秀的企业还会根据每期学员的特点来增加一些额外的培训来帮助新员工更快地融入新集体,定位自己的角色,发挥个人才能。对那些刚从学校出来的毕业生,企业还会增加一些拓展训练、游戏活动、茶话会等形式来增加学员的团队精神,增进学员之间及对企业文化的认识和了解,为新员工作职业生涯规划进行培训,使新人确定自己的发展方向。

（二）在职人员培训体系

一般按照公司的职能进行划分,其中包括管理人员通用技能。培训课程如表4-2所示。

表4-2 培训课程

职能划分	培训课程	职能划分	培训课程
经营战略管理	企业经营战略与规划 全脑思维训练营 如何以顾客为中心 七个习惯 开发企业的核心竞争能力 21世纪组织领导哲学——第五项修炼 运作流程的重组与优化 组织架构设计 变革管理与危机管理 现代企业规范化管理 企业文化系统建设 愿景式领导 情境领导Ⅱ	职业经理人十项技能训练	绩效管理 有效授权 冲突管理 有效沟通 建设高绩效团队 激励艺术 目标管理 教练技巧 时间管理 压力管理

---

① 1. "培训理论",http://blog.163.com/jcx_22/blog/static/13633053200879104921839/。
　2. "了解成人学习的特点",http://blog.sina.com.cn/s/blog_49cc79270100057f.html。

(续表)

职能划分	培训课程	职能划分	培训课程
行政管理	办公室信息管理 总务管理 文件与档案管理 成功的总经理秘书 总机、行政人员礼仪表达 职业礼仪 员工公务礼仪 实用商业礼仪 商场服务员礼仪培训 公共关系 应急公关 危机事件处理 演讲艺术与技巧 简报表达技巧	人力资源管理	人力资源管理职能在企业中的演变 知识经济时代的人力资源管理 国际化人力资源管理的角色定位与走向 人力资源战略规划 职位评估与工作分析 关键人才的选、育、用、留、评 招聘与面试技巧 人才素质测评在人力资源管理中的运用 五环节（QJXQJ）培训 培训需求分析方法 企业内部讲师培训（初、中、高级） 培训组织与策划 如何根据培训文化建立培训体系 年度培训计划拟定与执行 培训考核与绩效评估 培训游戏的灵活运用 员工职业生涯发展与规划 系统薪酬设计 员工持股计划 绩效考核 基于平衡计分卡绩效管理 人力资源事务工作重组 劳资关系管理
研发管理	技术档案管理 研发预算管理 产品设计管理 商品开发流程管理 技术移转与技术采购 产品开发可靠性管理 设计审查 研发创新管理 ID(INDUSTRY DESIGN)管理 FMEA & FTA QAT/DVT 管理 田口工法 专利管理 图面管理 设备管理 实验室管理 标准化管理 研发信息管理 研发组态管理 如何成为成功工程师 OJT(ON THE JOB TRAINING) 产品设计与制造	财务管理	财务管理及控制实务 成本分析与决策 年度经营计划与财务预算 如何建立符合成本管理的成本会计制度 项目预算 如何改善财务流程、提升企业营运绩效 如何制定公司财务决策 国际合理避税的管理 利润中心运作实务与绩效衡量 企业投资规划与风险评估 企业投资项目规划 贸易纠纷之分析与预防对策 信托之财产与税务规划 内部稽核与内部控制实务 应收账款的有效管理 如何建立企业内控稽核制度的方法 管理层的财务管理 非财务经理的财务管理 非财务人员沙盘推演 MAP - EXCEL 管理才能发展系统

(续表)

职能划分	培训课程	职能划分	培训课程
市场营销	竞争对手分析与市场预测 营销战略策划 品牌策划与营销传播整合 企业区域市场开拓方略 广告与促销活动策划 营销网络规范化管理 管理和控制分销渠道 销售团队建设 客户关系管理（CRM） 职业销售人员能力训练 区域经营与区域管理 消费者心理分析与应用 销售员的销售技巧(初级、中级、高级) 业务员的销售计划与自我管理 商品陈列策划 市场调研方法与实务 销售中的听与说的艺术 电话行销技巧 商业谈判与议价技巧 客户服务体系设计 服务心理和服务创新	生产管理	5S 与目视管理 日常管理的导入与落实 现场改善技巧 现场工作排程与排序 现场管理干部训练 产能需求规划实务 及时生产（JIT） IE 七大手法 客户订单交期与生产排程 多品种少批量生产管理 全员生产性保全（TPM）推行实务 设备保养与管理 制程改善与规划 工厂布置与物料搬运 限制管理在制造业的应用 工厂运筹管理 如何落实提案改善活动 管理图表制作与活用 精益生产
供应链管理	MRPII 制造资源规划 ERP 企业资源规划 SCM 供应链管理 运筹管理与物料、采购、仓储、配销资讯系统 BOM 制造资料与用料表 PAC 生产作业排程 物料计划与控制实务 物料管理系统与制度 产品资料管理与工程变更 库存管理 仓储运输管理 存货管理与缩短运转周期 采购策略规划 采购与供应人员基础训练 采购管理实务 采购成本分析与议价技巧 供应商评估与管理 境外采购管理 电子化采购 配送中心建设	品质管理	全面品质管制（TQM） 6 西格玛 QCC（QUALITY CONTROL CIRCLE） ISO9000 系列 品质成本管理 质量管理的工具和方法 DOE 实验计划 新 QC 七大手法 统计的品质管理 管制图与投影程式能力分析 统计制程品管（SPC） 品质问题分析与解决程序 产品可靠性管理

（三）最受关注的通用类培训课程

（1）高效人士培训。这是有关提高效率的培训课程，尽管费用高昂，但仍受到高层次职业人士的欢迎。

（2）时间管理培训。此类课程传授的不仅是工作时间的管理方法，而且还包括生活时间的管理方法。由于时间管理是提高工作效率的关键，因此不论是公司还是个人都很欢迎此类培训。

（3）团队精神培训。受西方现代企业文化的影响，越来越多的中国企业意识到，员工整体协作对企业的发展将起重要作用。因此，团队合作逐渐成为企业文化的重要组成部分，市场对此方面专业培训的需求水涨船高。

（4）营销技巧培训。随着市场竞争的日趋激烈，要求企业更加主动、积极地开拓市场。营销人员要想提高业绩，参加专业化培训非常重要。

（5）客户服务技巧培训。客户是上帝，只有充分满足客户的需要，才能实现企业的发展。因此，越来越多的企业把客户服务作为一种赢利的主要渠道。

（6）沟通技巧培训。演讲技巧、谈话技巧、客户接待技巧都属于沟通技巧的范畴。

（7）项目管理培训。项目管理可以帮助企业保证项目实施质量，控制费用等，因此备受重视。

（8）薪酬设计培训。市场经济要求企业实行市场化薪酬制度，薪酬已成为员工能力差异的一种重要表现。目前国内大部分企业缺乏薪酬设计的能力，此类培训正好满足了这方面要求。

（9）领导艺术情景培训。此类培训形式灵活、内容实用，从日常工作中可能碰到的一些小案例出发，教给学员实用的处理问题的方法。

（10）战略性人力资源管理培训。这门课程包括招聘制度、员工关系、激励制度等各方面的整体综合设计，能帮助企业建立从一线员工到高职位员工的科学的标准化监控制度，同时能帮助企业明确雇佣双方的利益和义务，并使其得到充分的保证①。

三、培训课程开发流程

培训课程开发是指培训组织在培训课程设计和授课指导方面所做的一切工作，探讨课程的形成、实施、评价，及其方式方法，是确定课程、改进课程的一系列活动，是一个可持续发展而且可以变通的过程。其流程如图4-2所示。

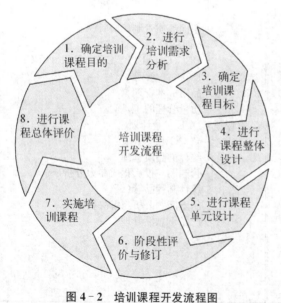

图4-2 培训课程开发流程图

（一）确定培训课程目的

课程开发的目的是说明员工为什么要进行培训。因为只有明确培训课程的目的，才能确定课程的目标、范围、对象和内容。

（二）进行培训需求分析

培训需求分析是课程设计者开发培训课程的第一步。进行培训需求分析的目的

---

① "企业管理培训课程市场分析"，http://news.hrloo.com/zhanlue/57446.html。

是以满足组织和组织成员的需要为出发点,从组织环境、工作任务和个人等层面上进行调查和分析,从而判断组织和个人是否存在培训需求以及存在哪些培训需求。

（三）确定培训课程目标

培训课程的目标是说明员工培训应达到的标准。它根据培训目的,并结合需求分析的情况,形成培训课程目标。

（四）进行课程整体设计

课程整体设计是针对某一专题或某一类人群的培训需求所开发的课程架构。进行课程整体设计的任务包括确定费用、划分课程单元、安排课程进度,以及选定培训场所等。

（五）进行课程单元设计

课程单元设计是在进行课程整体设计的基础上,具体确定每一单元的授课内容、授课方法和授课材料的过程。课程单元设计的优劣直接影响到培训效果和学员对课程评估的好坏。

（六）阶段性评价与修订

在完成课程的单元设计后,需要对需求分析、课程目标、整体设计和单元设计进行阶段性评价和修订,以便为课程培训的实施奠定基础。

（七）实施培训课程

即使设计了好的培训课程,也并不意味着培训就能成功。如果在培训实施阶段缺乏适当的准备工作,也是难以达成培训目标的。实施的准备工作主要包括培训方法的选择、培训场所的选定、培训技巧的使用,以及适当地进行课程控制等方面。在实施培训过程中,掌握必要的培训技巧有利于达到事半功倍的效果。

（八）进行课程总体评价

培训课程评价是在课程实施完毕后对课程全过程进行的总结和判断,重点在于确定培训效果是否达到了预期目标,以及受训学员对培训效果的满意程度,跟培训评估有一定的交叉的地方,但是对培训课程评估不能简单地看成培训效果评估[①]。

第三节 培训课程设计与开发

一、确定课程目标

培训课程目标是指在培训课程结束时,希望学员通过培训课程学习能达到的知识、能力或态度水平的标准。毋庸置疑,培训课程必须有明确清晰的课程目标,这是课程大纲开发与讲授计划的依据。它提供了学习的方向,可以帮助学员确认培训效果,也可以帮助讲师和学员对培训过程做出客观评价。制定课程目标时要考虑课程的类型、课程的具体内容、课时长度、学员的理解与操作能力。

（一）不同课程内容的课程目标

不同类型培训课程的目标各有其特殊性。理论与知识类课程侧重于要求学员从记忆到理解,从简单应用到综合应用,最终实现创新应用;技能类课程比较关注技能的掌握,可能涉

---

① "培训课程开发流程与方法",http://wenku.baidu.com/view/b4dbaf6c27d3240c8447efbd.html。

及理解、模仿、简单应用、熟练应用这样几个阶段；观念态度类课程侧重于让学员转变态度，接受并认同讲师提出的观念，从而实现行为转化进而内化为其价值观（见表4-3）。

表4-3 不同课程内容的课程目标

课程内容类别	课程目标描述
理论与知识类	了解、记忆、理解、简单应用、综合应用、创新应用
技能类	理解、模仿、简单应用、熟练应用
观念态度类	培养、转变、接受、行为转化、内化为价值观
备注：课程目标描述的程度依次加深	

（二）建立培训目标的要点

（1）紧贴需求。目标要紧紧围绕培训目的而设。

（2）目标适度。目标是学员学习后要达到的标准，因此要根据实际情况客观描述，不要过高。

（3）表达准确。课程目标的语言叙述要专业、准确、到位，避免产生歧义。

（4）简化目标。目标不要太多，尽量简化。

（5）目标定量。对于技能类课程要将希望获得的技能转化为目标，并尽量用定量的语言叙述，以便评估个人和企业应做到何种程度。

（三）培训课程目标描述举例

1.《目标管理》培训课程

（1）记忆目标管理的概念、性质、特点，着重理解目标管理在日常管理中的重要作用。

（2）故事性、互动性、体验性相结合，理解目标管理任务的分解、目标管理的实现手段。

（3）理解记忆路径——目标管理理论。

（4）简单应用目标管理与计划管理、时间管理在日常管理工作中的实践。

（5）综合应用团队的合力作用，完成目标的管理。

2.《卓越领导力》培训课程

（1）了解领导者的基本素质，初步培养领导意识。

（2）了解管理职务的重点，提升管理及领导才能。

（3）了解自身管理的弱点及偏差，并运用所学进行改善。

（4）应用领导行为理论，并调整领导实践中的做法和行为。

（5）转变引导行动的价值观，明确企业执行力体系的主要内涵。

（6）提高有效的领导力，以及激励和鼓舞下属的能力。

（7）培养积极发现问题的意识，及创新、改善和变革的工作态度。

（8）理解并区分管理行为与领导行为的主要特征。

（9）组建具有领导力的管理团队，激发团队成员的潜能、积极性、热情、工作动力。

（四）理想的课程目标陈述

课程目标是一项陈述，其中包括构成目标的三个基本组成部分——绩效、条件和标准。

1. 绩效

绩效是指学员在接受培训后可以完成的任务。绩效陈述常见的开头语是"学员能够……"。绩效应该体现在行为方面，可以用"说明"、"执行"、"计算"这样的行为动词来描述绩效。

2. 条件

条件是指绩效发生的环境。如"在角色扮演期间"、"应用工作文件"、"用三十分钟进行网络研究"、"在模拟工作条件下"或"在接受观察期间"等,应尽最大努力设计出符合实际绩效的条件。

3. 标准

标准是用来衡量的尺度。描述的是预计学员执行目标后达到的优劣程度,即每一项都要达到最低的满意程度。如果目标中缺少了上述某个部分或者各部分编排不当,目标的有效性和可验证性就会因此而削弱。

> 示例:《为企业客户提供网络建设方案的培训》
> (1)课程目标:本课程结束时,学员将能够为企业客户提供包括系统解决方案在内的销售演示。
> (2)第一单元的目标:学员能够以80%的精确度,为企业客户列举虚拟专用网络产品解决方案的优势和特征。
> (3)第二单元的目标:学员能够在角色扮演的情景下,为典型客户提供20分钟包括产品解决方案在内的销售演示[①]。

二、课程设计

课程设计可分为整体设计和单元设计两个方面,课程整体设计体现出课程的一个架构,在这个架构下划分出若干单元,类似一种模块化结构,再进行相应的课程单元设计。

(一) 课程名称

正如人的名字是让人识别的符号一样,比如张三丰、郭靖、黄药师,这些名字不一样,对应的人的个体特征也就不一样,名字包含了许多特定的信息,传递了人物的特性。课程名称也需要贴切地去定义,让它能反映出课程的内容和价值。课程名称要具体、有吸引力,必要时可加副标题,主要包括以下四个要素。

1. 课程名称包含有学习者

课程名称要让学员从名字上,一眼就知道是给什么类型学员上的课。比如,课程《企业内部讲师的教材开发与讲授式授课技能训练》,这是给企业内部讲师上的课程;《渠道管理员对渠道的拜访和管理技能训练》,显然是给运营商的渠道管理人员上的课程。当然,如果学员涵盖广,或显而易见的话,在课程名称上不包含学员,也是可以接受的,比如《时间管理》。

2. 课程名称包含核心知识点

课程名称要让学员清楚上完课程后能学会什么。比如,上面的课程是讲"教材开发和讲授式授课技能"、"拜访和管理",就是课程的核心知识点。就像卖空调的人,说他的空调是"睡梦宝",显然是在卧室用的;海尔的热水器叫"防电墙",就是让你在洗澡时,不会被电着,也是一个道理。核心知识点,最好能用数字量化,这样学员的记忆会更加深刻。比如,《高效

[①] "培训课程开发精要",http://wenku.baidu.com/view/d211b82d3169a4517723a350.html。

能人士的七个习惯》、《六顶帽子的思考法》、《渠道管理的五连环技能训练》等。

3. 课程名称包含教学方式

课程名称要告诉所有学员，培训课程的方式到底是讲座、训练、会议，还是介绍会。比如，《企业内部讲师的教材开发与讲授式授课技能训练》，学员是"企业内部讲师"，知识点是"教材开发和讲授式授课技能"，方式是"训练"，学员一看就知道需要练习。还有的课程叫研讨会、讲座、竞赛之类的。显然要是讲座的话，讲师主要是讲授，大家在听，互动环节就十分有限；而研讨会，基本上没有主角，大家都可以平等地来讨论问题；而名称要是训练的话，讲师一定要让学员多练习，这样才能实至名归。培训市场上有太多课程并没有包含教学方式，比如《班组建设》、《生产管理》、《非财务人员的财务管理》。

4. 课程名称要是个陈述句

课程名称尽量不要是疑问句，最好是个陈述句。课程是帮助学员解决问题的，而不是提出问题的。比如，培训课程《如何做好销售队伍的管理》，从直观感受上这是在提出问题，学员来上课并不是来学提出问题的，而是来学习解决问题的方法的，所以课程名称换为《销售队伍管理的五个要点技能训练》之类则更为贴切，别人一眼就知道要学的是"五要点"，而不是被问了个问题。

如果感觉以上的命名法，课程名称太长，觉得不方便的话，可以把长标题作为副标题，比如《管理者的三维领导力技能训练：辅佐上司、辅助同僚、辅导下属》。

综上所述，一个专业的培训课程的名称，最好是如下格式：学员＋知识点＋教学方式。里面最好包含数量化描述，还要是个陈述句[①]。

(二) 课程大纲

课程大纲是对课程内容和培训方法的初步设想。大纲界定了课程的框架和结构，整个课程将围绕这个框架进一步充实和延伸，且按照一定的逻辑顺序进行课程内容的组织与表达。课程大纲设计时首先要确定总的论点和主题；然后列出分论点或相应的几个分解部分，在分论点或分解部分中，再划分若干个层次，充实具体内容，并进行合理的时间分配。比如，新员工入职培训中的意识培训单元的课程大纲设计(见表4-4)。

表4-4 课程大纲设计

课程大纲	内容
1. 我们是谁	企业产品、基本情况介绍
2. 我们从哪里来	企业发展历程、创业故事
3. 我们要到哪里去	企业愿景、战略发展规划
4. 怎么去	企业战略目标分解、绩效指标分解
5. 其他企业是怎么做的	从竞争对手企业的案例来分别阐述营销、技术、创新和质量对企业发展的重要性
6. 我们应该做什么	讨论为了完成企业战略，部门应该做什么，怎样才能有效提升客户满意度
7. 我们每一个人能做什么	提升个人归属感、责任感和团队精神

---

① "培训课程名称必备四个要素"，http://www.xue24.com/article/ff80808134c6bbea0134d0da9cca000a。

1. 示例1：《商场营业员服务礼仪培训》大纲

《商场营业员服务礼仪培训》大纲 （一）课程名称 商场营业员服务礼仪培训 （二）培训对象 商场营业员及其他工作人员 （三）培训目标 (1) 提升学员服务意识，打造良好的职业素养 (2) 塑造学员与企业形象吻合的个人职业形象 (3) 掌握服务过程中接待客户的礼仪及接听电话礼仪 (4) 提升个人沟通能力，掌握礼貌沟通的基本要素 (5) 帮助学员掌握销售过程中的礼仪规范，促进成交，提升企业效益 (6) 帮助学员掌握优质客户服务的技巧和方法，提升客户满意度，提升企业形象 （四）培训课时 课时为1天，共8小时 （五）课程单元内容 第一讲：商场营业员岗位认知(20分钟) (1) 营业员知识、技能认知 (2) 商场营业员岗位要求 第二讲：营业员的礼仪培训(40分钟) (1) 营业员的仪表修饰 (2) 营业员的行为举止 (3) 营业员服务礼仪	第三讲：营业员店内商品陈列培训(60分钟) (1) 店内设计与商品陈列 (2) 橱窗陈列知识 (3) 商品陈列的方法 第四讲：营业员服务语言培训(90分钟) (1) 营业员服务的基本用语 (2) 营业员接近顾客的语言 (3) 营业员体态语的运用 (4) 营业员处理顾客抱怨的语言 (5) 营业员服务用语的禁忌 第五讲：营业员的销售服务培训(90分钟) (1) 提高服务意识 (2) 销售初期服务 第六讲：营业员销售技巧培训(100分钟) (1) 销售的前提 (2) 销售的经典步骤 第七讲：营销的冲突防止和排除(60分钟) (1) 发生冲突的原因 (2) 冲突的防止和排除 第八讲：营业员服务礼仪和销售技巧培训总结(20分钟) (1) 培训方式：讲授、模拟、游戏、案例分析 (2) 培训场所 结束语

2. 示例2：《卓越领导力》课程

《卓越领导力》 第一单元：管理与领导 第二单元：管理技能基础 一、制定有效的规划、计划、策划 二、做个教练式管理者 三、高效沟通 第三单元：高绩效的团队协作 一、团队协作 二、高效利用时间 第四单元：管理制度与管理控制	第五单元：领导力模式培养 一、领导者的行为方式 二、领导力核心素质的培养 三、领导行为方式及领导力培养 第六单元：领导力技能提升 一、决策艺术与领导力提升 二、有效授权与领导力提升 三、有效激励下属与领导力提升 第七单元：领导者竞争力塑造 一、领导者的六个特质 二、领导者的八大能力

（三）课程内容

在培训需求分析的基础上，来划定课程题目和范围，当培训课程主题确定后，内容也就基本上锁定了。课程内容可以是学科领域的概念、原理、方法、技能和技巧，也可以是过程、程序、步骤、规范和标准，并按照逻辑组织好这些内容。课程内容的选择往往是具有代表性的培训知识，这也是课程存在的价值所在，其目的就是帮助有特定培训需求的群体来提高其特定的知识能力水平。

课程内容的选择，应考虑学习者相关的学习背景和学习需求，涉及与内容相关资料的搜集、甄选和整理，其主要来源如下。

（1）各类文件、工作总结、会议纪要、调查报告、部门简报、杂志等资料。

（2）书报刊包括各类书籍、相关报纸、行业杂志行业报、企业报等。

（3）企业内部案例，企业内部员工有关的案例分析、挖掘。

（4）网络资源。

在课程内容组织上，有两点尤其重要，就是顺序和范围。顺序指内容在垂直方向上的组织；范围指对课程内容在水平方向上的安排，范围要精心地限定，在既定的时间内，内容安排遵循熟悉到不熟悉，简单到复杂，容易到难的原则，使内容尽可能地对学习者有意义并具有综合性。不管什么培训课程，都要求培训内容组织得有条有理，符合逻辑，这样才能使学员理解。因此，课程设计人员的首要任务是按照顺序逻辑来组织课程内容。

（四）培训方法

培训方法是指向学员传授学习内容的策略，企业培训的效果在很大程度上取决于培训方法的选择。当前，企业培训的方法有很多种，不同培训方法的特点不一样。要选择到合适有效的培训方法，要考虑到培训的目的、培训的内容、培训对象的自身特点，及企业具备的培训资源等因素。企业常用培训方法的介绍见表4-5。

表4-5 企业常用的培训方法

培训方法	介绍	适用范围
讲授法	● 讲授法：属于传统模式的培训方式，指培训师通过语言表达，系统地向受训者传授知识，期望这些受训者能记住其中的重要观念与特定知识 【要求】培训师应具有丰富的知识和经验；讲授要有系统性，条理清晰，重点、难点突出；讲授时语言清晰，生动准确；必要时运用板书；应尽量配备必要的多媒体设备，以加强培训的效果；讲授完应留出适当的时间让培训师与学员进行沟通，用问答方式获取学员对讲授内容的反馈 【优点】使用方便，可以同时对许多人进行培训，经济高效；有利于学员系统地接受新知识；容易掌握和控制学习的进度；有利于加深理解难度大的内容 【缺点】学习效果易受培训师讲授的水平影响；由于主要是单向性的信息传递，缺乏教师和学员间必要的交流和反馈，学过的知识不易被巩固，故常被运用于一些理念性知识的培训	（1）适用于对企业政策或新制度的介绍 （2）适用于对引进新设备或技术的介绍
研讨法	● 研讨法：按照费用与操作的复杂程序又可分成一般研讨会与小组讨论两种方式。研讨会多以专题演讲为主，中途或会后允许学员与演讲者进行交流沟通，一般费用较高；而小组讨论法则费用较低。研讨法培训的目的是为了提高能力、培养意识、交流信息、产生新知。比较适宜管理人员的训练或用于解决某些有一定难度的管理问题 【要求】每次讨论要建立明确的目标，并让每一位参与者了解这些目标；要使受训人员对讨论的问题产生内在的兴趣，并启发他们积极思考 【优点】鼓励学员积极参与和思考，主动提出问题，表达个人的感受，有助于激发学习兴趣；讨论过程中，教师与学员间、学员与学员间的信息可以多向传递，知识和经验可以相互交流、启发，取长补短，有利于学员发现自己的不足，开阔思路，加深对知识的理解，促进能力的提高。据研究，这种方法对提高受训者的责任感或改变工作态度特别有效 【缺点】对培训指导教师的要求较高；讨论课题选择的好坏将直接影响培训的效果；受训人员自身的水平也会影响培训的效果；不利于受训人员系统地掌握知识和技能	（1）适用于自信心强、自主和自控能力较高的学员 （2）适用于在内容上有较大自由发挥空间的培训

(续表)

培训方法	介绍	适用范围
工作轮换法	● 工作轮换法：这是一种在职培训的方法，指让受训者在预定的时期内变换工作岗位，使其获得不同岗位的工作经验，一般用于新进员工，或为培养新进入企业的年轻管理人员，或有管理潜力的未来的管理人员 【要求】在为员工安排工作轮换时，要考虑培训对象的个人能力以及他的需要、兴趣、态度和职业偏爱，选择与其适合的工作；工作轮换时间长短取决于培训对象的学习能力和学习效果，而不是机械的规定某一时间 【优点】工作轮换能丰富培训对象的工作经历，能识别培训对象的长处和短处，企业能通过工作轮换了解培训对象的专长和兴趣爱好，从而更好的开发员工的特长；工作轮换还能增进培训对象对各部门管理工作的了解，扩展员工的知识面，对受训对象以后完成跨部门、合作性的任务打下基础 【缺点】员工在每个轮换的工作岗位上停留时间太短，所学知识不精；由于此方法鼓励"通才化"，适合于一般直线管理人员的培训，不适用于职能管理人员	适用于对新进员工和未来管理人员的培训
工作指导法或教练、实习法	● 工作指导法或教练、实习法：这种方法是由一位有经验的技术能手或直接主管人员在工作岗位上对受训者进行培训，如果是一对一的现场个别培训则为企业常用的"师带徒"培训。负责指导的教练的任务是教给受训者如何做，提出如何做好的建议，并对受训者进行鼓励。这种方法并一定要有详细、完整的教学计划，但应注意培训的要点：第一，关键工作环节的要求；第二，做好工作的原则和技巧；第三，须避免、防止的问题和错误。这种方法应用广泛，可用于基层生产工人 【要求】培训前要准备好所有的用具，搁置整齐；让每个受训者都能看清示范物；教练一边示范操作一边讲解动作或操作要领。示范完毕，让每个受训者反复模仿实习；对每个受训者的试做给予立即的反馈 【优点】通常能在培训者与培训对象之间形成良好的关系，有助于工作的开展；一旦师傅调动、提升、退休、辞职时，企业能有训练有素的员工顶上 【缺点】不容易挑选到合格的教练或师傅，有些师傅担心"带会徒弟，饿死师傅"而不愿意倾尽全力。所以应挑选具有较强沟通能力、监督和指导能力，以及胸怀宽广的教练	适用于对生产技能型人员的培训
角色扮演法	● 角色扮演法：在一个模拟的工作环境中，指定参加者扮演某种角色，借助角色的演练来理解角色的内容，模拟性地处理工作事务，从而提高处理各种问题的能力。这种方法比较适用于训练态度仪容和言谈举止等人际关系技能。比如询问、电话应对、销售技术、业务会谈等基本技能的学习和提高。适用于新员工、岗位轮换和职位晋升的员工，主要目的是为了尽快适应新岗位和新环境 【要求】讲师要为角色扮演准备好材料以及一些必要的场景工具，确保每一事项均能代表培训计划中所教导的行为。为了激励演练者的士气，在演出开始之前及结束之后，全体学员应鼓掌表示感谢。演出结束，教员针对各演示者存在的问题进行分析和评论。角色扮演法应和授课法、讨论法结合使用，才能产生更好的效果 【优点】学员参与性强，学员与教员之间的互动交流充分，可以提高学员培训的积极性；特定的模拟环境和主题有利于增强培训的效果；通过扮演和观察其他学员的扮演行为，可以学习各种交流技能；通过模拟后的指导，可以及时认识自身存在的问题并进行改正 【缺点】角色扮演法效果的好坏主要取决于培训讲师的水平；扮演中的问题分析限于个人，不具有普遍性；容易影响学员的态度，而不易影响其行为	(1) 适用于对实际操作人员或管理人员的培训，侧重于电话应对、销售技术、业务会谈等基本技能的学习和提高 (2) 适用于新员工、岗位轮换和职位晋级的员工

(续表)

培训方法	介绍	适用范围
案例研究法	● 案例研究法：为参加培训的学员提供员工或组织如何处理棘手问题的书面描述，让学员分析和评价案例，提出解决问题的建议和方案的培训方法。案例研究法为美国哈佛管理学院所创，目前广泛应用于企业管理人员（特别是中层管理人员）的培训。目的是训练他们具有良好的决策能力，帮助他们学习如何在紧急状况下处理各类事件 【要求】案例研究法通常是向培训对象提供一则描述完整的经营问题或组织问题的案例，案例应具有真实性，不能随意捏造；案例要和培训内容相一致，培训对象则组成小组来完成对案例的分析，做出判断，提出解决问题的方法。随后，在集体讨论中发表自己小组的看法，同时听取别人的意见。讨论结束后，公布讨论结果，并由教员再对培训对象进行引导分析，直至达成共识 【优点】学员参与性强，变学员被动接受为主动参与；将学员解决问题能力的提高融入知识传授中，有利于使学员参与企业实际问题的解决；教学方式生动具体，直观易学；容易使学员养成积极参与和向他人学习的习惯 【缺点】案例的准备需时较长，且对培训师和学员的要求都比较高；案例的来源往往不能满足培训的需要	(1) 适用于新晋员工、管理者，以及后备人员 (2) 适用于问题解决技巧或解决问题的程序的培训
视听技术法	● 视听技术法：利用现代视听技术（如投影仪、录像、电视、电影、电脑等工具）对员工进行培训 【要求】播放前要清楚地说明培训的目的；依讲课的主题选择合适的视听教材；以播映内容来发表各人的感想或以"如何应用在工作上"来讨论，最好能边看边讨论，以增加理解；讨论后培训师必须做重点总结或将如何应用在工作上的具体方法告诉受训人员 【优点】由于视听培训是运用视觉和听觉的感知方式，直观鲜明，所以比讲授或讨论会给人更深的印象；教材生动形象且给学员以真实感，所以也比较容易引起受训人员的关心和兴趣；视听教材可反复使用，从而能更好地适应受训人员的个别差异和不同水平的要求 【缺点】视听设备和教材的成本较高，内容易过时；选择合适的视听教材不太容易；学员处于消极的地位，反馈和实践较差，一般可作为培训的辅助手段	适用于新晋员工的培训，用于介绍企业概况、传授技能等培训内容
企业内部网络培训法	● 企业内部网络培训法：这是一种新型的计算机网络信息培训方式，主要是指企业通过内部网，将文字、图片及影音文件等培训资料放在网上，形成一个网上资料馆、网上课堂供员工进行课程的学习。这种方式由于具有信息量大，新知识、新观念传递优势明显，更适合成人学习。因此，特别为实力雄厚的企业所青睐，也是培训发展的一种趋势 【优点】使用灵活，符合分散式学习的新趋势，学员可灵活选择学习进度，灵活选择学习的时间和地点，灵活选择学习内容，节省了学员集中培训的时间与费用；运用网上培训方式，网络内容易修改，且修改培训内容时，不需重新准备教材或其他教学工具，费用低。可及时、低成本地更新培训内容；网上培训可充分利用网络上大量的声音、图片和影音文件等资源，增强课堂教学的趣味性，从而提高学员的学习效率 【缺点】网上培训要求企业建立良好的网络培训系统，这需要大量的前期资金投入，该方法主要适合知识方面的培训，一些如人际交流的技能培训就不适用	适合企业员工自学
户外训练法	户外训练法又称"拓展训练"，该方法通过让学员在不同寻常的户外环境下亲身参与一些精心设计的程序，帮助学员实现从自我发现、自我激励，到自我突破、自我升华的转变	(1) 适用于环境适应能力提升的培训 (2) 适用于观念转变和思维创新的培训

(续表)

培训方法	介 绍	适用范围
游戏模拟法	游戏模拟法是把游戏引入到培训活动中的一种"寓教于乐"的培训方法,它通过让学员参与游戏娱乐活动,帮助学员加强对知识、技能和态度的理解,进而加强沟通,增强竞争意识和团队意识,并激发学员的创新精神	适用于以沟通、人际关系及工作协调为主题的培训内容
由于企业人员结构复杂、内部工种繁多、技术要求各不相同,企业培训必然是多层次、多内容、多形式与多方法的。这种特点要求培训部门在制订培训计划时,就必须做到因需施教、因材施教、注重实效。		

资料来源:"企业培训方法",http://wenku.baidu.com/view/349c2a49cf84b9d528ea7a82.html。

培训课程采用何种教学手段与方法,课程的时间规划,以及课前课后的准备、练习与考核等,都是在做课程设计时必须考虑的内容。根据成人学习的规律,培训课程应该摆脱以往单纯的讲授方式,引入多种灵活的互动形式,让学员更多地参与,充分调动学员的学习积极性,让学习充满乐趣。然而,任何培训方法都一定是为内容服务的,在一些培训课程做得热热闹闹的同时,应冷静下来分析一下培训中存在着的华而不实的现象。有些培训师过于追求形式,却冲淡了课程的思想内容;或者时间分配不当,让互动占据了过多的时间;或者选用方法不当,没有起到应该起到的作用;或者引导启发不当,让上课变成了娱乐。培训课程设计时应当注意对培训方法选择的引导与培训方法的多样化。因此,优秀的培训课程一定会体现成人学习的特点,选取与培训内容紧密贴合的、灵活多样的培训手段。

(五)有效开场和结尾

1. 设计开场形式

培训讲师可以直接向学员问好,然后自我介绍,重点是要向学员讲清楚此次培训课程的目的,强调课程的重要程度及对培训内容作一个大概预览。如以《时间管理》课程为例,见表4-6。

表4-6 以《时间管理》课程为例

| 1. 目的
这次培训的原因。大家为什么要花费这么多的时间和精力坐在这里接受培训?这次培训能给学员带来什么,将使之发生怎样的转变?
2. 重要性
为什么学员要努力达成培训的目的。如果达不到会有怎样的危害?培训对学员目前面临的问题有什么帮助?培训的紧迫性和必要性是怎样的?
3. 预览
对培训的结构、方法、内容的大概介绍,这会使学员对培训结构和培训内容有个整体的了解,以便在培训过程中可以发挥主动性和掌控力。 | 1. 目的
本课程将帮助学员正确认识和理解时间管理,并通过一系列行之有效的训练,掌握明确个人目标、制订计划、及时行动的技巧,从而提高学员时间管理的能力,在工作和生活中取得成功。
2. 重要性
时间的特性就是不管你多有钱或有权,每天只有24个小时,不会多一个小时,也不会少一个小时。从此刻起,以前过去的时间就不会再有了,浪费就浪费掉了,再不会失而复得了。所谓"寸金难买寸光阴"说的就是这个道理。
3. 预览
本课程将从以下环节进行分析和阐述:理解时间管理的意义及现状,了解时间管理的陷阱,跨越时间管理的陷阱,掌握时间管理的工具,如何提升自己的时间管理素养。我们将以分组形式来进行培训,希望大家踊跃思考,积极参与课程的互动。 |

也可以用讲故事、幽默笑话、历史典故、游戏暖场、设置悬念等方式开场,注意营造一个轻松融合的氛围。

(1) 故事型。

在培训开头讲一个与培训课程内容有密切联系的故事来引出演讲主题。故事要求完整,要有细节和主要人物。讲故事的开场方式特别容易引起学员的兴趣,而且在语言操作上也比较容易,适合初学演讲的培训讲师使用。

> 例子1:1773~1782年,中国与西方分别在干什么
>
> 余秋雨曾讲过一段非常精彩的故事:1773~1782年这十年间,中国历史上发生了一件大事:康熙皇帝派纪晓岚带领着全中国顶尖的文人学者,编撰了四库全书,这是一项很伟大的工程,历时十年。穷全国之智慧,干了一件大事,被后人所称道。
>
> 同样在这十年间,西方国家也发生了两件大事:第一个是亚当·斯密写出了《国富论》,奠定了资本主义的理论基础和思想基础;第二个是瓦特发明了蒸汽机,奠定了资本主义的物质基础和技术基础。
>
> 从此,中国开始走向衰落,走向落后,开始挨打,而世界列强则开始蒸蒸日上。
>
> 对比结构加上新知元素和哲理提炼,使故事显得生动深刻,富有意义。

> 例子2:中国人讲"超女",西方人讲"超人"
>
> 当前中国的电视电影节目中充斥着许多历史题材的内容,这是无可厚非的,毕竟我们要回顾历史,要了解历史,但是中国的节目里面反映未来的东西太少了;而西方电影除了历史的内容,更多的是反映了未来,比方说星球大战、蜘蛛侠,这些大片都表现了对未来的关注,未来世界会是怎么样,在未来的世界,人类将是一个什么样的角色,我们怎样拯救人类等。
>
> 国内"超女"等节目之所以受欢迎、受追捧,是因为迎合了一种思潮,那就是不需要经过艰苦的劳动,不需要经过长期的积累,只需借助一个平台,就有可能一夜成名。
>
> 西方人不讲超女,讲超人,超人肩负着拯救人类,拯救世界的使命。
>
> 在这两种思潮的影响下,下一代孰弱孰强呢,这就是差距。

总之,要注意的是故事型的开场白一定要摒弃复杂的情节和冗长的语言。

(2) 幽默型。

幽默型是以幽默或诙谐的语言及事例作开场白。这样的开场可以使学员在演讲者的幽默启发下集中精力进入角色。

> 斯特朗女士在中国上海庆祝她的80岁寿辰。周恩来总理在上海展览馆大厅为她举行了盛大的祝寿宴会。并发表了祝贺演说,他是这样开场的:
>
> 今天,我们为我们的好朋友,美国女作家安娜·路易斯·斯特朗女士,庆祝40"公岁"诞辰(参加宴会的祝寿者为"40公岁"这个新名词感到纳闷不解)。在中国,"公"字是紧跟它的量词的两倍。40公斤等于80斤,40公岁就等于80岁。
>
> 周恩来总理灵活的用语,巧妙的解释,在几百位祝寿者中激起了一阵欢笑,而寿星斯特朗女士也激动得流下眼泪。

(3) 引用型。

开场白也有直接引用他人话语的(大多是名人富有哲理的名言),它为培训主旨作事前的铺垫和烘托。比如,美国黑人教育家本杰明·梅斯有句耐人寻味的名言:"生活的悲剧不在于没有达到目标,而在于没有想要达到的目标。"这就是符合培训主题的很好的开场白。被引用的开场白,一般须具备两个条件:第一是话语本身富有蕴意,具有高度的感染力和极强的说服力;第二是引用的话语要出自名家、权威人士或学员熟知的人物,这就是一般所说的权威效应和亲友效应,从而引发学员的关注。

> 分享俄国伟大的作家托尔斯泰的三句话。投影(一句一句投):
> (1) 这世界上最重要的人是谁?(学员思考、讨论片刻,打出答案)
> ——现在在我眼前的人。
> (2) 这世界上最重要的事是什么?(学员思考、讨论片刻,打出答案)
> ——现在我要做的事。
> (3) 这世界上最重要的时间是什么?(学员思考、讨论片刻,打出答案)
> ——此时此刻。
> 结论:
> 此时此刻,我们做最重要的事,因为我们是最重要的人!(全体学员一起说)
> 这样的开场白,能鼓舞人心、振奋士气,堪称经典!

(4) 悬念型。

创作文章需要设置悬念,培训也不例外,因为它能使学员产生极大的好奇心,并能在这个悬念的"指引"下很快进入"设下的圈套"。有一则笑话就是这样的类型:

> 老先生:"人从哪里老起?"
> 学员甲:"大脑。"
> 学员乙:"大腿。"
> 学员丙:"肚皮。"
> 老先生:"我看有的人是从屁股老起。"(全场哄堂大笑)"某些领导不深入实际,整天泡在'会海'里,坐而论道,屁股受苦了,既要负担上身的重压,又要与板凳摩擦,够劳累的了。如此一来,岂不是屁股先老么?"

笑话中,老先生的目的是要抨击官僚主义。首先他利用提问的方式制造了一个悬念给学员,调动了绝大多数学员的好奇心和积极性,紧接着他又作出一个意料之外的解答,制造了"第二悬念",从而控制了学员的思路和情绪。

此外,悬念还可以让学员在笑过之后进行深思,这是悬念型开场白的又一形式。一位日本教授给大学生演讲时,虽然场面乱哄哄的,但他并没有生气,而是从衣袋里摸出了一块黑乎乎的石头扬了扬,"请同学们注意看看,这是一块非常珍贵的石头,在整个日本只有我才有这么一块。"学生听了后,在下面议论纷纷。教授这时才说出其珍贵的原因:这块石头来自终年积雪的南极,是他从那里探险带回来的。运用这种方式引出主题后,提起了学生兴趣,教授才真正开始了他关于南极探险的演讲。

在培训中运用这种类型的开场白要注意两方面的问题:一是不能用学员全都熟悉明白的那些普通浅显的问题来设置悬念;二是设置了悬念要及时解开。否则,学员会对培训产生强烈的反感情绪。

(5) 抒情型。

这种开场白主要借助诗歌、散文等抒情文学的形式,通过华丽的辞藻和汹涌澎湃的激情,来感染学员,把学员带入诗一般的境界。1863 年 11 月 19 日,美国前国务卿爱德华·埃弗雷特,在盖提斯堡国家烈士公墓落成仪式上,发表了这样的演讲。

> 站在明净的长天之下,极目远眺经过人们长年耕耘而已安静憩息的广阔田野,那雄伟的阿勒格尼山脉隐约耸立在我们前方,兄弟们的坟墓就在我们的脚下,我真不敢想我这微不足道的声音来打破上帝和大自然安排的这种意味无穷的宁静。但我必须履行你们交给我的任务,因此请求你们施与我宽容和同情。

埃弗雷特运用了抒情型演讲,在演讲之初就把学员带入了一种美丽、壮阔、庄严、肃穆的气氛中去。

开场白有许多种,能吸引学员视觉和听觉的才是吸引人的开场(当然也包含触觉和嗅觉的刺激,但是视觉刺激比例占到绝大部分)。所以从讲授的角度讲,一开场利用图片往往要胜于单纯的讲述,打开精美的图片,就是告诉学员:要想看明白图片,就得把眼光集中过来。吸引就是要把眼睛和耳朵全部投过来,哪怕是一句成语,也要放上一张对应的可视觉化呈现的图片。当你用视觉和听觉同步刺激时,学员的投入程度就会显现出来,至少他得抬起头来看看什么情况。

无论用何种方式开场应该遵循 ABC 法则,即引起注意力(Attention),培训对于学习者的好处(Benefit),培训讲师与学员、学员相互之间应建立起心理情绪链接(Connection)[①]。

2. 设计收场结束语

一个好的培训课程的结尾与好的开头同样重要,好的结尾可以达到以下效果:加强学员的记忆;激起学员的赞同和热情;激励学员按照所学内容去行动。一般培训课结尾的方式有讲师总结、学员作答和以故事结束三种。

(1) 讲师总结。

数小时的培训行将结束之际,学员已经神情松懈。培训师要通过结束语来调动学员新一轮的注意,最普通的方式就是回顾课程:"课程到这里就要结束了,下面我们来总结一下……"这样,有的学员可以复习一下培训内容;有的学员正好可以把漏听的内容补充一下;当然,也会有学员因为即将结束的培训而兴奋雀跃。在设计讲师总结时,要配合学员的情绪,在形式上是培训师在单方面讲授,而在内在的情感上要与学员产生互动,这样的讲师总结才会让学员得以会意,达到培训结尾的效果。

(2) 学员作答。

另外一个更容易加深学员记忆的方法是提问学员。不是通过讲师来回顾课程内容,而是通过发问课程的要点,让学员经过思考和总结来回答。这种结尾在设计时要特别注意问

---

① "十种开场白",http://blog.sina.com.cn/s/blog_6f8aa60a01011v9m.html。

题的设置,既要与课程内容相关,又不能问一些闭合式问题,要设计一些让学员有相当大发挥空间的开放式问题。所谓闭合式问题,是让学员只要回答"是"或"不是"就可以的问题,这在总结提问中是要慎重使用的。如在"沟通技巧"课程结束时可以提问:"沟通的六个步骤是什么?"这样可以使学员主动回顾课程内容,印象会更加深刻。

(3) 以故事结束。

如果课程内容实在是很多、很杂,难以清楚地进行总结或提问,或者相反,全部内容简单易理解,无须总结,那么,就可以使用一个小故事来结束培训。这个故事可以与培训课程有关,也可以是和培训效果有关,最好是能够鼓励学员课后实践行动的。

有一个《钓鱼竿的故事》,可以在各种培训课上用作结尾。这个故事的最后,店老板对买鱼竿的主人公说:"无论多么好的鱼竿,也不能保证每个人都能钓到鱼。"这时候,培训师就可以借此发挥:"不论在培训中学到多少技巧,如果不运用到实践中,也是不能够取得成功的。所以,能不能取得成功,关键在于行动。希望每一个学员都能够尽快把在培训课上学到的技能运用到实际当中去。"

有这样一个故事,说的是一位智者经常坐在村边的大树下,一位刚刚从邻村来的旅客也到树下休息,就请教智者,问道:这个村子里的居民好还是坏?智者反问他上一个村子里的居民如何。旅客回答说非常友善好客,使他宾至如归。智者就告诉他说这村里的居民也是如此。过了不久,另一位旅客也到树下休息,问起同样的问题。智者反问他上一个村里的居民如何,只见他横眉竖目、咬牙切齿地回答说,上一个村里的居民欺侮外乡旅客,他再也不想到那个鬼地方了。智者听了摇摇头,告诉他这村里的人也是这样糟。旁边的人听到智者对同样的问题居然有不同的说法,感到非常的好奇,问智者为何如此回答,智者笑着说:"其实两个村里的居民都一样,差别只在于旅客本身的态度。"而他在此数十年都是如此回答旅客,竟然次次灵验。一个顽童为了考验智者,手抓一只小鸟问智者说:"我手中的小鸟是死的还是活的?"智者明知若回答是活的,他将捏死小鸟;若回答是死的,他将放开手让小鸟飞走,于是微笑着回答说:"是死是活都由你自己决定。"

各位朋友,当我们埋怨身边的同事时,当我们对生活感到不满时,您是否曾经从自身找过问题? 您是否看到了同事的优点和长处呢? 正像故事中所说的一样:一切都在您自己的掌握中!

虽然这两天我们学习了很多培训师应具备的方法和技巧,但没人会因为两天的培训,就成为优秀的培训师。因为培训师,是个厚积薄发的职业,需要我们在一点一滴的实践中积累丰富的专业经验,在一次又一次的演练中,提升自己的授课技能。

我非常喜欢杨澜的一句话:我们可以不成功,但不能不成长! 从这两天各位的精彩表现中,我相信:大家都非常渴望快速成长,让我们用行动来达成这个共同的愿望吧! 祝各位: 快乐成长每一天!

资料来源:"培训课程设计",http://vip.book.sina.com.cn/book/chapter_205957_191444.html。

（六）课程单元设计教案（Lesson Plan）

1. 教案示例1

课程名称	其实你懂老板的心——谈与上司的相处之道		课程时数	160分钟	
课程目的	使参加者了解老板所要的部属为何样及自己所扮演的角色，期待与老板相处得更愉快		参加对象	管理师、工程师共20人	
时间	内容要点		方法与教学活动	教材	教具
（15'） 5' 10'	开场白 ● 课程目的 ● Warm-Up		Lecture 游戏	投影片	投影机
（20'） 10' 10'	1. 老板的期待 ● 老板所要的部属的特质 ● 目前组织的状况与需求		Lecture 五大特质 组织规模及需求分析	投影片	投影机
（30'） 20' 10'	2. 老板的个性 ● 领导风格分析 ● 星座血型解说		Role Play，Lecture 十二星座及四血型分析→老板	投影片	投影机
（30'） 20' 10'	3. 部属的个性 ● 自我分析 ● 星座血型解说		思考：我是个怎样的人？ Lecture 十二星座及四血型分析→部属	使用【自我风格分析表】	投影机
（30'） 10' 20'	4. 自己在公司的定位 ● 想成为怎样的部属 ● 当一个好部属应注意的事项		思考：在工作上，我想成为怎样的人？ Lecture 十个应注意要点	投影片	投影机
（35'） 25' 10'	5. 结语 ● 上司、主管讨论 ● Q&A		Lecture 思考：我所扮演的角色与老板所期待的互相符合吗？	投影片	投影机

2. 教案示例2

课程名称	我是Party女王——谈如何化Party妆		课程时数	21分钟	
课程目的	使学员掌握Party化妆的基本操作方法		参加对象	主持人、讲师、模特嘉宾等7人	
时间	内容要点		方法与教学活动	教材	教具
（3'）	开场白 主持人介绍本期节目课程目的 介绍本次培训讲师、嘉宾		以综艺类电视节目模式为参照 主持人以美女造型出现 动感音乐伴随讲师出场 现场邀请观众参与活动	投影片	投影机
（2'）	隐形眼镜的选择与佩戴		讲师为大家推荐市场上主要品牌隐形眼镜	投影片	投影机、品牌隐形眼镜

(续表)

时间	内容要点	方法与教学活动	教材	教具
(2′)	化妆水的应用方法	讲解化妆水的作用及使用方法	投影片	投影机
(2′)	隔离霜的选用	讲解隔离霜的品牌、功能	投影片	投影机、诗芙依隔离啫喱
(2′)	遮瑕膏的使用	讲解遮瑕膏的使用窍门	投影片	投影机、MAC 遮瑕笔
(2′)	打粉底的方法	讲解粉底液＋粉饼的使用方法	投影片	投影机、丝芙兰粉饼、MAC 粉底液
(2′)	打造闪亮亮大眼睛	精致眼妆的打造	投影片	投影机、假睫毛、睫毛胶、color zone 眼线膏、丝芙兰眼影盒、MAC 眉笔、高亮银色眼线液
(1′)	修容做瘦脸美人	修容粉的介绍和阴影妆的打造	投影片	投影机、修容粉（四色款）
(1′)	打出气色红润腮红	腮红的选择和使用方法	投影片	投影机、MAC 胭脂、benefit 胭脂
(1′)	定妆长久方法	蜜粉介绍	投影片	投影机、蜜粉
(2′)	结束 主持人作结束词	主持人登场 介绍参与活动互动方法	投影片	投影机
(3′)	总结： (1) 展示培训准备材料 (2) 每位队员做自我总结、感想 (3) 队长总结	队长展示培训前准备的材料（图片、视频）	投影片 图片 视频	投影机

三、课程试讲研讨

课程试讲和研讨的目的在于对所设计课程内容进行实操性的演练，以判断课程设计是否能达到预计的培训目标或能否达到高效的培训效果。课程试讲研讨实施的具体内容详见表 4-7。

表 4-7 课程试讲研讨实施的具体内容

实施事项	事项说明
采用形式	小规模内部试讲，按照正式授课的要求开展试讲和研讨
参加人员	内部培训师、被培训人员代表、外请课程专家、培训管理人员等
关注内容	授课风格是否恰当、授课逻辑是否严谨、课程模板是否适用、课程时间是否合理、课程内容选择是否合理等

(续表)

实施事项	事　项　说　明
研讨实施	课程试讲完毕后,由参加试讲的人员根据对试讲的感受及效果提出改进意见,由试讲人员汇总意见后实施课程改进。在听取课程意见时,要有选择地倾听培训对象的意见,并充分考虑组织对培训的要求
说　明	若授课对象包含不同层级、不同部门的人员,则可以针对不同的学员安排多次试讲

示范课程后,根据课程内容设计的原则,选择性考虑参与研讨人员的意见,并同时考虑组织对培训的要求,对课程内容进行适当调整。在此阶段对于课程模板不作调整,主要是在课程深度、顺序和时间安排方面做调整。

> 评价时遵循的六个评价标准:
> I(Interactive):互动。恰当地进行培训互动是确保培训效果的必然要求。
> M(Motivational):激励。培训讲师在课程讲授过程中需要有效调动学员学习的积极性。
> P(Practice):练习。恰当的练习能够帮助学习者检验对相关知识和技能的掌握程度。
> A(Application):应用。企业培训的主要目的就是要在工作中见到成效,因此,培训课程必须与企业应用相适应,符合企业相关知识、技能的应用要求。
> C(Creative):创意。有创意的课程设计能够帮助学习者产生兴趣,引发学员注意力,创意表现为授课方式多样化,如游戏、案例、讨论等。
> T(Touch):感动。能够让学员感同身受。产生共鸣的课程才是优秀的培训课程。

反复演练是提高课程品质的重要方式,无论是什么主题,不断地演练是成功的关键。在演练的过程中,培训讲师要反复推敲每个字、每句话和语序,有了充分的准备和练习,才能熟能生巧,让自己更加自信。演练的方式可以对着镜子、墙壁,用录音机,请同事、家人当学员,或自己在大脑中"过电影",这几种方法可以综合运用,要考虑措辞,语句的先后顺序,以及时间的控制等。演练的目的是熟悉培训内容,再次检验课程的逻辑和条理性。

四、正式课件制作

PPT是美国微软公司演示软件POWERPOINT的缩写,也是目前被普遍使用的一种电脑演示制作软件。PPT集声音、图像、文字等多种媒体为一体,图文并茂,效果多样,最大的好处是能激发学员的学习兴趣,并对培训师的讲课起到提纲挈领的作用。在课件制作工具中,不管你是愿意还是不愿意,会使用PPT软件俨然已成为商业培训和教育领域工作人士必不可少的一项基本技能。公司企业用PPT做产品广告、形象宣传;商业人士用PPT做咨询项目演示;培训师用PPT做培训课程;教师在教学中用PPT制作课件;学生用PPT完成作业汇报。PPT作品充斥网络,PPT成为视觉化表达的世界语。PPT主要提供三方面功能:一是提示,利于培训讲师把握培训课程进度和节奏;二是承接,帮助学员梳理学习结构框架;三是调动,调动学员视觉感知功能。制作PPT不是一件容易的事情,如果您设计的PPT杂乱无章、文本过多、不美观,那么就不能形成一张吸引人的演示文稿,也达不到传递信息的目的。

(一) PPT 的基本制作步骤

(1) 设计方案：对演示文稿的整个构架作一个设计，确认 PPT 具体内容。

(2) 准备素材：主要是准备演示文稿中所需要的图片、声音、动画等文件。

(3) 初步制作：将文本、图片等对象输入或插入到相应的幻灯片中。

(4) 装饰处理：对幻灯片中相关对象的要素(包括字体、大小、动画等)及幻灯片整体效果进行设置。

(5) 预演播放：播放并查看效果，进一步修改、调试，满意后正式输出。

(二) PPT 页面类型

可以分为三种类型：图片型、文字型和图文型。

1. 图片型

图片型指 PPT 页面展示内容是以图片为主，字数极少(有人甚至提出一个页面不能超过 7 个字，不知道依据是什么)，图片中的字或与图一体，或独立添加。图片型 PPT 突出对事物表象的认知和了解，但缺乏对事物丰富内涵的剖析。图片型 PPT 使用的图片大多是经过精挑细选，张张都有电影海报的质量，加上简洁的文字诠释，着实吸引眼球，视觉冲击力相当强。图片型 PPT 信息承载量十分有限，有形式大于内容，娱乐大于思考之嫌，且图片的寻找、收集、筛选和处理会花费大量时间和精力，适合 PPT 内容要求的理想图片可遇不可求，加之涉及版权问题，操作难度也不小。图片型 PPT 看得多了，脑袋里时常会有一种被大量精美图片轰击后的空空感，反而不利于对信息的筛选吸收，影响对 PPT 要表达内容和观点的深入理解。

图片型 PPT 主要适用于以技能类和态度类内容为主的培训，还可用于产品展示、单位宣传、讲座汇报、作品欣赏等方面。

2. 文字型

文字型指 PPT 页面展示内容主要是以文字为主，基本上不配图片，即便配有图片，也是以图标装饰为主，俗称"电子版教材"、"WORD 版 PPT"，密密麻麻的蝌蚪字体爬满幕布，给人的"视觉冲击力"也是不容置疑的，不过是负面的。比起图片型来说，文字型 PPT 会让观众眼睛眯缝，脑袋发木，即便是言情小说也着实会让人看得头疼，毕竟我们不是扫描仪，对大量知识类文字阅读是有天然抗体的，而且这种"WORD 版 PPT"也不是 PPT 存在的本意。那文字型 PPT 是不是就没有出路了呢？也不尽然。当 PPT 中字数较多时，可以通过变换版面布局、字号、字体及颜色搭配等方式，对比突出要展示的重点，让文字变得生动活泼起来。字数较少时，把握好对字体和内容的选择，同样可以展现出令人震撼的效果，比如日本的高桥流，颇似三国张飞的书法遗风，粗犷强悍，效果奇好。

文字格式包括字体、字号、行距、文字编号等内容，设计文字格式时要注意保持统一，标题文字和正文文字之间要在字体样式、字号大小上有所区别。

文字型 PPT 主要适用于以知识类内容培训为主，以文字阅读、记忆和理解为特点的 PPT 制作。

3. 图文型

图文型指 PPT 页面展示中有图有文，比重恰当，基本上各占半壁江山。这种搭配对 PPT 设计而言是比较理想的一种选择，半图半文，一张一弛，有理有据，中庸之美，兼顾图片型和文字型的优点。

(三) PPT内容逻辑结构

PPT内容的组织要结构化,这是一个必须首先关注的问题。其实,一场培训课程与PPT演示是相伴而行,都是在讲述一个故事:首先是开场白,告诉学员将要听到一个什么样的故事,接下来把故事讲给学员听,再强调一下故事的内涵;然后帮学员回忆一下今天听到了一个怎样的故事;最后当然是谢谢学员的参与。这是"总—分—总"三段式逻辑结构的一种体现。比如,经典的议论文写作格式也是如此。

(1) 总(导入)。立论(Introduction),提出问题,明确论点;

(2) 分(内容)。论证(Body),分析问题,组织论据证明论点或反驳谬论;

(3) 总(结论)。结论(Conclusion),解决问题。

正是在"分"这个环节上,PPT内容的逻辑结构得到了充分、清晰的呈现,通常采用"并列"和"递进"两类逻辑关系来展开,且在技术上使用PPT的链接功能也非常容易实现,其形式主要是"一分为二"、"一分为三"、"一分为四",甚至是"一分为多"。比如,章回小说中经常有"花开两朵,各表一枝"的说法,这是小说故事中"一分为二"的逻辑结构,当两个以上的人物事件共同发酵,到一定阶段不再有交集,在某个时间点上不得不分道扬镳时,就只能一个一个事件分别进行描述了。总分总结构也是PPT设计中的典型逻辑,还可以对应于PPT页面设计结构中的"封面、内容、封底"。我们可以通过不同层次的标题,标明PPT结构的逻辑关系,但最好不要超过三层。如以PPT作品《欲望》为例,主要内容采用了"一分为三"的结构形式。

在内容的把握上,要尽量遵循"经典+时尚"的原则,在PPT中,既要有恒定不变的内容,如定义概念、理论原理,此为"经典",又要考虑加入新鲜变化的内容,如正在发生的事件和具体实务,此为"时尚",两者结合起来,相得益彰,使培训内容不仅具有一定的权威性,而且还具有相当的灵动元素,理论联系实践,时尚包装经典,内外双修,提高培训的趣味性和真实感,这应该也是一种培训内容"选择"的一种逻辑。

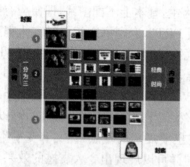 

(四) 制作PPT的7个原则(见表4-8)

表4-8 制作PPT的7个原则

设计事项	说 明
一、目标	恰当的PPT,为恰当的人服务 一个PPT只为一类培训对象服务,不要试图在某个培训PPT中既讲技术,又讲管理 演讲PPT的场合也非常重要,是一对一,一对多,或者是公开演讲 你的PPT永远是为听者服务,所以在设计的时候,一定不要以自我为中心 你的"目标",在PPT中首尾呼应——在第一页标题中列出,在最后一页重复

(续表)

设计事项	说　　明
二、逻辑：唯有逻辑，使PPT具有说服力	1. PPT要有清晰、简明的逻辑，所以最好就用"并列"或"递进"两类逻辑关系 2. 一定要通过标号的不同层次"标题"，标明整个PPT逻辑关系（最好不要超过3层） 3. 每个章节之间，插入一个空白幻灯片或标题幻灯片 4. 演示的时候，顺序播放，切忌幻灯片回翻，使听者混淆
三、风格：有个人风格的PPT，被记忆	1. 通过"母版"，定义你的PPT风格——商业培训中，一般应趋于"保守"或"明快"的风格 2. 所有风格中，最重要的是"简明"的风格：尽量少的文字；尽量多的图表 3. 留白天地宽，所以母版背景切忌用图片，而只用空白，以凸显图文 4. 用标准的、已被成功应用的各类图表工具，尽量不要自造 5. 尽量少使用动画及动画声音，根据课件展示的需要进行简单的动画设计，动画设计的种类在整个课件中最多不超过五种
四、布局：结构化PPT	1. 单个幻灯片布局要有空余空间，要有均衡感 2. PPT有标题页、正文、结束页三类幻灯片；结构化它们，体现你的逻辑性 3. 完成PPT之后，切换到"浏览视图"，整体看看有没有突兀的地方
五、颜色：PPT，不是绘画	1. 整个PPT，包括图表，最好不要超过4种颜色，颜色之间一定要协调，因此建议多用同一个色调的 2. 不要自造颜色，而应用"屏幕取色器"，去"取"已经成功应用的颜色 3. 完成PPT之后，切换到"浏览视图"，整体看看颜色有无突兀的地方
六、目录导航与链接	1. 课件正文目录和正文内容之间可以做简单的链接操作 2. 可根据课件开发需求在每页设"上一页"、"下一页"、"本章目录"、"案例"、"故事"、"资料"等链接 3. 每项链接要保持字体、字号、颜色的统一性
七、过程：行动的PPT	1. 最大的忌讳是培训演讲的时候，对着PPT照本宣科地念上面的文字 2. 不要试图去用PPT阐述复杂的概念，永远记住PPT只说清晰、简明的事物 3. 善用比喻和象征；善于调动听者参与互动；但要谨慎地使用幽默

资料来源："制作PPT的七要素"，http://chec-cco.i.sohu.com/blog/view/71735912.htm。

五、编写学员和教师培训手册

（一）编写学员手册

学员手册是学员参加培训时得到的培训资料，包括学员需要或者被要求掌握的所有知识要点。学员手册起到的是一个提纲挈领的作用，帮助学员理清整个培训的框架和重点，但是它和PPT是不一样的，一般来说比PPT的内容要少，因为我们需要学员把注意力集中在讲师身上，而不是学员手册上。同时，这个资料也给学员提供了书写笔记、记录个人感悟和想法的地方。一般来说，学员手册就是PPT的延伸版和简化版。延伸，就是结合了板书和案例的进一步说明；而简化，是隐藏了一些课程的重点和关键点内容，需要学员把这些知识点记下来，填进去。学员手册的制作方式一般采用WORD格式，最大的特点就是需要留出较多的空白用于笔记。有一个最简单的做法：就是一页纸，上半部分是PPT内容，下半部分是空白（也可以加两个字"笔记"）。学员手册的编写需要满足的要求详见表4-9。

表 4-9 学员手册的编写要求

编写要求	要 求 说 明
准确性	只有确保所有内容都准确无误,才能保持课程在学员心中的可信度
针对性	学员手册的编写内容要紧紧围绕学习目标来组织,在满足学习目标要求的基础上增加内容的趣味性
难易适中	不同学员因文化程度和理解能力不同而存在差别,编写"学员手册"时应充分予以考虑,避免内容过难或过易
留存适当空白	编制学员手册时,应适当留出空白供学员在学习过程中进行记录
排版的适宜性	在编写学员手册时,应当设计合适的字体和字号,便于学员在培训过程中和培训结束后阅读

(二)编写培训讲师手册

培训讲师手册是培训讲师讲解课程的参考手册,是讲师授课的工具包,是培训讲师在上课时的内容指引。在课程设计中,它属于培训讲师备课的一个部分。培训讲师手册的内容包括开场、气氛调节、所要教授的主要理论知识或技能、培训方式、案例分析、游戏编排、互动讨论、相关测试及测试结果分析、所提问题及问题答案、可能遇到的困难及对策等与课程有关的所有内容。讲师手册可以说是讲师的课程教案和教学大纲。所以,讲师手册的意义在于传播培训内容和理念。

企业里通常用得比较多的讲师手册通常是一种简化版本,即 PPT 加备注说明的方式,要素有纲要、具体内容、时间、教学方法、教材或教具(见表 4-10)。

表 4-10 讲师手册包括的要素示例

纲 要	具 体 内 容	时 间	教学方法	教材教具
OJT 与 Off-JT 的区别	利用 PPT 向学员说明 OJT 的意义。在职训练是一种由上司通过日常工作业务来完成员工训练的训练系统。早期的学徒制可以说是 OJT 的原型,简而言之,OJT 就是在工作场所中,经由上司对员工完成职务上必需的知识、技能、技术等,进行有计划、有目的、组织性、持续性地训练,在员工执行业务的过程中,根据下属的特点、能力制定训练目标	20 分钟	讲授法	PPT2 学员手册 3

精品培训课程不是一下就能产生的,而是要经过漫长的锤炼和推敲,培训精品的内在含金量是在一次次的实践中不断得到充实的。每次培训课程的参训人员不同,每次的反馈也不同。优秀的培训师可以在授课过程中就能感觉到培训课程哪里需要改进,哪里又产生了新的灵感,这就为精品课程的不断改进提供了最直接,也是最有力的资源支持,这才是真正的第一手材料。对课程进行持续不断地修改与校正,一方面是进一步满足"实用性"的要求,培训是为了给学员提供成长的价值,要达到既定的培训效果,无论培训的设计手段与理念有多么飞速的发展,以"实用"为基本原则是不会变的;另一方面是为了更加突出"特色与个性":精品源于培训师付诸课程之中的独到魅力和创意,源于对自身本色的诠释。在不断的

实践过程中,参与者的反馈也包括了对培训师的认同或异议,而培训师会像猎人一样嗅到这种味道,并融入对培训课程的不断润色和丰富之中。在这样的一个不断反复的过程中,培训师与其精品课程一同得到成长和进步。

总之,开发一门培训课程是一项系统工程,其中必须牢牢掌握以下几个要点:
- 观点与原理的确定——精炼、准确。
- 关键与重点的把握——突出、得当。
- 框架与结构的搭建——简洁、逻辑性强。
- 素材的搜集与运用——丰富、新颖。
- 时间的分配与安排——合理、松紧有度。
- 课件的设计与制作——专业、精良。
- 教具的准备与演练——细致、周到[①]。

第四节 《高效沟通》培训课程设计案例

一、课程设计背景

A公司是一家大型家电生产企业,成立于1998年,目前员工人数达到1 500多人,年产值超过2亿元人民币。随着市场的竞争越来越激烈,公司的整体效益出现了下滑趋势。与此同时,公司对中层管理人员进行了年度培训需求调查,了解到公司现任管理岗位人员上任时间普遍较短,并且大多是从基层管理岗位或各部门的业务骨干中提拔上来的。公司通过对中层管理人员的需求调查分析,把沟通能力的提升列为中层管理人员需要培训的重点内容之一。

二、课程需求分析

(一)调查对象

公司各职能部门的主要负责人(共计40人)。

(二)调查方式

通过访谈和问卷调查的方式开展调查活动。

1. 访谈

除了与公司各职能部门的负责人(40人)分别进行面谈外,还与公司部分高层以及下属人员就这40人平时的工作表现进行面谈(并保证对所谈内容保密)。

2. 问卷调查

问卷调查共发出40份,回收有效问卷35份。

(三)学员分析

1. 任职时间

从表4-11可以看出,50%的中层管理者在现任职位的任职时间不足一年,这说明其管

---

① "如何制作讲师手册",http://blog.sina.com.cn/s/blog_505b132501013huk.html。

理沟通技巧尚待提高。

表4-11 任职时间调查表

任职时间	1～6个月	6个月～1年	1～2年	2年以上
中层管理者人数	4	16	8	12
所占比例	10%	40%	20%	30%

2. 学历情况

从表4-12中可以看出，拥有本科和专科学历的人员是中层管理者的主力军。因此，在课程设计的过程中应考虑他们的学历情况。

表4-12 中层管理者学历状况表

学历 人数比例	博士	硕士	本科	专科	职高
中层管理者人数	2	5	18	10	5
所占比例	5%	12.5%	45%	25%	12.5%

3. 学习态度

调查问卷的分析结果显示，由于目前的管理工作对中层管理者的沟通能力要求很高，他们现在很需要接受这项能力的培训。

（四）职务分析

通过查阅公司的职务说明书以及绩效考核资料，并通过与有经验的中层管理者的谈话，发现有效沟通对中层管理者的工作很重要。沟通内容不仅包括与上级和下级的沟通，还有与重要客户的沟通。

（五）解决方案

通过对中层管理者个人和职务的分析，可以判断中层管理者需要提高沟通技能。而且，公司的课程资源能够支持"高效沟通"这门培训课程的开发。

三、设计培训课程

（一）编制课程大纲

大多数中层管理者是专科以上学历，因此在设计课程时应注意学员的学习能力，设计适合他们的授课方式以及课程内容。表4-13是《高效沟通》的课程大纲。

表4-13 "高效沟通"课程大纲

第1条 课程名称 高效沟通。 第2条 课程对象 公司各职能部门的中层管理人员。 第3条 课程目标 (1) 能够描述人与人之间在沟通中存在的障碍。 (2) 熟练掌握沟通中必要的技巧，具有良好的沟通心态。

(续表)

第 4 条　课程特点
(1) 讲师的角色是教练和促进者。
(2) 以大量的现实生活和工作中存在的问题为主线进行讲授。
第 5 条　课程内容

课程单元构成以及时间分配表

单 元	目 标	内 容	时 间
第一单元 沟通知识篇	理解沟通的基本概念	● 沟通的重要性 ● 沟通的定义 ● 沟通的目的	40 分钟
第二单元 沟通技巧篇	学习听、说、问、语气语调、身体语言等主要的沟通技巧,提高沟通能力	● 聆听 ● 提问 ● 身体语言 ● 语气语调 ● 表达	80 分钟
第三单元 沟通实践篇	培养沟通中应该具备的良好习惯	● 良好的沟通习惯	15 分钟

第 6 条　授课讲师
公司内部培训师。
第 7 条　授课方式
讲解、故事、游戏、现场情景模拟。
第 8 条　课程时间
培训时间为 2 天,2013 年 6 月 7～8 日,课时为 12 小时。
第 9 条　授课地点
授课地点为公司内部的专门培训教室 A-903。

(二) 编制讲师手册

为确保培训讲师课程交付的一致性,使不同的学员能够接受一致的培训服务,标准化讲师手册的开发必不可少(见表 4-14)。

表 4-14　《高效沟通》讲师手册

时间	方式	工具	内　　容
			第一部分　开场白和课程导入
1′	讲解	PPT1	致欢迎辞 欢迎各位参加沟通技巧培训,首先请允许我作一下自我介绍
1′	陈述	PPT2	介绍课堂守则 我想介绍一下课程中的规定,大家都知道,最好的学习方式就是能参与,多实践。今天的培训课程中,我们安排了很多互动环节,希望大家全身心投入到培训中,因为技能是在不断的实践中才能熟练掌握的
2′	提问	PPT3/ 板书	课程期望 请学员提出他们的课程期望,并将记录张贴在培训教室内,在课程结束时看是否能达到期望值

(续表)

时间	方式	工具	内容
2′	提问/陈述	PPT4	提问：请问大家一个问题，我们的某项能力由哪些方面组成？ 总结和陈述 比如，我们要学习修车。首先我们要了解车由哪几个部分组成，有轮子、发动机等；其次我们要学习修车的技术，怎样拆卸、安装轮子，怎样修理发动机等；最后，我们还需要实践，才能说真正地具备了修车的能力 大家看到图上的三个圆圈，三个圆圈交叉的部分就是能力，也就是说，我们的某种能力是由我们具备的相关知识，相关技能，同时我们需要实践这些知识和技能，这样我们才能真正具备这种能力
1′	讲解	PPT5	第二部分　沟通知识篇 课程的主要内容介绍 将会从这三个方面展开，主要包括有：第一，沟通知识篇；第二，沟通技巧篇；第三，沟通实践篇。
3′	引导	PPT6	人类是一种社会化的动物，这种特性决定了我们要共同相处 沟通对我们每一个人来说都很重要，因为沟通在我们的工作和生活中随时随地地发生着 我们每天开会、会见、汇报、面谈、打电话、发传真、发 E-mail、信函、文件……都是在沟通 我们将 50%～80%的工作时间用在了沟通上面
3′	陈述	PPT7	沟通从小就在进行，学习普通话就是为了和别人很好的交流，让我们可以顺利地进行谈话。好比说我们想吃什么，想做什么，所有的交流都在使用一种工具——普通话或方言 我们在每天的工作和生活中都进行着大量的沟通，沟通在我们的工作和生活中也扮演着越来越重要的角色，我们也越来越认识到与人沟通的能力影响着我们工作和生活的质量 良好的沟通技能可以帮助工作能更顺利地进行
			略
10′			课间休息 10 分钟
			第三部分　沟通技巧篇
1′	引导	PPT20	我们每天要花费大量的时间去沟通，可是在我们的工作中却有 50%以上的障碍是无效沟通或不良沟通引起的。工作中，我们能使用的沟通渠道是很多的，到底是哪些方面存在问题呢？那么，沟而不通的原因在哪里呢？ 现在我们一起学习一些沟通的基本技巧
5′	游戏	PPT21/ PPT22/ 插图	为了让大家更好地认识沟通中我们需要哪些技巧，我们一起来做一个游戏。游戏的名字叫做"画图"。游戏规则如下。 ● 第一轮：请一位学员上台手持图形，面对其他学员，在三分钟内讲解图形的内容，请台下的学员将图形画出来。画图过程中，台下学员不能提出问题，台上的学员也不能回答问题 ● 第二轮：台下的学员可以提出问题，台上的学员也可以回答问题 提问： 通过刚才两次的画图，大家有什么样的感受？ 第二次更清晰，因为可以问问题，双方是双向的沟通，可以讲解更详细，理解更透彻 刚才大家回答得非常好。如同前部分课程讲到，沟通不是单向的，而是双向的，只有加上有效的反馈，沟通才会更清晰，才会更有效，沟通的目的才能达到 我们运用了哪些沟通的技巧？ 首先，聆听；其次懂得提问题。除此之外，身体语言、语气语调和表达也重要

(续表)

时间	方式	工具	内容
1′	陈述	PPT23	有效的沟通技巧包括聆听、提问、身体语言及语气语调、表达。下面,我们会就这几个部分和大家分享 略
1′	讲解	PPT59	表达上,我们除了需要技巧外,还要注重表达的内容,怎样表达才能更清晰呢?要能关注重点、清晰阐述、描述细节以及强调信息 【总结】 第二部分课程中,我们学习到了5个基本的沟通技巧,也就是良好的聆听、提问、身体语言、语气语调以及表达。特别重要的就是良好的聆听,同时提出优质的问题,配合适当的身体语言及语气语调,掌握清晰准确的表达技巧,我们就基本上掌握了人际沟通的技巧了
			第四部分 沟通实践篇
1′	陈述	PPT60	下面,我们开始进入第四部分——沟通实践篇的学习。前面,我们给大家分享了几种沟通技巧,下一步,我们会和大家进行练习如何沟通
1′	启示	PPT62	在未了解事情的真相之前,永远不要轻易自行判断而造成错误 比如,曾经有一个案例。有一位顾客前来收银台说:"小姐,您今天找我钱的时候好像数目不对,您需不需要查一下?"收银员说:"我们柜台是货款两清的,不可能会找我错钱的,肯定是你弄错了。"顾问多次强调:"您需不需要再核实一下?"收银员都回答:"我们不可能出错。"这时顾客不想与收银员争论,转身离开了。其实,顾客想说的是,收银员多找了50元给他。这个事件中,员工想当然地认为顾客是来找茬的,按照自己的想法去推测顾客的动机,结果却完全弄错了
5′	讲解	PPT63	"改变一种行为,收获一种习惯;改变一种习惯,收获一种性格;改变一种性格,收获一种命运。"从这句话可以看出,我们可以通过行动改变自己的习惯,甚至可以改变自己的命运 为了避免主观判断,造成沟通中的一些失误,现在我们和大家共同学习一些良好的沟通习惯 ● 沟通的第一个良好习惯就是:储存感情账户 我们都会在银行存钱吧?那么,我们能用多少,是不是取决于我们存款多少?如果我们想支取更多的钱,首先我们就得存入更多的钱,如果支取的比存款多,我们就必须为透支支付利息。同样,我们人与人之间也有一个账户,这个账户就是感情账户 我们都有这样的体验:如果你突然遇到一位多年未见的好朋友,你们很容易能够重叙旧情,因为你们以前的感情储备仍然存在,这就是感情的账户 ● 沟通的第二个良好习惯就是:适合对方的沟通方式 在沟通的知识篇中,我们学习到造成沟通中障碍的最重要的根源是因为人与人之间的差异 每个人都是不同的,不同背景生活的人会有不同的沟通方式。那么,怎样与不同背景的人沟通呢?有一句话说"我们不能改变别人,但我们可以改变自己",我们可以采用适合对方的沟通方式。比如,现实生活中,相处多年的夫妻不会相互改变,相处好的夫妻其实是更适应对方,这也是给予对方的尊重。我们不能要求顾客适合你的风格,我们只能要求自己适合对方的风格 ● 沟通的第三个良好习惯就是:明确对方的反应 沟通之前,我们最好能预想对方的反应会如何,这样才能更好地表达自己要

(续表)

时间	方式	工具	内容
5′	讲解	PPT63	表达的意思,而不是随便地说出自己想表达的话。也就是说,沟通需要准备,要先想好了再沟通 沟通知识篇中,我们学习到沟通的要素,第一个要素就是沟通是有目的的。那么,怎样达到沟通的目的呢?首先,我们要明白我们说出的话,对方会怎样反应,对方的反应是不是我们需要的。只有做到心中有数,我们才能在与他人的沟通中达成目标 ● 沟通的第四个良好习惯就是:沟通中增加信任 是不是工作或者某个目标完成了,沟通就可以了呢?事实上,完成工作仅仅是完成了沟通中的一部分,沟通另一个很重要的部分就是我们能够在沟通的过程中在对方的心目中增加信任 沟通不仅仅是在工作或生活中能完成任务或达成目标,沟通可以帮助我们改善人际关系。进一步说,沟通的目的就是以信任为基础,完成任务并增强信任 这个习惯需要我们在平时工作或生活中具备一种意识,沟通不仅仅是为了完成工作或某件事情,更重要的是在沟通中与他人建立良好的关系,让对方更加信任我们,使下次的合作更加顺利
2′		板书	与学员一起回顾今天所学内容是否达到课前的预期
1′	课程结束		课程结束前,我送给大家一则小寓言:一把坚实的大锁挂在铁门上,一根铁杆费了九牛二虎之力,却无法将它撬开。一个瘦小的钥匙来了,它把身子钻进锁孔,只轻轻一转,那大锁就"啪"的一声打开了。铁杆奇怪地问:"为什么我费了那么大力气也打不开,而你却轻而易举地就把它打开了呢?"钥匙说:"因为我最了解它的心。" 打开锁其实很容易,只要你有钥匙。人与人沟通不难,需要的是你如何既准确又不失巧妙的方式打开它 有人会抱怨与人沟通很困难,有人也抱怨难缠的顾客很难沟通。看起来,沟通是一件非常困难的事情,其实不然,只要掌握技巧,沟通是一件很容易的事情,就像用钥匙就能轻而易举地打开锁一样。当我们懂得了对方的心,懂得了顾客的心,以真心、诚心来做服务,我们就一定可以很好地与对方沟通,把服务做好 最后,衷心祝愿大家都能在人际沟通中领略沟通的魅力,成为一名出色的专业人士!在此感谢大家今天的积极思考与全情参与!谢谢大家

四、评估培训课程

对于中层管理者的《高效沟通》培训课程评估,可以采用问卷方式来进行(见表4-15)。

表4-15 《高效沟通》培训效果评估表

课程内容:			培训师姓名:			
培训日期:			培训地点:			
请就下面每一项进行评价,并在相对应的分数上打"√":						
课程内容	差	一般	好	很好	非常好	
本课程适合我的工作和个人发展需要	1□	2□	3□	4□	5□	
本课程让我对工作更加有信心	1□	2□	3□	4□	5□	
本课程提高了我的工作能力	1□	2□	3□	4□	5□	

(续表)

本课程内容深度适中、易于理解	1□	2□	3□	4□	5□
本课程内容切合实际、便于应用	1□	2□	3□	4□	5□
培训师	差	一般	好	很好	非常好
培训师的仪表标准、个人形象	1□	2□	3□	4□	5□
培训师有充分的准备	1□	2□	3□	4□	5□
培训师表达清楚、态度友善	1□	2□	3□	4□	5□
培训师对培训内容有独特精辟见解	1□	2□	3□	4□	5□
培训师课堂气氛和吸引力	1□	2□	3□	4□	5□
培训师讲的内容易于理解	1□	2□	3□	4□	5□
培训方式生动多样、鼓励参与	1□	2□	3□	4□	5□
参加此次培训的收获有(可多选)：					
获得了适用的新知识。					
理顺了过去工作中的一些模糊概念。					
获得了可以在工作上应用的一些有效的技巧或技术。					
促进客观地观察自己以及自己的工作，帮助对过去的工作进行总结与思考。					
其他(请填写)：					
对本人工作上的帮助程度：A. 较小 B. 普通 C. 有效 D. 非常有效					
整体上，您对这次课程的满意程度是：A. 不满 B. 普通 C. 满意 D. 非常满意					
您给予这次培训的总评分是(以10分计)：					
其他建议或培训需求：					

资料来源："沟通技巧讲师手册"，http://wenku.baidu.com/view/fb5f0840336c1eb91a375d2a.html。

思 考 与 实 践

1. 我们从小就上学，接触过各种学科类课程，如语文、数学和英语，对课程并不陌生，与企业培训课程相比较，你认为学校学科课程与企业培训课程有差别吗？如果有，体现在哪些方面？

2. 给自己设计一段简短有趣的自我介绍，也是推销自己的开场白，说清楚有关自己的基本信息，最好生动有趣，让人对你引发兴趣，要注意有开始有结尾。

3. 能有条理、有逻辑地向他人解释清楚一件事情，或者是在演讲时，内容有条理，观点清晰，言之有物，论述充分，这是一个很重要的本事，但是这个本事的习得是一个不断反复学习，不断练习进步的过程。历史上诸多经典的演讲名稿就是你学习的重要材料，去搜罗一些来，认真地研读一番。

4. 这年头，如果没有多媒体课件的辅助，大多数人会认为你的培训课程不够专业，或者是准备不充分。其实，真正的大师是不用任何电子设备帮忙的，凭借的就是一张嘴，一个智慧的大脑。但是，我们都是凡人，所以会制作简易的电子课件，哪怕是最easy的PPT，也是你今后成为大师之前的必修课程。如何设计制作好的PPT？网络上有足够的信息给你足够的帮助。

5. 优秀的培训师是一种稀缺资源，就如同知名的演员一样，他们特色鲜明，风格迥异，选择几位你喜欢的，或者知道名字的，观看他们的授课视频，进行适当的模仿和学习。

项目五

培训能力开发(3)
——培训实施与评估

学习目标

① 参与团队活动中的培训项目,当众进行演讲,克服上台前恐惧
② 掌握培训实施流程和操作步骤
③ 熟悉培训实施前的准备工作内容
④ 了解外部培训师和培训机构的选择标准和方法
⑤ 掌握培训效果的评估方法

即使设计了好的培训课程,也并不意味着培训就能成功。如果在培训实施阶段缺乏适当的准备组织工作,也难以达到既定培训目标。培训组织实施是整个培训活动的实质性过程和关键阶段,它关系到培训任务能否落实,培训目标能否实现。因此,为做好培训计划的组织实施工作,应做好以下工作:一方面公布培训计划,将培训计划通知给相关人员,以便让与培训项目相关的人员明确自己的具体工作职责,并掌握培训项目的整体情况。组织实施培训计划应注意:① 明确分工,落实责任;② 密切配合,相互沟通;③ 严格监控,保证进度。另一方面,要做好培训资源的准备:① 培训人员、培训老师的落实;② 培训场所的选择与布置;③ 培训工具的准备等。

培训课程评估是在课程实施完毕后对课程全过程进行的总结和判断,重点在于确定培训效果是否达到了预期目标,以及受训学员对培训效果的满意程度。培训效果评估在大多数企业,尤其是中小企业的培训管理过程中恐怕是最为缺乏的了。这种缺乏不仅会导致培训过程不完善,而且会影响后续培训的开展,因为没有任何一个企业老板愿意为看不到效果的培训投入"真金白银"。

第一节　培训实施与评估模拟

一、团队培训课程汇报展示要求

(1) 时间:12~20分钟。
(2) 内容要求真实、贴合实际、有创意。
(3) 培训讲师及配合者均要求脱稿。
(4) 汇报结束后,队长说明团队成员分工,各成员谈参与心得。

二、克服演讲恐惧

产生紧张、胆怯甚至恐惧情绪的原因归纳起来有三个方面:一是自卑,即怀疑自己的能力,不能客观地评价自我,这是一种消极负面的心理体验,对人的自信心打击最大;二是准备不充分,或者自己认为准备不够充分,引起自信不足;三是人追求完美的天性,不想出错的心理,但是越怕出错往往越容易出错,走向讲台的时候心里还在打鼓。克服这些消极情绪的方法如下。

(1) 建立良好的心态。走上讲台之前,适当乐观地评价自己的能力,看到自己的长处,不要总想自己的不足。

(2) 给自己积极正面的心理暗示。当你走向讲台时,不妨这样想:台下那么多人,我能走上台前讲话,我必定有过人之处,在要讲的内容上我一定比他们知道得更多,我能够给学员们带来有价值有帮助的内容,这样就会增强自信心,步伐就会坚定。

(3) 对课程内容充分准备。对课程内容充分准备是解决紧张和胆怯的最根本办法。卡内基说过:"一切成功的演说都是充分准备的结果,不准备就是准备失败!"正所谓"台上一分钟台下十年功",就是在课前要做好大量的准备工作,让你的课程内容真正做到丰富、翔实、新颖、有深度、有见地、有价值。在大脑里把如何精彩演讲的情景预演一遍,把自己想象成一位出色的演讲者。

(4) 好的开场等于成功的一半。精心准备一个别具匠心的开场白,会大大提高自信。培训成败往往就看开场白能不能吸引住学员的眼球,一个小时的课往往就决定在最开始的5分钟。所谓充分准备,有个"5∶1"标准,即一天的培训课程要准备五天的量,你才能在课堂上游刃有余,自然就会提升自信心。

(5) 课前反复练习,熟能生巧。把要讲的内容反复练习,熟悉了就能很大程度上减少紧张,尤其是开场白部分。一般演练的方式有三种:一是在晨练时,大声地说出来,或者在晚上散步时,自言自语地练;二是把自己练习的内容与姿态用摄像机录下来,通过录像来发现问题,并及时改正;第三个办法是找一个"业内高手",让他给你点评和示范,会有很大帮助。

(6) 呼吸调适,放松自己。开讲前,做一个深呼吸,让自己的全身肌肉放松,使身心放松,转移注意力,从而克服紧张情绪。

(7) 心中回想喜悦、预演成功,给自己积极的心理暗示。想象这次课程中有那么多精彩的创意,享受大家的掌声和笑声,是一件多好美好的事情。放开自我、身心投入,自己主动从心理上为自己减负。毕竟上台紧张是每一个人都有的心理感受。

三、培训实施中的几个提示

(1) 记住开场白和结论,不要看稿子。
(2) 站上讲台时要气定神闲,有权威感。
(3) 开始讲课后保持笑容。
(4) 与学员保持良好的视线接触。
(5) 重要的地方,说话速度要放慢。
(6) 音调的高低要有变化,以突显重点。
(7) 做你自己,充分发挥自己的个性,呈现出特殊的个人风格。
(8) 结束时,请明确让学员知道,然后稳步下台[①]。

四、培训实施及评估示例

(一) 培训课程实施
◎时间:2013 年 4 月
◎地点:北京劳动保障职业学院
◎北京劳动保障职业学院 2011 级人力资源管理一班
◎共 6 个小组,选择其中 2 个小组总结作为培训实施及评估示例
1. 团队名称(一):"青年"
队长:申屠骏尧
队员:王少璞(秘书)、杜旭(外联)、王蕊(资料)、张子航(摄影师)、赵婧(技术支持)
2. 团队名称(二):"群英逐路"
队长:张琪(技术支持)
队员:谭艾鑫(秘书)、胡雨薇(资料)、贾宁(摄影师)、王迎晨(外联)

(二) "青年"团队及培训专员模拟总结

> **"青年"团队培训总结**
> 申屠骏尧
> 　　在上周五的团队培训展示中,我们青年组选取的题材是培训如何化 Party 妆。团队成员赵婧同学不仅对美甲有所了解,对化妆更是了解。正因为有了像赵婧这样的专业人才,我们团队本次的培训可以说是取得了如鱼得水的良好效果。
> 　　首先,培训之前,我们对选材进行了几次探讨,最终决定选"化妆"作为主题。选定题目后,团队成员对如何进行培训提出了各自的建议:有的说来画模特,有的说以正式的培训形式出现……最后经过激烈地讨论,并参考一些化妆节目,确定了以综艺节目的形式把培训展示给大家,让大家在轻松的环境里学习。排练前赵婧给我们每个成员初步讲解了化 Party 妆的基本技巧,虽然我们几个老爷们听得不是很懂,但是赵婧讲得很清楚,至少让我们知道了化妆的基本流程和重要性。

[①] "如何克服培训师的紧张情绪",http://blog.sina.com.cn/s/blog_9090184801013phx.html。

展示的那天,可以说是我自己挑战了自我,赵婧不仅给我抹了粉底,画了眼线,还给我涂了一个大红嘴唇,这样我便以一个"伪娘"的形象出现在了大家面前,我想这样的形象不仅能让我们团队突出此次的主题,也让培训过程中充满幽默,更重要的是能给在场的老师、同学们带来欢乐,因为我觉得在快乐中学习更能学到知识,更能让大家有所记忆,让大家印象深刻。培训过后,我们受到了老师和同学们的好评,我可以说是相当高兴,因为这不仅是我们团队的成功,也是我的一次自我突破。

当然什么东西都不是十全十美。首先在时间上,可能由于上一次的美甲培训的时间太短受到批评,这一次我们讲述的时间又有一点长,超过了规定的 20 分钟,下一次我们会吸取前两次的教训,在时间管理上用些心思;然后就是我扮演主持人的不足,可能是由于紧张,在台上主持的时候打了几次磕巴,这可能会对我们团队的评分有一定影响。今后如有机会,我会更加努力把台词背得更熟,克服掉自己的紧张情绪,更好地、更加流畅地主持节目;最后就是赵婧在培训中的语速还是有一点快、声音不够洪亮,造成台下的同学和老师有的地方没有听清楚、听明白,回去后她也意识到了自己语速的问题。希望下次不会出现同样的问题。

总的来说,这次培训还算成功,团队成员都付出了自己的一份力量。所以,我要感谢每一个成员的大力支持,我们做得还不够好的地方我们会改正,下次我们一定会做得更好!

"我是 Party 女王"培训活动培训专员心得

赵 婧

本公司于 2013 年 4 月 11 日举办的创意培训"我是 Party 女王"已经结束了,本次的主题应广大女性同胞的强烈要求最终定为 Party 妆的培训。总的来说,依靠大家的团队合作、共同努力,这次的培训进行得算是相当完美,改进了上次的许多不足。比如,时间上的把握比上次有所进步,内容也加入了现场演示环节,培训模式也由传统的授课形式改成了有互动参与、有娱乐元素的培训方式等,但是与其他团队比起来,我们还有很多问题需要改进。

(1) 我认为这次的培训虽然新意足够,但内容上还是稍欠考虑。主要原因是做需求调查问卷的时候不够严谨,我个人要负主要责任,因为做问卷时没能抽出完整时间,在自己拍淘宝模特照片的时候突然想起来就拿了问卷去发放,导致许多填写的女孩子看见我脸上的妆,就开玩笑一样地在需求培训项目上勾选了妆容培训这一项,导致最后培训的选题就不是很有说服力。下次应注意做问卷发放时应该严肃认真,这样调查结果才会更加准确并且真实有效。

(2) 这次的培训,我觉得 PPT 做得稍显粗糙,看了其他组精美的 PPT 才觉得自愧不如。其实问题的原因也在我,我仅把展示的 PPT 当成一个培训提纲或是提示一样的东西,与其说是给被培训者看的,还不如说是给我自己的一个提示板,背景绚丽而且内容空泛,每张只是罗列了一些化妆品或化妆工具。下次如果能够做一个用前用后对比图,效果可能会更加直观、更加好看。

以上就是本次培训中我们团队的一些不足,下次我们一定会注意这些细节。我认为只有会反省的人才会进步,所以经过这一次对本团队培训成果的反思,我相信我们如果有机会再做培训,一定能够取得更加长足的进步。

(三)"群英逐路"团队及培训专员总结

"群英逐路"团队培训总结

张 琪

此次团队选题是根据模拟的公司性质所决定,因为我们是任我行国际旅游公司,主打业务自然是与旅游有关,所以选择了导游培训这个选题。之前我们设计了有关调查问卷,来确定最终要培养导游哪些能力的主题,包括组织协调能力、独立工作能力、讲解能力和应急能力,其中应急能力被选的次数最多。因此我们选定课题为培养导游的应急能力。调查问卷中其他问题结果被选次数最多的是具备很好的史地文化知识,具备冷静思维能力和准确的判断能力。所以,我们决定在应急能力培训的过程中,包含一些史地文化知识,还有培养导游冷静的思维能力和准确的判断能力。

一、本团队不足

经过最终的培训展示后,我们发现了自己团队的一些不足。

(1)培训内容较为枯燥。由于此次选题的原因,我们的培训方式多为使用PPT来进行文字讲解,没有做到引人入胜,吸引同学们的注意力。

(2)培训选题没有做到小而精。此次选题内容过于宽泛,毕竟培训导游的应急处理能力培养是一个漫长的过程,并非一次培训课程所能完成,而且培训内容广、难度大,所以培训内容缺乏一定的深度。

(3)缺乏创新点与亮点。在培训过程中,虽然流程清晰,但是我们发现有冷场的现象出现。培训中有一个即兴发挥的情景,此为一个创新点,至此之后内容就平淡了下来。这就让我们认识到,培训过程中应该少一些枯燥讲解,多一些生动形象的情景演示和互动。

二、其他团队的优势

(1)青年团队选择了化妆培训,以综艺节目的形式来进行展示,充满创新性元素,非常专业化,我们从中能掌握一些专业性知识,而且他们带来了相应设备进行演示,整个培训过程十分生动。主持人的形象也是一个亮点,现场气氛很快就被活跃起来,本来可能的枯燥讲解变成了气氛活跃的现场互动,非常吸引人眼球。

(2)致远团队的公司选择了面试培训。选题符合大家的关注点,而且他们利用了现场互动的方式进行培训,即使气氛没有被强烈调动起来,但是他们的培训方式值得借鉴。

(3)吃货小分队选择了沟通培训。一开始以游戏的方式进入主题令我印象深刻,是一个不错的亮点。并且他们的培训过程一直处于气氛比较活跃的状态。培训专员讲解生动幽默,现场气氛调动得很好。这些都是值得学习的地方。

三、总结

这次团队培训从选择题材到课堂展示让我们明白了团队的重要性。每一个人在团队中起到的作用都是不可或缺的,团队每一项决定都应该经过成员们的共同商议,尊重每一个队员的意愿,把队员的思路整理起来,并且建立很强的团队凝聚力是一个队长应尽的义务。团队的人员分工也十分重要,每一个人的性格迥异,应参考每一个队员的特点给他们不同的职务,这样才能将团队的效率最大化。

这次培训课堂展示总体来说比较成功,时间把握很准,培训质量也达到了预期效果。非常感谢团队每一位成员的努力!

培训师总结

胡雨薇

在培训要求提出之后,我们讨论了很久,这次要做怎样的培训。经过很长时间的思考,我们决定还是做符合我们公司经营内容的培训,也就是旅游方面的。由于大家都没有太多的关于旅游方面的知识,做旅游方面的什么课题就成了最大问题,在经过问卷调查后,我们决定了做"突发事件"的应急培训。

在我们出门旅游的途中,很多事情是不可知的,有时这些不可知可能是威胁到旅客生命安全的因素,所以,作为一个导游具有相当强的应急能力就显得格外重要了。只有在发生突发事件的时候,导游能够临危不惧,才能够稳定住旅客的情绪。

对于我而言,已经是第二次作为培训师来完成老师布置的作业了。对于这次的课题,我却是一点把握都没有,因为我缺乏作为导游的经验,更别说是旅游时的突发情况了,就算是生活中的突发情况,很多情况下我都不知道该如何解决。

为了让自己能够更加从容地胜任培训师这个角色,在我们准备培训课程的时候,我就决定自己制作这次培训所用的PPT,一来是能够让我查阅更多资料了解更多相关方面的知识,二来我也能够尽快熟悉这次培训流程和要注意的要点。

为了能了解导游在处理应急方面的知识,我在网上查找了很多资料,也看了导游应急守则100条。因为我姐姐是学导游的,有许多此类的书,我也借来翻阅,当然,也向姐姐学习了很多。导游有很多专业方面的术语称呼,为了能够掌握我所需要的知识,很多时候我还需要先把这些复杂的词汇弄懂,这也着实费了我不少的脑细胞。

不过,培训内容和PPT也就这样一点点出来了,效果还是不错的。为了自己在培训过程中更加像一个富有经验的培训师,在私底下,我要自己一个人多加练习,避免出现因不熟练而导致的不能够控制全场情况的发生。在一切准备好之后,我们才开始了彩排。

在第一次彩排的时候,我们的组员对于PPT上很多的名词不能很好地理解,一些案例也不能很好地作答,我就要一点点解释,教会他们怎么做。这也确实是很累的。

虽然就准备了这么一次小的培训课程,但真的是费了很多脑细胞和体力,不过效果还是不错的。我也深刻地理解到一个培训师应该具备什么样的素质,也发现自己其实也有成为一名培训者的潜力。不管有多累,我的收获还是非常大的。

五、评价表

评价指标	指标说明	团队1	团队2	团队3	团队4	团队5	团队6
讲演整体把控(10分)	完整性,顺利完成						
队员之间配合(5分)	默契程度						
讲演语言(5分)	专业化,简洁						
讲演逻辑性(5分)	逻辑清晰,有层次						
培训方法(5分)	方法多样性,使用合理						
培训气场(5分)	互动性,气氛不沉闷						

(续表)

评价指标	指标说明	团队1	团队2	团队3	团队4	团队5	团队6
课件运用(5分)	恰当,直观新颖						
时间分配(5分)	合理,不超时						
创新元素(5分)	创新点						
总　　分							

第二节　培训组织与实施

一、对培训实施的充分准备和认识

可能会有不少人认为培训组织和实施是一件十分简单的事情,只要到了培训当天,提前早一点到培训现场准备一下就可以了,然后主要看培训讲师的发挥水平,这绝对是一种片面的认识。其实,要做好一场有效果的培训,作为培训组织者所付出的应该说要比培训讲师多得多。因为要考虑如何将培训实施管理工作做到位,是全方位的一种思考,而不仅仅是培训讲师的授课内容这么简单。

首先,要有充分的培训组织实施的计划,不管是内训师还是外请培训讲师,都需要制订一个详细而周密的计划。这个计划包括了在培训前所需要进行的各项准备的进度控制,也包括了培训所需要的资源准备。千万不能把计划看成是一种束缚,计划应该成为控制培训项目进度和效果的一种主导方式。

其次,前期的沟通和确认很重要。有时候我们可能会邀请某部门的领导做培训,不要邀请成功后就等着培训那一天到来,而是要非常重视,在尊重讲课老师和领导的基础上,反复确认课件的设计和他们对于各种资源的需求情况。这不仅仅是服务和配合老师,更重要的是要确保应有的培训效果,尽管你对培训可能已经很有想法了,还是要请讲课的老师和领导提意见,以避免有不同想法而导致的不愉快。

再者,要考虑进度的及时反馈。如果请公司其他人讲课或者是外训,在进行到每一个阶段的时候应该有适度的反馈,将培训前期准备的情况跟领导、讲师去反馈,让他们心里有底,知道培训进度的状况,这样他们的心里就不会犯嘀咕,到底培训准备得如何,我们的要求有无照顾到等。

最后,要体现出专业的组织工作。

不管是一场内训还是外训,我们都可以努力做得更为专业。比如,培训需求的调查,任何培训都应建立在解决问题和提升技能的基础上,所以在培训筹划阶段应关注员工的需求,了解员工的实际需求才能更好地设计开发培训课程。要不然到了培训时,尽管培训讲师在讲台上讲得激情四射,但是坐在下面的学员心里却在想:这与我何干?再比如场地的布置,很多培训组织者容易忽视这个细节,觉得不就是座位吗,来的人有得坐就可以了,何必弄得那么复杂。殊不知学员对于培训细节的关注程度丝毫不低于对培训师专业程度的关注,如果我们能多考虑一些细节,培训管理更专业化一些,帮助学员更好地参与到课程分享中,那么对学员而言,这样的培训又何尝不是他们所期待的?

还有一点也容易被忽略,很多培训管理者认为培训就是培训,当然要以严肃的态度对待。所以,他们总是把培训弄得好像新闻发布会一样的严肃,尽管从认真谨慎的角度出发这没有错,但作为培训管理者则更要考虑到学员的心理和情绪。如果在资源允许的情况下,可以买些糖果,现场放些水果,让学员感到我们可以在很轻松的氛围下学习,这种放松的心理暗示往往也能促进学员对培训更为投入。职业培训师之所以关注培训组织的细节,是因为他们认为培训的任何一个细节都有可能影响到培训效果,关注培训细节就等于关注培训效果。

很多培训管理人员总期望能获得快速成长和成为培训达人的秘诀。其实把培训组织工作做出色了,你会发现,对于培训自身和对学员需求的理解也会更深入了,这也是成为出色培训管理人员和培训师的"秘诀"。

培训与开发的实施是计划的具体化,主要包括以下内容。

(一) 选定培训的时间和场所

1. 确定培训时间

企业一般会在新员工入职、企业技术革新、销售业绩下滑、员工升职、引进新技术、开发新项目、推出新产品时对员工进行培训。在具体培训日期的确定上,企业一般会考虑在销售淡季或生产淡季实施培训,以尽量减少对正常业务的影响。

在确定培训时间后,培训部还要对学员的培训日程做好安排,并形成正式文件发放给学员。培训时间的选定,要充分考虑到受训员工能否出席、培训设施能否得到充分利用、培训讲师及协助人员能否安排出时间等。

2. 选择培训场所

培训地点的选定,要注意选择距离适中、交通方便、环境良好、通风光线等条件较为理想的场所,同时权衡考虑费用问题。培训场所选择是否合适,与培训效果能否达成有着密切关系。选择培训场地时需要综合考虑以下三个方面的因素:一是培训场所空间要足够大,能够容纳全部学员并备有相关设施,一般来说,每个学员至少需要2.3平方米的活动空间,按照这个标准,一个50平方米的房间大约能容纳22名学员;二是培训场所的电子设备、音响设备等应符合培训的要求;三是培训场所的室内环境和气氛会影响到学员的情绪,继而影响到培训效果,因此在选择培训场所时,应考虑照明、温度、通风、光线、噪声等因素。

(二) 培训辅助设备的准备

培训辅助设备可以增强授课的效果,方便讲师通过不同的方式展示授课内容。培训工作中经常用到的辅助设备包括投影仪、录像机、DVD机、磁带录音机、白色书写板、粘贴展板、磁性展板、图表、海报等。另外,还包括报到地点和教室地点的标志,各种培训与开发资料的准备,以及课程表、学员名册、考勤登记表,制备证书和有关奖品,考评表及试题的准备等。

(三) 选择培训讲师

培训讲师是受训学员的领队与教练,职能是执行培训与开发计划、传递信息,而不是控制学员。培训能否获得成功,在很大程度上取决于培训讲师的素质与能力。培训讲师必须在具备一定专业理论水平的同时具备实践经验。大公司的培训讲师一般是专职与兼职相结合。除了少量专职讲师外,大部分可由企业各部门经理或有经验的管理人员兼任,也可聘请其他组织机构的专家、学者,并建立长期的合作关系。

(四) 培训过程的控制

在培训与开发计划中,要规定培训与开发课程或活动的结果必须达到的标准或要求。所定的标准既要切合实际,又要便于检查控制,同时要尽量做到量化。例如,确定达标人数、成绩、出勤率等,这是对培训工作过程有效控制的手段。在实施培训过程中,培训部门要制定相应的规章制度与控制措施,以监督计划的贯彻落实情况。培训部门的主管人员还须通过旁听或参加有关活动或课程,监督、检查培训与开发工作的正常进行。对培训过程的控制还包括:将学员的参与态度及成绩同奖罚措施挂钩,以增强其参与的积极性;培训部门定期举行例会,讨论有关事宜,并听取建议等[①]。

二、培训实施流程及操作步骤

(一) 培训实施基本步骤和内容

活动	角色	活动内容描述	要求和时限
拟定并发布培训通知	培训专员	依据年度培训计划及月度培训计划的时间进度,在培训计划实施前,培训主办单位须发布培训通知。培训通知要包括培训目的、培训主题、培训时间、培训地点、主讲老师、参训学员、注意事项等信息	开课前一周
与讲师沟通课程实施要求	培训专员	为确保课程内容的针对性、课程实施的有效性,在课程实施之前需由培训主办单位主管或培训专员与讲师完成以下沟通: (1) 主动告知培训讲师本次课程实施的目的是什么,希望达到什么样的目标 (2) 主动告知本次参训学员的背景,例如目前的工作职责,在本次培训主题方面存在什么样的问题 (3) 主动询问讲师对本次课程实施的具体要求,例如教室布置、资料发放、音响设备、学员分组、是否有资料需要提前准备等	开课前一周内
课前调研	培训专员	(1) 在课程实施之前,主办单位需结合讲师的要求组织实施课前调研工作 (2) 课前调研可以以问卷形式,也可以由讲师与学员直接沟通 (3) 调研结束后应由主办单位汇总整理相关信息,提交讲师做课程调整和学员背景信息了解	开课前一周内
课程实施准备	培训专员	主办单位在课程实施前应对培训各项工作的准备工作进行确认,具体包括:场地的确定,包括培训场地、住宿场地、用餐场地;培训现场物料准备;讲义资料准备;餐饮、住宿及交通安排;接待、报到的前期准备;其他物料准备	开课前两天
会场布置及设备调试	培训专员	在课程实施前一天进行会场布置,并进行会场设备的现场调试,具体包括: (1) 桌椅摆放:具体形式可依据课程实施要求或讲师要求摆放成U型、回型、小组、传统课堂等形式,一般情况下尽量摆放成小组形式,以利于学员之间的互动 (2) 场地宣传品摆放:条幅、海报、易拉宝、X展架等摆放 (3) 白板、白板笔、白报纸等准备 (4) 学员桌牌、讲师桌牌摆放 (5) 话筒、音响、灯光、投影等效果的调试	开课前两小时

---

① 1. "如何做好组织培训工作",http://www.sino-manager.com/20121121_42783.html。
2. "培训与开发的实施",http://www.exam8.com/kuaiji/jingjishi/fudao/cjrlzygl/201303/2567677.html。

(续表)

活 动	角色	活动内容描述	要求和时限
讲师接待	培训专员	由主办单位提前确定讲师的行程安排及具体到达时间,并直接与讲师或讲师助理沟通是否需要接车。如果需要,则应提前申请车辆,并将接车司机电话等信息告知讲师或讲师助理,同时将讲师具体到达信息告知司机	开课前
学员签到	培训专员	学员上课之前必须签到,并由培训专员现场督导。签到由培训专员保管,若有迟到或请假的人员,则由培训专员在签到表上标注说明;签到表作为学员培训出勤的记录资料,频次为每半天签到一次	开课前
课程实施及控制	培训专员	(1) 课程实施由主讲老师主导,但在讲师授课开始时应由培训专员或主办单位领导开场。开场需要包括介绍本次培训的背景、目的、讲师的背景、对学员的要求等信息 (2) 在课程实施过程中培训专员要积极配合讲师进行资料分发、小组讨论的组织、学员纪律维护、音响设备支持等工作,以确保课程的顺利实施 (3) 在课程实施过程中,培训专员应积极观察学员对课程内容以及对讲师讲授等方面的反馈信息,若有偏差应及时与讲师沟通进行调整	课程实施中
培训评估调查	培训专员	(1) 所有的培训课程结束时都应组织学员进行填写培训评估调查,进行培训效果的一级评估,在填写的过程中,培训专员应给予适当引导,以确保信息搜集的完整性 (2) 若为知识类的培训课程,培训结束后应组织进行测试评估,即二级评估	课程完成后一小时内
结束课程	培训专员	课程结束时,由培训专员按以下流程进行总结:感谢讲师;课程实施的回顾和总结;后续课程内容应用要求	课程结束后
培训费用结算	培训专员	原则上课程结束一周内,应将本次培训所涉及的相关费用,按照预算及职工教育经费标准进行报销	课程结束一周内
评估反馈	培训专员	课程结束后一周内,应将培训效果评估信息作如下反馈: (1) 讲师部分由主办单位或培训专员直接反馈至培训讲师,帮助讲师认识到授课方面的优点和不足,以提升授课技巧 (2) 课程部分的评估信息由管理人员与课程开发讲师直接沟通,共同讨论课程内容在哪些方面需要调整和改善,以使课程内容更具有针对性	课程结束一周内
培训记录入档	培训专员	培训结束后一周内,由主办单位或培训专员将以下信息整理录入到培训信息管理系统进行存档: (1) 课程实施情况:课程名称、实际实施时间、总课时 (2) 学员参训信息:参训人员名单、参训课时、测试成绩 (3) 讲师信息:授课讲师、课程评估(评估中讲师的部分) (4) 培训效果评估情况:依据培训评估调查结果,填写各模块的得分及反馈情况;费用执行情况:预算金额、实际花费	课程结束一周内

(二) 分阶段培训实施的内容及完成标准

序号	类别	项目	内容	完成标准	涉及文档	完成时间	备注
1	培训前期策划	项目整体规划	(1) 项目整体规划 (2) 项目相关制度 (3) 确定讲师 (4) 课程资源	整体性、可执行性、创新性	项目策划书	项目实施前一个月	

(续表)

序号	类别	项目	内　　容	完成标准	涉及文档	完成时间	备注
2	培训前期策划	与讲师沟通	(1) 安排试讲 (2) 授课安排 (3) 收集授课所需物品及礼品 (4) 课程大纲的拟写	(1) 讲师试讲获得评审组通过 (2) 授课所需物品准备妥当 (3) 课程大纲拟写完成并下发给学员	(1) 讲师评价表 (2) 讲师沟通表	培训前两周	
3		课前研讨	组织全体学员进行课前研讨	(1) 参与研讨并做好记录 (2) 及时反馈给讲师准备课程	课前研讨表	培训前两周	
4		讲师安排	涉及讲师相关协调、接送等工作			培训实施前一周前落实具体人员负责	
5		学员安排	(1) 学员通知(3次) (2) 涉及培训期间学员交通、餐饮等	(1) 通知的全面性和及时性 (2) 人员统计的合理性及安排的及时性等		(1) 邮件通知(实施前1~2周) (2) 电话确认(实施前3天) (3) 温馨提示(实施前1天) (4) 学员安排落实具体人员(实施前1周)	
6		教室前期布置	(1) 培训教室确定 (2) 桌椅(含桌布)摆放 (3) 空调、风扇调整准备	(1) 教室大小、光线、温度与课程相适应 (2) 桌椅摆放方式便于培训效果 (3) 检查空调、风扇是否正常工作	桌椅摆放图形表	(1) 教室确定(实施前1周) (2) 其他工作(实施前1天)	
7		培训器材准备	(1) 音响、话筒、投影仪、激光笔设备检查 (2) 电脑确定(自带或公司准备) (3) 移动硬盘或U盘 (4) 培训用音乐素材准备 (5) 照相机及摄像机准备	(1) 保证音响、话筒、投影、激光笔等器材正常 (2) 准备一个笔记本及U盘用于规避现场电脑风险和资料保存 (3) 培训用音乐能烘托气氛 (4) 照相设备电量充足及正常	培训器材清单	实施前1天	
8		基本物品准备	(1) 白板及白板笔 (2) 饮水机及饮用水、纸杯 (3) 与讲师沟通培训中所需其他物品 (4) 培训期间水果、点心等	(1) 白板表面洁净、整体固定 (2) 白板笔书写畅通并备有3种颜色 (3) 饮水机正常，饮用水充足 (4) 讲师用其他物品到位 (5) 培训休息期间保证学员享用	物品清单	实施前1天	

(续表)

序号	类别	项目	内　容	完 成 标 准	涉及文档	完 成 时 间	备注
9	培训前期策划	资料准备	(1) 签到表、评估表、考试题 (2) 课程教材及课前研讨表	与参训人员数量一致、准确		实施前2天	
10	培训中	开场	(1) 组织签到 (2) 主持(开场破冰、引出讲师)		签到表	实施当天	
11		培训期间服务	(1) 培训器材、环境的维护 (2) 学员及讲师饮水的供应 (3) 其他临时突发事件的处理				
12		现场记录	(1) 拍照、录像、录音等 (2) 记录学员现场表现 (3) 讲师所需帮助时的现场支持				
13		组织填写培训评估	提醒学员填写培训评估表		培训评估表		
14		组织考试	发放试卷及监考		考试试题		
15	培训后	培训后设备及物品回收	(1) 签到表、评估表、考试题,及课前研讨表等 (2) 培训器材的回收 (3) 桌子、椅子的摆放回到原来状态				
16		培训评估问卷汇总	将学员反馈的培训评估问卷及时汇总		评估汇总表	培训结束1周内	
17		培训作业	收集和汇总			根据讲师安排定	
18		培训总结	(1) 邮件发送 (2) 培训总结文档			(1) 培训结束1周内 (2) 特别培训根据情况进行调整	

(续表)

序号	类别	项目	内容	完成标准	涉及文档	完成时间	备注
19	培训后	培训存档	(1) 培训效果评估表、签到表、所涉及表单 (2) 培训录像、音频、照片资料 (3) 培训所用课件及资料			培训结束后1个工作日内	

三、拟定并发布培训通知示例

公司各部门：

"有效培训是提升企业战斗力的有力武器之一。"为提高公司员工的整体素质，加大公司制度的执行力度，人力资源部定于3月31日实施公司制度培训。具体事项如下。

一、培训人员

全体员工参加。

二、培训形式

以部门为单位，采取内训形式，自行组织学习，学习时间2课时。

三、培训内容

1.《员工奖惩条例》

2.《考勤打卡管理制度》

3.《人事补充规定》

4.《离职员工管理规定》

5.《员工厂牌管理办法》

6.《员工工服管理办法》

四、培训验收

人力资源部于4月1日起将对各部门此次培训逐步进行笔试，个人考试成绩80分为合格分，部门平均分不得低于80分。

五、其他

各部门负责人对本次培训负全责，同时做好培训记录，并将培训记录报人力资源部备案。此次培训完成情况和考试成绩将纳入部门绩效考核指标中。

人力资源部

2013年3月24日

四、培训实施前准备清单

检　查	内　　　　　容	时间要求
一、培训前	撰写通知	提前 10 天
	通知报批	
	确定课程是否需要摄像、是否需要开通远程视频系统	
	下发通知	提前 7 天
	安排课程	
	给主讲人下发课程安排和邀请函	提前 5 天
	开集体备课会,明确每位讲师的讲义、教案、案例、游戏	
	审核报名学员资格,确定参加学员名单	
	与秘书联系确定企业负责人座谈时间	
	复印、装订学员资料(包括试卷、评估问卷)	
	制作导识牌	提前 2 天
	制作标题条幅	
	制作学员胸牌	
	制作学员名单	
	确定学员分组情况,打印各组成员名单并帖在大白纸上	
	确定就餐安排	提前 1 天
	布置教室	
	讲台贴课程安排、学员名单	
	摆放铅笔、稿纸	
	准备签到表、签字笔	
	每组发放一份学员名单、课程安排表	培训当天
检查常备品	油笔(红、蓝、黑)、黑板擦	
	白板、夹子、空气清新机、饮水机、纸杯	
其他(游戏道具)	胸麦、音箱	
	铅笔、铅笔刀、学员用稿纸、剪刀、橡皮、便签纸、胶水、胶带纸、双面胶、图钉、回形针,订书机及订书钉	
	胶片笔、胶片(如需要)	
	小组游戏奖品(如需要)	

(续表)

检　查	内　　　容	时间要求
检查设备	录音机、背景音乐	
	投影仪	
	手提电脑(上网、投影是否正常)	
	幻灯机、幻灯片、激光笔(准备备用电池)	
	电源接线板	
检查环境	灯源	
	温度、通风	
	隔音	
二、培训中	培训教室清理(设备及用品的检查)	
	教务跟踪(课程衔接、讲师提醒、资料分发、教学辅助)	
	发放评估问卷	
	确定结业人员名单,打印结业证书	
	结业证书登记存档	
	协助发放优胜小组奖品	
	拍照	
	通知授课老师合影时间	
三、培训后	提醒学员将胸牌留下	结束后当时
	清理教室	结束后当天
	收集培训感想、评估问卷	结束后三天
	学习资料分析、汇总	
	培训总结,新闻稿报批,公司网发布,进行宣传报道	
	学员评估,优秀学员名单存档	
	向学员上司汇报其培训期间表现	
	资料整理归档	
	讲师证书、学员结业证书登记存档	
	相片寄发	
	复函的收集、分析、总结	结束后一周
	统计,并发放讲师课酬	
	登记培训积分	
	学习名单抄送 HR,记录至 HR 系统	
	总结分发给相关讲师	

五、培训场地布置及物品准备

(一) 场地要求及布置

(1) 场地面积：培训人数 50 人内,实用面积至少 100 平方米,人多需要增加。
(2) 场地规格：以正方形、宽敞形为佳,避免狭长形或不规则形状。
(3) 场地通风：教室宽敞通气,夏季和冬季室内温度适宜。
(4) 场地灯光：灯光明亮并可分组调节,投影布上方不能有灯光。
(5) 分组布置：分成五组,每组安排人数 6~8 人为佳,最多 12 人,其他可安排旁听。
(6) 场地布置：地面干净卫生,桌面铺桌布,每桌位均有茶水杯。

场地设备及分组布置如图 5-1 所示。

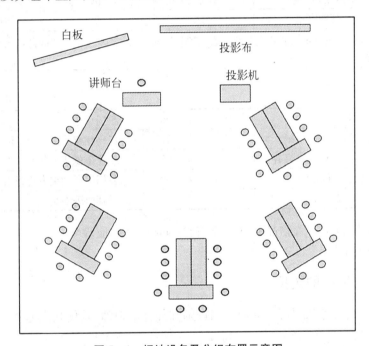

图 5-1 场地设备及分组布置示意图

特别注意：场地布置完后,请讲师在开课前一天实施现场验收。

(二) 场地设备要求

设备	数量	要求
数字投影仪	1 台	确保质量完好,投影流明度高(2 200 以上)
活动白板	1 块	规格 2 m×1.5 m 以上,配好板擦
无线领夹麦克	1 个	效果好、灵敏度高,电池备份
无线麦克	若干	尽量确保每个小组一个(场地小可免)
功放系统	1 套	音响效果佳、无噪声,可接外部设备(VCD、电脑)
多用插线板	3 个	作为设备电源用

特别注意：□以上设备均应在开课前调试完毕,并确保使用效果。
　　　　　□讲师在开课前一天实施现场验收,培训中有专人管理。

（三）物品准备清单

序号	物品名称	规格	数量	用途
01	水性白板笔	红、黑、蓝	各10支	讲师、学员用
02	透明胶（卷状）	中号	6粒	学员用
03	双面胶（卷状）	中号	6粒	学员用
04	大白纸	A1	10张	学员用
05	小白纸	A4	50张	学员用
06	订书机	可旋转	2个	讲师、学员用
07	便签纸	小号	35份	讲师、学员用
08	小样点心与糖果	小袋装	30份	奖励品
09	管理书籍	32K	10本	获胜组奖品

□请准备培训横幅，并按培训人数准备：签到表、教材、圆珠笔、姓名牌、茶水、课间点心及水果、培训效果评估调查表等

（四）培训师自带物品

01	笔记本电脑一部		06	激扬音乐光碟三张
02	培训教案一本		07	数码相机一部
03	伸拉式教鞭、激光笔各一个		08	专业摄像机一部
04	自动翻页遥控器一个		09	备用无线领夹麦克设备一套
05	移动U盘一个		10	讲师所著书籍

特别注意：□以上布置物品必须准备齐全，如有为难，应事先征得讲师的同意。否则，将会影响培训现场效果[①]。

六、外部培训师的选择

企业培训师按渠道来源可分为内部培训师和外部培训师，其优缺点基本上是互补的，如表5-1所示。

表5-1 内部、外部培训师的优缺点

	企业内部培训师	企业外部培训师
优点	● 了解内部情况，有利针对性和效果 ● 培训对象熟悉，有利交流 ● 工作实际经验丰富 ● 培训易于控制 ● 成本低	● 选择范围大 ● 带来新理念 ● 对培训对象具备吸引力 ● 提高档次，引起重视 ● 容易制造气氛，促进培训效果
缺点	● 不宜树立威望 ● 选择范围小 ● 教师主观上可能受环境影响和限制 ● 培训技巧不够专业	● 对企业缺乏了解 ● 对培训对象缺乏了解 ● 学校教师缺乏实际工作经验 ● 成本高

---

① "培训场地安排及物品准备清单"，http://wenku.baidu.com/view/052e571f59eef8c75fbfb354.html。

企业选择外部培训师，还要注意以下两点。

(一) 根据企业具体情况选择培训师

1. 由企业培训需求来确定合适的培训师

培训需求是由培训需求调查和培训需求分析两个既相互独立又相互联系的过程所组成的，并且存在时间上的先后关系。请什么样的培训师，是由培训需求决定的，要看企业的需求，要看员工喜欢培训什么内容，什么样风格的培训师适合培训需求。如果员工希望在销售方面得到提升，培训组织者却请到某优秀的团队管理方面的培训师，哪怕培训师讲得再精彩，最终也难达到预期的效果。做好培训，就一定要根据企业相应的需求，组织相应的培训师来授课。绝不是由培训组织者"拍脑袋"，想做什么培训就组织什么培训。

2. 根据企业的培训目的来选择培训师

培训目的是指对一个意图的综合表述。比如，通过管理培训提高企业管理层的培训意识，重点是提升对管理理论上的一种认识，那么请一些专业管理学方面的教授来授课可能更适合。如果请一位实战派培训师，专业知识欠缺，管理经验丰富，培训效果也可能会大打折扣。

3. 根据培训对象来确定培训师的层次

培训对象是基层员工还是中、高层管理者；是新入职员工还是企业在职员工；员工的教育层次是什么状况，都必须了解清楚，只有这样才能有针对性地选择培训师。如果是基层员工，请那些道行很高的培训师，最后员工可能是听得云里雾里，甚至有种用大炮打小鸟的感觉，最后落得劳神费力，培训效果可想而知。

4. 以培训内容作为选择培训师的基本原则

不同的培训请不同的培训师，相信很多培训组织者都能把握。但是，有一部分培训师是可以讲很多课程的，这些培训师是万金油，上讲天文，下讲地理，这个时候如何把握就显得尤为重要。每个培训师都有他自己最擅长的课程，如果企业确定的培训内容是某培训师经常授课范围之内的课程，那么一定要弄清楚该课程是否是他的主打课程。因为有些时候，培训师在主打课程方面讲得非常好，但辅助课程未必就能把握到位。

5. 根据培训经费的多少来选择合适的培训师

量入而出，这是外请培训师最起码的原则。不同的培训师、不同培训课程的价格是不一样的。如果是给中、高层培训，那么培训组织者一定要申请足够的经费，这样才能请到好的培训师。如果不能申请到足够的经费，随便请个一般的培训师给管理层授课，当效果不佳时，管理层就会怨声载道，老板也会一肚子意见；给一般的员工培训，培训经费可能就少一些。千万要把握一个原则，用适当的培训经费请合适的培训师，而不是一定要请最优秀的培训师，合适比优秀更实惠[①]。

(二) 培训讲师的选择标准

对于企业而言，无论是选择内部讲师还是外部讲师，均应具有明确的标准。下面提供了选择外请培训讲师的四个基本标准。

1. 丰富的实战经验

讲师必须具备丰富的实战经验，全方位融合理论知识与管理实践，能够真正帮助目标企

---

① "新契机下，企业如何选择培训师"，http://www.chinahrd.net/talent-development/training-management/2009/0402/115024.html。

业解决实际问题。

2. 独立的研发能力

讲师必须具有独立的课程研发能力,能够根据目标企业的培训需求,研发并完善其课程内容,使所授知识保持前瞻性、实用性及先进性。

3. 一流的授课效果

讲师必须具有一流的课程讲授效果,要有专业测评和一定的社会声誉。

4. 良好的客户反馈

讲师所授课程具有实用性、授课风格和互动效果能得到客户的认可①。

七、培训机构的选择

随着企业自主培训工作的不断进行和深入,企业培训中在企业人力资源培训部门的面前呈现着越来越多的不足。

一是成本过高。培训课程针对性不强,开发和维护成本过高;企业内训项目数量较少,难以形成体系,无法满足企业的培训需求。

二是能力有限。企业内部培训师能力有限,培训内容单一;离职后培训体系难以持续。

三是风险较大。由于培训品种繁多复杂,培训讲师课程风格多样,新的概念层出不穷,人力资源管理人员要在短时间完成对课程质量的筛选也是一件比较艰难的事情,而且对课程优劣的判断存在风险。

四是工作不好做。由于培训对象的个人教育工作背景不同而导致理解不同,培训成为众口难调、吃力不讨好的工作。

所以,不少企业选择由社会上的培训机构来帮助企业实施培训工作。

(一) 培训机构选择标准

社会培训机构数量众多,各家培训机构都有自己的优势和特点。因此,企业在选择培训机构时,一定要针对企业的实际情况进行筛选。可参照下面十个通用标准。

(1) 有足够的业界资源和较高的专业水平。
(2) 培训机构必须能提供相关的授课资料。
(3) 具有较长时间的业界培训经验。
(4) 培训机构的收费标准在企业可接受范围内。
(5) 专注于本行业的咨询或培训。
(6) 具有完善的培训设施和课程设备。
(7) 有一整套运作此类培训的过程控制体系。
(8) 有调研、授课、辅导等一系列的人员保证。
(9) 培训机构的名气与实际情况相符。
(10) 在曾经服务过的企业中具有较好的口碑。

(二) 培训业务外包

不是长期合作的培训机构,是无法真正了解企业实际情况的,也就无法做到有针对性的

---

① "中国讲师经纪联盟", http://www.baike.com/wiki/%E4%B8%AD%E5%9B%BD%E8%AE%B2%E5%B8%88%E7%BB%8F%E7%BA%AA%E8%81%94%E7%9B%9F.

培训。企业如果同时与若干个培训公司联系,也难以做到让每个培训公司都理解公司的真正培训需求,而且还会出现培训讲师课程名称不同,但内容又有重复交叉的现象,导致企业时间和成本的浪费。

这时候,不少企业选择将培训业务外包,培训外包是指将制订培训计划、设计课程、选择讲师、确定时间表、进行设施管理、课程评价等主要培训职能委托社会培训机构负责实施的一种培训方式。它能使培训与开发活动以更低的费用、更好的管理、更佳的成本效益进行,并且促使责任更加清晰。

企业引入培训外包服务是根据企业实际需要,为企业量身打造的适合企业发展的培训课程和培训整体解决方案。专业培训外包服务,相当于企业外设的培训中心,培训行业资深专家会深入企业内部,与企业一起探寻如何进行员工培训需求调查、年度培训计划制订、培训课程设计、培训实施和考核等环节,并且为企业搭建培训体系、建立培训管委会和企业内部学习型小组、定期举行研讨及交流等活动。培训外包的培训形式丰富多样,培训效果有保障,使得企业可以不用再单独设立培训部门和招募有关管理人员,可大大节省培训管理成本,迅速实现企业培训工作专业化。

1. 培训业务外包程序

(1) 进行组织培训需求分析,做出培训外包决定。在做培训外包决定之前,应当首先完成组织层面的培训需求分析;然后,再考虑一下培训外包的成本;最后,再决定是否需要先由企业内部完成相应培训。

(2) 合理选择培训工作外包。外包决策应根据现有工作人员的能力以及特定培训计划的成本而定。例如,公司如果正处在急速发展期且急需培训员工时,可以适当考虑有选择地进行培训业务外包;当公司处于精简状态时,可以将整个培训职能外包出去,或是只将培训职能的部分工作进行外包。

(3) 起草项目培训计划书。在做出外包培训决策之后,应当起草一份项目计划书。项目计划书中应具体说明所需培训的类型、层级、参加培训的员工,以及提出有关培训的一些特殊要求。项目计划书起草应征求多方意见,争取切合企业培训的实际需求。

(4) 选择适合的服务商。项目培训计划书起草完后,就要寻找适合的外包服务商并签订合同。一旦将公司人力资源开发(培训)的职责委托给公司外部的合作伙伴,就意味着对其专业能力、文化兼容性及管理水平有足够的认可。外包活动双方的这种高度匹配才能确保培训质量,确保有效对接、沟通顺畅、成本合理,为最终合作成功打下基础。

(5) 考核并决定培训服务商。在与培训服务商签订有关培训外包合同之前,可以通过专业组织或从事外包培训活动的专业人员来考查合作服务商的资质。在对可选择的全部对象做过评议比较之后,再选定适合企业特点的培训外包服务商。

(6) 外包合同的签订。与培训服务商签订合同是整个外包程序中最重要的一环节。在签订合同之前,应先让律师审查合同,并请专业会计或财务人员审查合同,以确定财务情况以及收费结构合理、合法;且合同中必须注明赔偿条款,以应对培训效果不佳或不符合企业要求等情况。

(7) 及时、有效地与外包培训服务商进行沟通。进行有效而及时的沟通是保证外包业务成功的关键。沟通应当是即时的、持续不断的,要及时收集并分析员工对每项外包培训计划质量的反馈,促进培训质量的提高。

(8) 监督并控制培训质量。在培训活动外包之后,还要定期对服务费用、成本,以及培训计划的质量等项目进行跟踪监控,以确保培训计划实施的效果。这需要建立一种监控外包培训活动质量和时间进度的机制。

2. 培训(课程外包)协议书

培 训 协 议 书

甲方:
乙方:
　　甲方因乙方培训需求,决定为乙方提供_____课程的培训服务,为确保甲、乙双方完成培训课程,根据《中华人民共和国劳动合同法》第二十二条及甲方的有关规定,双方本着平等自愿的原则,经双方协商一致订立如下协议:
　　一、乙方同意由甲方委派专业培训人员至乙方提供的指定场所开展专业培训服务,培训时间:自____年____月____日至____年____月____日。
　　二、乙方应自觉遵守培训方的各项规定和要求,凡因违规违纪产生的损失和责任由乙方承担。
　　三、培训费用支付。培训费用共计人民币_____元。乙方在规定的培训日程前先预付全额培训费的30%至甲方指定账户,剩余70%培训费于培训日当天结束前付清,并由甲方向乙方提供相应的发票。
　　四、培训期间所发生的住宿、膳食、交通等费用,由乙方自行负责。
　　五、本协议未尽事宜,以国家法规和甲方规章制度和文件、惯例为准。如发生任何争议,甲乙双方应友好协商解决,协商不成,以司法程序在甲方所在地解决。
　　六、本协议作为劳动合同书的附件,具有相同法律效力。
　　七、本协议双方签字盖章后生效,一式两份,双方各执一份。
　　　甲方:　　　　　　　　　　　　　乙方:
　　　日期:　　　　　　　　　　　　　日期:
　　　签章:　　　　　　　　　　　　　签章:

　　除了培训外包业务外,企业还会将人力资源管理的其他业务进行有选择的外包。换而言之,企业只不过是把一些不涉及企业机密、重复的、繁琐的、事务性的人事行政工作,外包给专业性人力资源机构。

　　所以,在人力资源业务外包大势所趋的情况下,并不存在"人力资源从业人员将失业"的说法。相反,越来越多的企业实践表明,正是因为有了专业性人力资源受包方的介入,从而使得发包企业可以在实现降低成本的基础上,大大提升其人力资源管理的运作效率。而且,通过与外包服务商的合作,还可以形成良性循环的状态。不但能够大幅度地提高自身的人力资源管理水平,而且还能够增强企业参与市场竞争的核心能力[①]。

---

① 1. "培训外包",http://wiki.mbalib.com/wiki/%E5%9F%B9%E8%AE%AD%E5%A4%96%E5%8C%85。
　 2. "人力资源外包——双赢的管理模式",http://www.chinahrd.net/management-planning/strategic-planning/2006/0221/15490.html。

八、培训规定与纪律

培训的实施过程是一个教学互动、讲师与学员相互沟通的过程。在这一过程中,学员是否能积极地配合和响应讲师,协助讲师营造良好的课堂互动气氛,在某种程度上直接决定了培训效果的好坏,所以制定培训相关的规定和纪律是必要的。示例如下。

为了进一步完善公司内部培训的管理,激励公司员工积极参加培训,不断提升自身的专业素质,特制定本规定。

一、培训纪律

(1) 培训期间,所有员工须服从人力资源部的统一安排和管理。

(2) 参加培训的人员应严格遵守培训时间安排,不得迟到或早退,如确因特殊原因不能按时参加培训的,应当填写"请假条",一般员工报部门领导批准,中层干部报主管经理批准,交人力资源部备案;假条后补无效。迟到、早退及未请假缺席的,按第三条条款处理。

(3) 培训前,参加培训人员应提前5分钟到达培训地点,按要求填写"培训签到表",并将手机调至震动状态。

(4) 培训时,学员应认真做好培训笔记,保持安静,不准窃窃私语、私下议论。

(5) 培训时,严禁抽烟、睡觉,或阅读其他刊物;如因特殊原因需接听电话的,须到培训室外接听。

(6) 不准在培训场所乱丢垃圾、纸屑,培训结束时应及时清理自己座位上的物品,保持培训场所整洁。

二、奖励

(1) 培训考核合格者,方可具备公司年度考核优秀的必备条件。

(2) 培训考核的成绩,作为评优、晋升的参考依据。

三、惩罚

(1) 培训考核不合格,第一次通报批评并重新培训,第二次不及格者扣罚20元,从本月工资中扣除。

(2) 培训出勤率将直接影响年度优秀员工评选成绩和资格。

(3) 试用期员工培训与转正考核挂钩。

公司人力资源部
二〇一二年十月十一日

九、档案记录工作

档案是信息的一种,是一种真实、可靠、具有权威性与凭证性的原生性固化信息,从根本上体现着信息的确定性与可靠性。培训档案的记录是项十分重要的工作,记录时应遵循以下原则。

(一) 培训档案记录原则

1. 时效性

每一次培训活动进行中或结束后,要及时地做好记录工作。无论是对培训管理,还是对培训课程的评价。如果是事后许久才做这项工作，那样记录下来的内容会与真实的情况产生一定的偏差，导致记录的结果不准确。

2. 真实性

除了时效性，档案记录还要注意真实性，特别是涉及的相关数据，或是所引用的图表，有关的事迹，都要求是真实的、可信的，不能够凭空捏造。虚假的记录不但没有保存的价值，更会给以后的培训工作带来误导。

3. 条理性

有关培训评估的档案记录众多，有个人、部门的记录，也有每月、季度、年度的记录。众多的记录需要做到分门别类，按照一定的归类标准进行保存，做到条理清晰、查询便捷。

4. 保密性

如果培训评估的记录涉及公司的商业机密，或是不能对所有人公开，那么培训评估的档案记录需要加强存放的安全性和保密性。比如，可通过专人负责，或是制定档案记录的保存及借阅制度等措施，来加强档案保管的力度。

（二）培训档案管理办法示例

培训档案管理办法

1. 目的

为规范培训档案在要素信息采集与处理、制作、存档等方面的要求，以保证在培训工作中，将员工的培训情况及时准确地记录，以便准确掌握员工培训情况，更好地进行监督和管理，特制定本管理办法。

2. 适用范围

本办法适用于公司所属各单位。

3. 术语和定义

培训档案：培训档案是人力资源管理部门为员工建立的，体现员工在一定时期内参加培训项目的记录性文件。档案的主要内容涉及员工姓名、当时所在部门、参加培训的名称、培训发生日期、培训学时、培训机构和授课人、培训结果等，是对员工自进入公司开始所参与过的各种培训活动的详细记录。

4. 培训档案的整体制作要求

4.1 培训档案在填写时，除培训记录、签到表和培训监督检查记录外，其他页面必须机打填写，机打字体统一用宋体字填写，字号与栏目标题字号相同或小一号，但不能大于栏目标题的字号。需手写的字体，字迹要清晰、工整，书写时应避免使用歧义字或错别字。

4.2 需手写的培训记录、签到表和培训监督检查记录，因书写错误需涂改的，需在涂改处加盖涂改人的名章，但每页涂改不得超过两处，机打页面不得有涂改。

4.3 装订培训档案时必须用两个书钉，在装订线处装订，其他地方严禁装订。

4.4 培训档案版本根据使用情况持续改进，版本有升级时会公布在培训中心和中心的网站上，同时组织学习新版培训档案的填写。自新版培训档案发布之日起，所有培训管理人员自行下载新模板使用，旧版本失效。

4.5 培训相关记录的审批，可以由相关的负责人签字或加盖代表负责人本人的名章。

4.6 培训计划变更的培训班,需填写"培训计划变更申请表",由公司批准后方可执行。

4.7 在培训过程中未出勤的学员取消其考试资格;对缺勤超过三分之一的学员取消其考试资格;对缺勤少于三分之一的学员允许其参加考试。

4.8 在培训期间考勤为全勤但未参加考试的学员,要在培训班评价报告中写明缺考原因,并要求其在缺考之日后10个工作日内进行补考。

4.9 培训评估方式为考试的培训班,试卷可以根据本单位的实际工作需要自行制作试卷,但要有明确的评分人签字、考场考号、考生姓名等信息。

4.10 培训档案所有需要审批的地方,原则上只要具有法律效益的审批方式(签字或盖章)都认定其生效。但是,需要加盖单位公章的必须是单位公章方可生效。

4.11 培训档案出勤一栏的日期,原则上要以统计日期为准。

4.12 培训档案分为公司级和中心级两种,两种培训档案的区别在于"项目说明书"审批人。各单位使用时应根据培训班的培训级别来使用相应的培训档案。

4.13 对于没有形成培训档案的培训记录,各单位也要与培训档案一起长期保存,不得损毁。

4.14 培训档案后面应装订有本次培训班所用的空白理论试卷,用多少套理论试卷就装订多少套,不得多装订或少装订。

5. 员工培训档案填写的具体要求

5.1 员工培训档案的"封面"填写要求。(内容略)

5.2 员工培训档案中"项目说明书"页的具体填写要求。(内容略)

5.3 员工培训档案中"培训实施计划书"页的具体填写要求。(内容略)

5.4 员工培训档案中"培训记录"页的具体填写要求。(内容略)

5.5 员工培训档案中"出勤情况"页的具体填写要求。(内容略)

5.6 员工培训档案中"签到表"页的具体填写要求。(内容略)

5.7 员工培训档案中"培训结果"页的具体填写要求。(内容略)

5.8 员工培训档案中"培训监督检查记录"页的具体填写要求。(内容略)

5.9 员工培训档案中"培训班评价报告"页的具体填写要求。(内容略)

6. 员工培训档案的管理要求

6.1 员工培训档案的管理者不得随意更改培训档案中的内容。

6.2 员工培训档案的管理者应对所保存的员工培训档案做定期维护,维护的前提是不得修改原始资料。维护内容包括:档案台账目录、档案资料的整理等。

6.3 负责保存员工培训档案的单位,应妥善保管档案材料,凡需要查询培训记录情况的应向综合部提出申请,得到同意后,方可使用档案。

6.4 员工培训档案资料未经综合部批准,不得带出培训档案的保存地点或进行复制。

6.5 员工培训档案应长期保存,不得损毁,以备检查、质量问题说明或员工培训等情况使用。

7. 相关考核

7.1 对于违反员工培训档案制作要求的单位或个人,给予相关责任人200~1 000元处罚。

> 7.2 对于违反员工培训档案管理要求的单位或个人,给予相关责任人200～1 000元处罚。
>
> **8. 其他**
>
> 8.1 本办法由人力资源部制定并解释。
>
> 8.2 本办法自发布之日起执行。
>
> 资料来源:"培训档案管理办法",http://wenku.baidu.com/view/b412c1115f0e7cd18425360c.html。

第三节 培训评估改进

对于企业而言,培训就是一项人力资本投资。既然是投资,就有必要计算出投资回报情况。因而,每次培训结束后,培训管理人员都需要进行培训效果评估,以确认培训后产生的效果。所谓培训效果评估是指通过一系列方法来判断培训是否达到既定培训目标的过程。培训投资效果一般较难通过直观手段检测出来,这容易让人们对培训的效果产生怀疑,所以有效的培训评估方法能够帮助企业了解培训效果,界定培训对企业的贡献程度。

对企业而言,一个全面的培训评估体系不仅包括对培训课程、师资、时间、环境等方面的评价,也包括对培训需求、培训的短期和长期效果,以及后续追踪等情况的考察。综合而言,企业培训评估可分两个方面。一是对培训人员的评估,包括:① 培训讲师评估,主要体现在责任心和授课质量方面;② 培训组织者评估,主要体现在培训后勤服务、培训设备准备、培训讲师的选择、培训组织等方面。二是对培训效果的评估,根据柯克帕克立特模型,可以将其划分为反应评估、学习评估、行为评估和结果评估四个层面。

一、培训效果的层级评估

(一) 柯氏四级评估模型介绍

培训与开发效果的评估是一个运用科学的理论、方法和程序,从结果中收集数据,并将其与整个组织的需求和目标联系起来,以确定培训项目的优势、价值和质量的过程。通过对培训效果的具体测定与评估,可以了解员工培训所产生的收益,把握企业的投资回报率,也可以对企业的培训决策及培训工作的改善提供依据,更好地促进员工培训与开发工作。由于培训效果的滞后性,以及员工个体之间的差异性,要客观、科学地评估培训与开发的效果是相当困难的,因此效果评估也成为培训与开发体系中最难实现的一个环节。企业在实践中应用最广泛的评估模式是经典的培训层级评估——柯氏四级评估模型,这是美国学者D·L·柯克帕克立特教授(D. L. Kirkpartrick)于1976年提出的一种模型,柯氏评估模型将培训效果划分为四个级别,分别是反应评估、学习评估、行为评估和结果评估。这四个级别之间是层层递进的关系,当从一个级别进入另一个级别时,评估的程序和内容都会有所变化。

1. 反应评估

反应评估,即评估学员对培训与开发的主观感受和看法。例如,学员认为培训是否实用,是否觉得有趣等。结合所有学员的总体反应可以得出对培训效果的基本认识,如果学员对所学内容不感兴趣,就不会认真去投入,培训效果自然也不会好。

2. 学习评估

学习评估主要是评估学员在知识、技能或态度等方面学到了什么内容,掌握程度如何,以及培训过程中实施的具体手段、方法是否合理、有效。

3. 行为评估

行为评估主要是评估培训是否带来了学员工作行为上的改变,以及学员把所学到的培训内容运用到工作上的程度。培训与开发的目的是提高员工职业能力,而能力是通过行为表现出来的,如果工作行为变化导致了工作效率的提高,就说明培训是有效果的。

4. 结果评估

结果评估的目标是评估学员工作行为的改变对其所服务的组织或部门绩效的影响作用。培训的最终评估应该以工作绩效为标准,比如,增加了产量、提高了生产力和产品质量等。工作行为的改变带来的应该是工作绩效的提高,如果培训能够带来这种积极效果,就可以说,组织实施培训目标就基本实现了(见表5-2)。

表5-2 柯氏四级评估模型

评估级别	名称	评估内容	实施方法	优势	劣势	改进策略
第一级别	反应评估(学员的反应)	主要是对培训内容、讲师、教学方法、教学材料、教学设施、教学场地、报名程序等的评估	问卷调查、小组座谈、四分法(极好、好、一般、差)、五分法(极好、很好、好、一般、差)	可操作性强,是最基本、最普遍的评估方法	可能会出现以偏概全、主观性强、不够理智的现象	强调评估的目的,要求大家配合;将课程评估与讲师评估分开;结合使用问卷、面谈、座谈等方式;学员自我的评估
第二级别	学习评估(学习的效果)	评估学员掌握了多少知识和技能,如学员吸收或者记住了多少课程内容	在反应评估的基础上,要求运用所学的知识解答问题;进行现场操作;对于专业性岗位课程,要求学员提出改善方案并执行	对学员有压力,使他们更认真地学习;对讲师有压力,使他们更负责、更精心地准备培训课程和培训内容	压力大,可能导致报名不太踊跃;评估前需要让学员对相关内容有所了解	针对不同的培训课程采用不同的评估方法
第三级别	行为评估(学员行为的改变)	评估培训后的跟进过程。学员培训后工作行为和在职表现的变化	主管、同事、下属、客户通过观察进行评估;学员自我评估。这些评估需要借助调查问卷和评估表实现	可以直接反映培训效果;能够让高层领导看到培训的效果,进而支持培训工作	耗费时间和精力;问卷比较难设计;需要占用相关人员较多的时间,不容易得到配合;员工行为易受其他因素的影响	选择适合进行行为评估的培训课程;选择合适的评估时间;充分利用专业讲师和咨询公司的力量

(续表)

评估级别	名称	评估内容	实施方法	优势	劣势	改进策略
第四级别	结果评估（培训产生的效果）	评估培训是否对企业的经营结果产生了直接的影响，如操作技能的培训所带来的次品率的下降	通过一些指标进行衡量，如事故率、次品率、生产率、员工流动率以及客户投诉率	详细、令人信服的调查数据，能够打消高层领导对培训的疑虑，从而把有限的培训费用投入到最能为企业创造经济效益的课程上来	需要时间，在短期内很难得出结果；对这个级别的评估，缺乏必要的技术和经验；简单地对比数字意义不大	必须取得管理人员的支持，得到培训的相关数据；分辨哪些结果与要评估的课程有关系，并分析在多大程度上有关系

资料来源："培训评估"，http://wiki.mbalib.com/wiki/%E5%9F%B9%E8%AE%AD%E8%AF%84%E4%BC%B0。

（二）培训效果层级评估的操作方法

柯氏四级评估模型，如果就每个层级的评估操作方法来说，其关注的焦点都不同，而且评估的结果也都有一定的局限性。

1. 反应层面

第一层评估的主要方法是以问卷调查表的形式进行，一般在培训项目结束后进行。了解学员对培训项目效果和实用性的反应，也是企业最常采用的评估形式。反应评估的内容主要分为培训组织、讲师和自我评估三个方面。

（1）培训组织情况（含告知时间、环境与设施、课程及教材、住宿、人员服务等）。

（2）讲师情况（讲授水平、语气语调、控场能力等）。

（3）自我评估（投入状态、积极性、学习内容等）。

2. 学习层面

第二层评估主要是了解学员掌握了多少知识和技巧。通常通过书面测验、撰写学习心得、行为改善方案等方式进行，也可以用实际操作或现场演练的形式来考核，如技能、技巧型培训。

（1）在反应层级评估基础上，增添学习内容测试和问答题，要求运用所学的知识进行解答。可以分为基础知识点和情景模拟问答。

（2）在实际过程中，特别是OJT内容，学习层面的评估是进行现场操作，在操作过程中强调重要常识点的考核。

（3）针对一些专业性岗位的课程学习，要求依照学习的内容和时间对学员提出改良计划，并交给直接上级负责监视履行。

3. 行为层面

第三层评估往往要经历一个工作时间周期，通过前后对比、360度绩效考察等方法进行。时间是3~6个月，甚至一年。由上级、同事或客户观察学员行为在培训前后的差别，评估他们是否在工作中运用了培训中学到的知识和技能，如员工职业素养的提升培训就可以用此种方法来评估。

操作的基本步骤是：在培训结束时，请学员制订一份量化改良的实践计划，列明当初的情形和需要改进达到的方面；然后，制订跟踪评估表，并商定在培训后 3~4 个月的时间里，对学员进行跟踪考察；培训师、学员与学员上司讨论实际具体规划，并由直接上级备案。

值得注意的是，在实际的操作中，直接上级的评估往往存在一定的偏差，因而在行为层面评估中还会邀请同事进行间接调查。一般情况下，最后评定的量化结果按照上级、自评、同事（含培训师）评估为 4∶3∶3 的权重比例得出行为转变量化指标。

4. 结果层面

第四层评估可以通过一些具体的指标来衡量，如事故率、生产率、员工流动率、质量、员工士气，以及企业对客户的服务质量等。通过评估指标的反映，企业能够了解培训所带来的收益究竟如何。结果层面的效果评估是培训评估中最大的难点。由于对企业经营效益产生影响的因素众多，不仅是培训工作使然，还有很多其他因素都会产生影响。所以，这些量化指标的评估方式往往只提供了一定的借鉴参考价值。

以上四层评估模式可以组合使用，也可以根据培训内容与培训形式单独使用，使培训效果评估更为客观、有效，为进一步改进培训工作提供有价值的信息①。

二、《培训效果评估表》示例

（一）示例一

培训效果评估表							
课程名称：							讲师：
上课时间：							
亲爱的学员： 　　某培训机构非常感谢您的参与！非常希望能得到您的宝贵意见，以改善讲师培训效果和培训组织工作，请您根据实际情况填好下表，谢谢您的合作与支持！							
×××讲师满意度调查，请客观评价。							
讲师姓名	表达能力（满分20分）	课件准备（满分20分）	针对性（满分10分）	教学方法（满分20分）	达成目标（满分30分）	其他	总分
***课程满意度调查，请客观评价。							
1. 您认为本次培训内容如何	□A 非常符合补充受益 □C 不合需求无收获				□B 基本符合简单应用		
2. 您认为培训形式如何	□A 生动\精彩\交流互动 □C 呆板不吸引人				□B 比较生动有一定吸引力		
3. 您认为讲师表达清晰准确吗	□A 清晰完整 □C 模糊欠完整				□B 一般		
4. 您认为培训时间安排如何	□A 时间合理/长短适中 □C 给予调整				□B 较为合理		

---

① "培训四级评估的操作方法"，http://www.chinahrd.net/talent-development/training-management/2012/0911/173883.html。

(续表)

培 训 效 果 评 估 表		
5. 你认为培训师准备如何	□A 充分准备 □C 仓促且经常出错	□B 良好准备
6. 你认为培训氛围效果如何	□A 活跃,保证学习效果 □C 氛围很差	□B 不是很好需要改进
7. 培训达到您设定的期望了吗	□A 达到或超过预期 □C 没有达到预期	□B 基本达到预期
8. 本次培训的组织您满意吗	□A 满意 □C 不满意	□B 一般
9. 您认为此次培训还应增加哪些方面的课程?		
10. 您认为培训师授课还需在哪些方面提高?		
11. 您从此次课程学到了哪些知识点?		
12. 您能够将哪些内容应用到实际工作中?如果应用,可以提高您哪方面工作品质?提升百分比估计是多少?		
公司期待着您优秀的工作表现!		

(二) 示例二

培 训 效 果 评 估 表				
培训项目名称:		培训讲师:		培训时间:
评估项目	评估项目	最低分特征	得分(1~10分,表示"最差~最好")	最高分特征
自我评估	本次培训对您工作态度或工作方法、工作技能改进的帮助作用	没有丝毫帮助	(1)(2)(3)(4)(5) (6)(7)(8)(9)(10)	帮助很大
	您对培训课程的接受程度	接受很差,对课程不清楚,培训需求仍然存在	(1)(2)(3)(4)(5) (6)(7)(8)(9)(10)	很有收获,对课程清楚明了,很大程度上满足了培训需求
	参加本次培训,您的收获大小程度	什么收获也没有	(1)(2)(3)(4)(5) (6)(7)(8)(9)(10)	收获很大,超出预期目标
课程评估	课程内容是否符合您的要求	课程内容对培训需求无针对性,与培训主题无关,对课程内容满意度低	(1)(2)(3)(4)(5) (6)(7)(8)(9)(10)	课程内容完全针对培训需求,紧扣培训主题,对课程内容满意度高
	课程内容对实际工作的指导作用	对实际工作无指导作用	(1)(2)(3)(4)(5) (6)(7)(8)(9)(10)	对实际工作非常有帮助

(续表)

评估项目	评估项目	最低分特征	得分(1~10分,表示"最差~最好")	最高分特征
讲师评估	课程准备的充分程度	准备不充分,对课程很不熟悉,不系统,杂乱无章	(1)(2)(3)(4)(5)(6)(7)(8)(9)(10)	准备非常充分,对课程相当熟悉,具有系统性,条理清晰
讲师评估	课堂讲述的精彩程度	课堂讲述平淡无味,欠缺培训技巧,没有吸引力	(1)(2)(3)(4)(5)(6)(7)(8)(9)(10)	课堂讲述非常精彩,培训技巧高,具有很强的吸引力
讲师评估	授课讲师的表达能力	口齿不清,语言交流有障碍,无辅助性身体语言	(1)(2)(3)(4)(5)(6)(7)(8)(9)(10)	口齿清楚,语言流利,辅助性身体语言丰富且有帮助
讲师评估	授课讲师仪表及精神面貌	精神面貌很差,对参加培训人员产生负面影响	(1)(2)(3)(4)(5)(6)(7)(8)(9)(10)	仪表得体,精神面貌上佳,能积极影响参加培训人员
您对本次课程的总体评价		授课讲师准备不充分,课堂讲述很差,很难接收,培训效果很差	(1)(2)(3)(4)(5)(6)(7)(8)(9)(10)	授课讲师准备充分,课堂讲述非常精彩,易于接收,培训效果很好
参加本次培训您的收获是什么?				
您认为此类培训哪些方面尚需提高?				
您对公司培训有何意见和建议?				

感谢您对我们工作的大力支持!!　　　　　　　　　总经理办公室

三、培训评估报告

为便于企业管理者了解培训评估效果,有效提高培训质量。在培训评估结束后,评估人员还应及时撰写并提交培训评估报告。完整的培训评估报告一般包含以下基本内容。

(1) 导言,即培训项目的基本概况、评估的目的和性质。

(2) 概述评估实施的过程。

(3) 阐述评估结果。

(4) 解释、评论评估结果并提出参考意见。

(5) 附录,主要包括收集评估信息所采用的相关资料、图表、工具等,目的在于让他人判定评估者的评估工作是否科学、合理。

对于规模不大的短期培训,也可以直接针对部门培训效果,撰写专项的培训效果评估报告,如下面示例"收银员岗位培训效果评估报告"。

收银员岗位培训效果评估报告					
一、出勤情况					
出勤率汇总及排名					
序号	中心	培训执行率	缺勤情况		
			无故缺席	请假	
1	××	××%	—	—	
参加人数	××	实际参加人数	××	出勤率	××%

二、培训反馈综合统计

本次培训共回收___份有效培训反馈表	人数,0 人数,7
学员综合评分分布情况见右图	■ 60~79分 ■ 80~89分 □ 90~100分
本次培训的综合平均满意度为___分	人数,40

三、培训成果

(一)本次培训课程学员的收获或得到启发的情况	(1)对待客人要微笑 (2)收款准确,做到唱收唱付 (3)维护款台用具设施,保持整洁 (4)帮助员工改变了工作态度 (5)给员工一个很好的观察自己工作的机会 (6)员工服装要穿戴整齐 (7)提高自身素质
(二)学员认为可应用到工作中的要点	(1)淡妆上岗,形象良好 (2)收款时凭各柜组售出商品三联小票,认真核实数量、单价、金额,进行收款 (3)收款时必须经验钞机验钞 (4)开单时使用文明用语,婉言谢绝 (5)不私自坐支、挪用销货款,不将销货款带出商场
(三)学员认为本次培训需改进之处	(1)内容过于广泛,建议有针对性剖析 (2)时间太长,影响消化,多次少量地进行知识传授 (3)建议加强实际操作与理论知识的结合 (4)尽量减少课堂讲授,创建小组形式讨论,总结经验
(四)学员还希望提供哪些相关的培训课程及内容	(1)科学工作方式和有效时间管理 (2)适量加入化妆礼仪课程

四、意见反馈及分析回复

学员意见、建议反馈		分 析 回 复	单项满意度
(1)对培训课程及教材的评价	(1)认为帮助印证了某些观念 (2)学到了实际中要使用的新知识,可以用在工作上的一些有效的研究技巧及知识	本次培训课程蕴含丰富的内容,各个培训师也在培训前做了充分准备,以后会结合学员在实际工作中遇到的问题,展开有针对性的剖析。感谢学员的宝贵意见,我们会在今后培训中做得更好	××

(续表)

学员意见、建议反馈		分析回复	单项满意度
(2) 对讲师的评价	(1) 讲师个人魅力好,讲课很用心 (2) 内容丰富紧扣主题,互动性强	培训师在团队建设方面有着丰富的理论及实战经验。对于本次培训他们做了充分的准备,课程内容也是精挑细选,目的是为了达到此次培训的最佳效果	××
五、培训效果总结			
总结: (1) 本次培训在各方的通力配合、组织下,顺利完成预期目标 (2) 通过本次培训,学员们对公司的组织结构、人事规章及财务规章有了基本的了解 (3) 通过本次培训,学员们熟悉了收银员的主要工作内容及具体操作程序 (4) 通过本次培训,学员们熟悉并掌握了收银员的服务要求及标准			

案例阅读

一、有效评估提升员工参训热情

作为培训负责人,你是否认真地考虑过员工对于培训的态度问题?

我想首先讲两个我亲身经历过的故事。

去年夏天,我为一个汽车销售企业授课。那一次,这家企业的60余名管理干部在上海南汇接受为期三天的封闭式训练,我的课程被安排在最后一日。之前一天的下午,上海遭受到了特大暴雨的袭击,一个闪电击毁了南汇的变电站,半个南汇陷入电力瘫痪,我们的教室也在其中。

那是8月的上海,你能够想象让60个人挤在没有电风扇和空调、温度超过40度的房间中做沙盘课程吗?然而,正在我琢磨着如何与客户培训负责人商量应对之策的当口,学员们已经陆续跑进教室了。清一色的衬衫领带(女学员领结),甚至还有领导穿着西服!没有电梯,教室在四楼,从底层爬上来,所有人的衣服都是湿透的。那天的课,没有空调,没有电风扇,没有领导,所有的人的衣服也都没有干过。

还有一次,我在一家银行教授内部MBA核心课程,做课前准备的时候,班主任告诉我上一堂课到课的学员只有10来名。为此,班主任当天一个一个打电话通知所有的学员明天9点上课。

第二天,我特地记录了一下学员到达的时间:8点50分,1个学员;8点57分,3个学员;9点,10个学员……迟到的人数接近20人。而且,很多人在签到并领取了单位补助的10元午餐费后就立刻退场。

公司花钱做培训,都是希望能通过培训达到提升员工某方面水平的目的,必须注意的是,员工对培训持有什么样的态度对培训效果有着非常直接的影响。在以上的两个案例中,我把前面一个公司叫做"早晨八九点钟的太阳型的公司";而后一个,我认为它已经病入膏肓,应该归于"癌症晚期型的公司"。

是什么造就了公司员工培训态度如此大的差异?这里可能会有很多种原因:企业文化、高层对培训的重视程度、执行力度、考核体系等,但是我主要想谈谈培训评估体系对员工培训态度的影响。

大部分公司认为,培训之后做评估是必不可少的环节,而这些公司所采用的所谓的培训评估只是每次课程后学员填写的评估表而已。这就是培训评估了吗?仅仅依靠"评估表"的评估,使培训走进了误区,培训师为了达到"评估高分",想方设法采用各种手段来取悦学员:讲故事、做游戏、喊口号……结果,培训师的"评估分数"很光鲜,但培训真的有效吗?几次下来,员工对待培训的态度又会如何?

Kirkpartrick 的柯氏评估法给了我们一个很好的指引。柯氏评估法也称"四级评估法",其中分别是对培训的"反应"、"学习"、"行为"、"结果"进行评估。由此可见,大部分企业采用的"评估表"评估很大程度上只是其第一级评估——对培训的反应进行评估。正是由于这样的原因,培训前没有人做需求分析,没有结合企业的发展需要设定学习目标,培训负责人在计划培训时选择随意性大,学员觉得培训对业务提升没有帮助,纯粹浪费时间。久而久之,培训就会越做越痛苦。

真正有效的评估,并非完全在培训后进行,而是会贯穿培训前、中、后各个阶段。比如在培训项目前期,在对公司参训学员充分调研的基础上,先就组织学习设定目标,并明确衡量标准,做到"以终为始"(Begin with the end in mind);在学习中,针对每次课程,由讲师出题,学员根据自己公司情况进行作业与讨论;而在项目结束时,学员分组选题:

- 对本次学习我感触最深的几个观点是什么?
- 如何运用这些观点去改善工作现状?
- 观点运用的具体安排(何时应用,应用的成果),寻找公司的改进点并撰写论文,真正做到学以致用。

这种企业培训的做法,其实就是培训效果的考核和转化工作。所谓的转化工作,即将培训的知识、技能和经验应用于实际工作和生活当中,由此产生高绩效的过程。项目后期,通过论文的审阅和交流,使培训效果得以延续和深化。

事实上,只有员工真正感觉到培训对他们是有提升的、对实际工作是有用的,他们才会积极热情地投入到培训中来,这样培训才会收到应有的效果①。

二、没有训练,所有培训都是瞎子点灯

几乎90%的培训都没有什么效果——不管你的课堂气氛是多么的热烈,这在培训界几乎是一个尽人皆知的事实——不管是企业安排人出去搞培训,还是请职业讲师到企业讲课,几乎结果都一样。大家当时听听很激动、过后想想也感动,但最终就是不动!然而,这些都与培训师的水平无关。

培训一词,在海外叫做"教育训练",意思是既要教育还要训练。教育是思想、方法、观念的教育,也就是我们平常所理解的培训;而训练却是方式、技巧、能力、习惯的反复练习,也就是说,要将培训学到的先进思想、观念、方法加以持续训练,直到养成一种行为习惯,从而达到一种改变。这时,培训才会体现效果!

但是,这种训练需要培训师、企业和学员三方面的共同配合,尤其是老师应该指导企业将学习到的先进思想、理念和方法融入企业的实际管理流程、业务流程中去,并设法

---

① "有效评估提升员工参训热情",中国企业大学联盟,http://www.cstd28.com/article.aspx?fieldid=157&itemsid=16929。

进行反复、持续的训练,直到养成习惯。否则,也将无法达到预期效果。

我去给一家企业员工做职业化培训,第一节课上的是职业化理念认知。培训完后就安排每个人都要写一份学习心得,目的不过是帮大家消化学习内容,过了几天都交上来了,但是大家都不署名。第二次培训完后,我没有安排大家写培训心得,结果就没有一个人写。每次培训时,我都想尽办法邀人互动,也看到很多人都想跟我互动,但看到其他人都不说话,于是也就不说。这表面看是企业文化的问题,实际上,这就说明大家平常没有接受过严格的职业化训练,也说明企业在管理上的严重不足,最终导致了员工的职业化程度偏低。所以,一种好习惯的养成一定需要一种强制性的、持续的训练,否则,光凭老师在课堂上讲没有多大意义的,这也是职业化培训需要解决的问题。

在一个管理规范的企业里,一份工作完成了,需要进行工作总结;拜访客户,需要写出拜访记录;解决问题,也需要写出改善记录。这是一种常识,是不要别人天天去督促你的,这就是一种良好的职业素养。而这种良好的职业素养一定来自企业内部平日的严格训练。首先,公司要有这方面的制度约束——没有进行书面总结视为工作没有完成、视为没去拜访客户、视为没有解决问题;其次,主管平日需要进行严格检查,要督促下属按照制度进行各种书面总结,否则视为违规,必须开出罚单;最后,作为对象,更要严格要求自己,培养自己的良好职业习惯。这就是一种强制性的训练。

针对上述情况,我一方面要求企业制定培训制度,规定培训必须要写心得报告,未写的进行处罚,写得好的在内部刊物发表,给予奖励;一方面要求企业完善内部业务流程和工作规范并严格执行;同时,在课堂上多加以引导,鼓励学员主动参与。

方法其实很简单,但大多培训师都是课一上完就夹包走人,那种名人大师式的培训尤其如此,根本不顾及客户能否吸收消化、需不需要安排训练等。久而久之,就给客户一种培训无效的口实,也就断了自己的生路。

培训的效果体现在培训对象行为习惯的改变,而良好的行为习惯一定来自持续的、系统的训练。企业培训,一定需要训练,否则就是瞎子点灯白费蜡[①]。

在《人力资源开发阅读地图——如何让培训更有效》一书中,作者对培训的有效性也提出了一些独特的观点,认为公司培训面对的最大挑战是员工学习的90%以上内容并不是来自正式的培训,而是来自课堂之外;员工的成长责任的90%以上应当由直接主管而非培训部门来承担;组织当中出现的问题,90%以上都不是培训所能够解决的。企业如果希望人才培养工作真正有效地开展,培训经理如果希望真正为企业创造价值,必须做到:让员工的学习与成长从课堂回归到工作当中;让培养人才的责任从培训部门回归到直线经理手上;让培训从自立门户回归到人力资源管理整体职能当中。在培训技术上的精雕细琢,并不能从根本上改善企业人才培养的效果。所以,作者希望能够帮助培训部门和培训经理把握人才培养的"大画面",重启正确的思维方式,来真正提升企业培训的绩效。

[①] "没有训练:所有培训都是瞎子点灯",http://www.iccun.org/management-consulting-training-21057-1.html.

思 考 与 实 践

1. 回忆一下你第一次在公众面前说话,内心紧张,乃至恐惧的场景。现在你还会出现这种情况吗？在公众面前说话的能力是职场必备技能,通过多次训练和实战,这种天生的恐惧感自然会逐渐消除。遇到有公开说话的场合,千万别躲,一定要迎难而上,否则你就失去了职业成长的机会。

2. 最初进入企业培训部门做一名小助理,要面对相当繁杂的事务处理,细心和负责是必需的。学会制订计划,按照计划流程,按部就班地实施培训的各项事务,是培训助理从事培训管理的基本技能。按计划行事,不至于手忙脚乱,而且可以大大减少失误。在大学学习期间,学会制订计划,列清单,做好自我管理,也是一样的道理。不过,你有这样去做了吗？

3. 培训机构和外部培训师是培训管理人员经常要面对的人员,了解他们,熟悉他们,会提高工作的效率,尽早助你熟悉培训工作。通过上网查看培训机构网站或者是培训师博客,加入微博,了解他们的动态和运作的情况,是一名准培训管理人员的预备课程。

4. 培训评估对于培训部门而言是件非常棘手的事情,毕竟培训的长期效益和隐含的对人的培养价值不会在短期显现,对于如何做好培训评估工作,怎样操作培训评估,你有什么看法吗？

5. 推荐阅读《人力资源开发阅读地图——如何让培训更有效》一书,作者康至军等,凤凰出版传媒集团江苏人民出版社,2010年版。阅读完成后,写一篇读书心得。

项目六

结语：自我培训与学习

学习目标

① 了解从学生向职业人士角色的转变过程
② 建立积极向上的职场阳光心态
③ 学会在职场中学习，养成思考的习惯
④ 树立沟通交流的意识，培养演说与公众讲话的能力
⑤ 做好时间的主人，利用好人生中最宝贵的资源
⑥ 制作设计针对培训岗位的求职简历，走好职场的第一步

每一个人从出生开始，基本上差异不大，而在后天的学习成长过程中，却表现得日益迥异。无论在什么情况下成长，每一个人一生中多多少少都会有几次难得的发展好机会，这样的机会可以帮助我们在人生成长和发展过程中进行正确的定位，帮助我们迈上人生的一个新舞台，而人生的价值也由此会发生巨大的变化。

从前有一座山，山上有个禅师。一天，一个小和尚跑过来，请教禅师："师父，我人生最大的价值是什么呢？"禅师说："你到后花园搬一块大石头，拿到菜市场上去卖，假如有人问价，你不要讲话，只伸出两个指头；假如他跟你还价，你不要卖，抱回来，师父告诉你，你人生最大的价值是什么。"

第二天一大早，小和尚抱了一块大石头，乐呵呵地跑到山下菜市场上去卖。菜市场上人来人往，熙熙攘攘，人们很好奇，谁会买一块石头呢？结果没一会儿，一个家庭主妇走了过来，问小和尚："这石头多少钱卖呀？"和尚伸出了两个指头，那个家庭主妇说：

"2元钱?"和尚摇摇头,家庭主妇说:"那么是20元?好吧,好吧!我刚好拿回去压酸菜。"小和尚听到,心想:"我的妈呀,一文不值的石头居然有人出20元钱来买!我们山上有的是呢!"于是,小和尚遵照师父的嘱托没有卖,乐呵呵地抱回山上,去见师父:"师父,今天有一个家庭主妇愿意出20元钱,买我的石头。师父,您现在可以告诉我,我人生最大的价值是什么了吗?"禅师说:"嗯,不急,你明天一早,再把这块石头拿到博物馆去,假如有人问价,你依然伸出两个指头;如果他还价,你不要卖,再抱回来,我们再谈。"

第三天早上,小和尚又兴高采烈地抱着这块大石头,来到了博物馆。在博物馆里,一群好奇的人围观,窃窃私语:"一块普通的石头,有什么价值摆在博物馆里呢?""既然这块石头摆在博物馆里,那一定有它的价值,只是我们还不知道而已。"这时,有一个人从人群中窜出来,冲着小和尚大声说:"小和尚,你这块石头多少钱卖啊?"小和尚没出声,伸出两个指头,那个人说:"20元?"小和尚摇了摇头,那个人说:"200元就200元吧,刚好我要用它雕刻一尊神像。"小和尚听到这里,倒退了一步,非常惊讶!他依然遵照师父的嘱托,把这块石头抱回了山上,去见师父:"师父,今天有人要出200元买我这块石头,这回您总要告诉我,我人生最大的价值是什么了吧?"禅师哈哈大笑说:"你明天再把这块石头拿到古董店去卖,照例有人还价,你就把它抱回来。这一次,师父一定告诉你,你人生最大的价值是什么。"

第四天一早,小和尚又抱着那块大石头来到了古董店,依然有一些人围观,有一些人谈论:"这是什么石头啊?在哪儿出土的呢?是哪个朝代的呀?是做什么用的呢?"傍晚的时候,终于有一个人过来问价:"小和尚,你这块石头多少钱卖啊?"小和尚依然不声不语,伸出了两个指头。"200元?"小和尚睁大眼睛,张大嘴巴,惊讶地大叫一声:"啊?!"那位客人以为自己出价太低,气坏了小和尚,立刻纠正说:"不!不!不!我说错了,我是要给你2 000元!""2 000元!"小和尚听到这里,立刻抱起石头,飞奔回山上去见师父,气喘吁吁地说:"师父,师父,这下我们可发达了,今天的施主出价2 000元买我们的石头!现在您总可以告诉我,我人生最大的价值是什么了吧?"

禅师摸摸小和尚的头,慈爱地说:"孩子啊,你人生最大的价值就好像这块石头,如果你把自己摆在菜市场上,你就只值20元钱;如果你把自己摆在博物馆里,你就可值200元;如果你把自己摆在古董店里,你却价值2 000元!这就是你人生最大的价值!"

这个故事是否启发了你对自己人生的思考?你将如何定位自己的人生呢?你准备把自己摆在怎样的人生拍卖场去拍卖呢?你要为自己寻找一个怎样的人生舞台呢?不怕别人看不起你,就怕你自己看不起自己。谁说你不能取得非凡的成就?除非你自己!没有人能够给你的人生下任何的定义。你选择怎样的人生平台,将决定你拥有怎样的人生。一个人,要获得更大的发展,就要不断地去寻求机会、创造机会、利用机会,为自己寻找更大、更高的平台[①]!

---

① "如何定位你的人生",http://blog.qq.com/qzone/622004778/1361412559.htm。

第一节　学生向职业人士的转变

一、学校与职场的差异

	学　　校	职　　场
目　的	学校的目的主要是培养人,具有公益性,学生在学校以学知识为主	公司的目标首先是生存、赚钱,然后是培养人,职场人士是以知识实践为主
利益取向	学校、学生之间彼此没有直接的利益关系,是一个互助互利的短期结合	职场是各种为了特定目标集合在一起的组织的聚合体,职场以利益往来和利益交换为存在基础
考核标准	学生成绩	公司业绩
环　境	学校是一个"熟人型"的小社会,同质性比较高,小群体,人员构成比较单一,相对比较单纯	职场如战场,是一个"陌生型"的社会,每天必须面对不同的事情,面对陌生的客户,与学校相比,社会是一所更大的大学
制　度	学校的管理相对来说松散,学生有很大的自由度	公司更多的是服从、遵从、按规章办事,制度严格,必须执行

二、职业化

学生和职业人士的身份有很大区别。

第一,目的不同。对于学生来说,目的是学到知识,考个好成绩;而职业人士的目的是完成公司交代的某项工作,取得好业绩。

第二,两者所需要的技能不一样。学生所需的技能是良好的记忆力和逻辑思维能力;而作为职业人士要想把公司交代的岗位工作做好,需要更多的技能。

第三,工作方法不同。学生工作方法是个人的独立行为,每位学生为自己的成绩负责;而作为职业人士,更强调的是团队合作,要善于交流沟通。

职场人士与学生的最大不同体现在"职业化"程度。

职业化是一种潜在的文化氛围。在职场环境里,大家都用同一种语言来说话、表达,用同一种行为和道德准则来办事情;职业化是一种态度,更强调自我约束,而一个非职业化的人与他们是合不上拍的。从职业素养的角度来看,职业化就是个性的发展要适应共性的要求,将外在要求内化为自我修养,努力追求成为优秀职业人的历程。换一句话说,职业化就是按照职业要求改造自我的过程;职业化从表面上看,就是一种理性思考、训练有素、行为规范的体现。从外在呈现来看,职业化表现在职业资质、职业态度、职业意识、职业道德、职业行为、职业技能等方面充分符合职场的需要,其中知识、技能、态度尤为重要;而从内在来看,所有看得见的表现都是由看不见的价值观决定的,因此,职业化是内力的外现。如果细化地将这两者结合起来看,职业化给人的观感是:第一层次看穿衣戴帽;第二层次看待人接物;第三层次则是看价值观念。

对企业而言,看重的其实并不是跟工作直接相关的技能和经验,而是大学生适应和融入企业的速度,是在工作中培养积累起来的与他人能够融为一体、顺畅衔接的感觉,而这一点其实就是职业适应和角色转化的能力和速度。从职业化的内在要求看,在影响和决定职业化进程的诸多因素中,角色转化的速度很大程度上与态度、情商等深层的内在因素密切相关,而这一点首先取决于对社会和他人的认识和态度。每位学生从学校走向职场,都要经历"职场适应期"。有的学生在短期内不能适应工作环境,不能很快进行角色转换,在很多时候的表现比较"学生气",这时还不能称之为真正的职业人士。

如果能够更进一步思考,我们可以设想如何能让他人愉快地接受你,让其他人感觉愉悦。这一点不要说大学生不大会考虑,有很多职场人士即使工作多年,或者终其一生,都不大会去考虑这个问题。热情、主动、外向以及具备很好的倾听技巧是构成人格魅力的主要个人特征。真正的人格魅力来自内心,确切地说,来自内心对他人的态度。如果我们能使自己的整个人,激励、感染、影响、愉悦身边的人,释放出更多的正能量,那将会达到超越职业化的境界。

三、学生到职业人的社会角色转变

一个刚毕业的大学生要完成从学校到社会的转变,将职业素养体现为态度和行为习惯,绝非一日之功,也不会是一帆风顺、一蹴而就的事情,需要经历一个较长时间的积累和准备过程。多项调查和研究表明,大学生的职业适应和角色转化期大概需要三年时间。大学生在毕业后的一两年里,也许是一生中感触最多、变化最大,对人生的认识、体会和感悟最多的时期。

(一) 从宏大的"人生理想"向现实的"职业理想"转变

第一份工作对大学生的冲击是巨大的,从象牙塔走出来的大学生有着理想化的思维方式。然而,就业压力大,选择余地小,能够专业对口,就已经很不容易了,而残酷的现状会让他们感到理想与现实之间的落差太大,难以接受。先前宏大的理想,在现实面前很可能会失去目标、失去动力,感到理想实现是一件遥遥无期的事情。

当务之急是能把理想转化为目标,并制定出切实可行的实施方法。实现职业目标有多种途径,要结合自身情况选择一条最适合自己的道路,以期更快地实现职业目标,从而最终实现职业理想。从实现职业理想的角度看,我们所做的工作一定要与职业目标有密切的相关性,否则,所做的工作将不会对职业理想产生支持,那么实现职业理想就会再次成为空想。

(二) 从学校人到成熟职业人的转变

从学生转变成职场人的第一步,应从企业文化、业务流程、公司制度、仪态仪表、接人待物、为人处世等多个方面进行学习。了解企业需要什么样的人员,什么职位应该具备什么样的素质,如何能够更好地发挥自己的潜力。职业人最需要的就是敬业精神,职场新人最初的工作通常是以日常事务性工作居多,专业性的工作一般要经过企业的再培训之后才有机会接触。在入职初期要保持沉稳的心态,因为这是做好任何一份工作的关键。俗话说,"良好的开端是成功的一半"。首先就是要学会适应艰苦、紧张而又有节奏的基础工作,千万不要用你的习惯去改变环境,而是要学会入乡随俗,适应新的环境。

一个人从三岁上幼儿园,到六七岁上小学,直到二十多岁大学毕业、参加工作。将近二十年的学生身份形成了"要"的心态:向父母要,向老师要,向学校要,向社会要。一切都是

"要",想"要"一切。当把这种"要"的心态带到求职之时,就会要工作、要职位、要环境、要轻松的事、要各种福利待遇,要不到就宁可先不工作,继续由父母供养。有的人因为要不到而逃避,去考研,继续保持"要"的心态,加强"要"的资本。进入社会以后,大学生要必须迅速培养"给"的心态,做了20多年社会财富和家庭财富的消费者、享用者,要尽快成为社会财富的创造者和供给者。

（三）从简单的问题处理方式向复杂的人际关系转换

新到一个公司,崭新的工作方式、陌生的社会环境、复杂的人际关系,都会让他们感到不习惯,常常会四处碰壁。所以,在做人方面,要揭掉自我标签,低调做人。现代大学生的特点是张扬个性,彰显自我风格,这种风气与氛围培养了不少"特别"的大学生。但是,工作岗位不是上演个人秀的舞台。因此,刚刚迈入工作岗位的大学生们一定要注意自我形象问题,做事一定要低调,少说多看,尽快熟悉人际关系,融入环境。对上司先尊重后磨合,对同事多理解慎支持,对朋友善交际勤联络。复杂的人际关系是社会构成的一部分,亲和力太小,摩擦力太大会阻碍个人在职场上的发展,而融入环境的手段之一是要学习基本的待人接物常识,职场有职场的规则,单纯的讲礼貌也是不够的,身处其中,一言一行,一举一动都要符合职场规范。

（四）从系统的理论学习向多方位的实际应用转换

在学校学习的内容普遍是系统的知识理论。以学科为单位,一科连接一科,科科有现成的教科书,有老师的讲解和辅导。到了工作岗位,实际动手能力是立足的根本,这些能力需要不断地进行培养、练习,而且,实际应用也是多角度、全方位的。没有人告诉你哪些该学、怎么去学,知识和技能的积累全靠自己探索。

新的毕业生进入公司后,企业一般会对职场新人进行新员工入职培训,培训过程中要多学多看,多虚心请教,迅速积累工作经验。没有实践工作经验,最初只能打下手,心理上会产生不平衡,有时候会越搞越糟,使自己处于尴尬境地,甚至不懂装懂,让人笑话。以谦逊的态度去向别人请教,这并不是什么难事,放下架子,虚心请教,你会发现别人身上值得你学习的地方有很多,你自己身上也有别人值得学习的优点。虚心求教,又能建立良好人际的关系,把自己很快融入集体中去,既受益匪浅,又让人喜欢,何乐而不为呢。

（五）从浮躁的心态向逐步理性化转换

身份转变需要时间,与企业的磨合需要时间,积累经验也需要时间,具备竞争力同样需要时间。企业会给大学生职场过渡的时间和机会,但大学生不能以此为借口,要积极努力,从浮躁的心态中走出来,尽快进入符合企业要求的状态,这是理性化成熟的表现。

企业看重应届大学生,主要是因为这些年轻人身上隐藏的"发展基因"。实习是一个大学生走向社会的阶梯,如果实习成绩突出,机遇也就会随时光顾你。或者拿到实习单位的 Offer,或者凭借实习经验找到更好的企业。不管什么用人企业,他们都青睐谦虚谨慎、好学上进的员工。在现实生活中,有些学生自以为不会留在实习单位,或者这山望着那山高,敷衍了事地对待实习工作,领导安排的工作不能完成,结果很可能会得不偿失。

（六）从家长的呵护向自我保护转换

许多大学生在进入就业大军时,往往对就业政策、自我权益了解不够。以前总是依赖家长,现在则需要自立起来,要自己去判断、去选择。如果选择去一家根本不了解的公司,这很可能是一种冒险。一般来说,第一份工作的职场体验对新入职的学生而言是刻骨铭心的,它会使新人对职场产生一种固定印象,形成固化心理状态,从而影响到今后的职业心态和职业规划。因此,走好职场的第一步至关重要,若是为了在毕业前找到一份工作,或者迫于其他同学签约带来的压力而草率接受一份自己并不满意的工作,都是不明智的。

大学生还要注意在工作当中保护自己的权益不受侵害,以防一些不法公司将自己作为廉价劳动力使用。要学会在社会上独立站立,学会保护自己,面对人生的种种挫折,学会应对,学会维权。

四、处理好与家庭、组织和社会之间关系

(一) 个人与家庭的关系

八零、九零后,大多数是独生子女,即便不是独生子女,也很少有经历过生活的磨练。社会创造了优越的学习条件,家庭几乎倾尽所能,供孩子上学,学生一直是家庭宠爱和照顾的中心;而大学毕业进入社会后,则要转变成为承担家庭和社会责任的社会人,担当起回报父母、赡养老人的责任,如果结婚生育,还要担负做妻子/丈夫、父亲/母亲的责任。这是一个从家庭宠儿到承担家庭经济压力和多种责任承担者的转变过程。

当领到每一笔工资时,要想到孝敬父母。也许有人会说:"我爸妈不缺钱",或许你的父母真不缺钱,但父母很在意你对养育之恩的回报之心。如果对养育自己的父母都不感恩,又怎么会对企业和国家有感情呢?

(二) 个人与组织的关系

在学校里,大学生是消费者和学习者,学生的学习成绩体现着老师的业绩和学校的荣耀,大学生理所当然是被培养和照顾的对象;而进入社会后,组织里的大学生不得不成为创造价值的贡献者,只有当你在为组织作出贡献,体现出你的价值时,组织才会把你当作可培养的对象。你在组织里拿到的报酬也只能是你创造价值的一部分,而且只能是一小部分。一个组织的生存、发展和壮大过程,也是组织全体成员不断创造价值、积累价值、实现价值的过程。

当你是学生时,所有的学习都是按照教学大纲安排的,你不需要操心教学计划,只需要按时上课、完成作业、考好成绩,每年还可以享受两次假期;而在组织中,不是所有的工作只需按部就班就可以,而是需要你去主动工作、创新工作。在学校里,成绩考不好不会给班级和学校造成经济损失,还会有补考的机会;而在组织中,如果做不好工作,有可能会造成重大损失,甚至没有挽回的机会。在学校里,由于自己的考试成绩优秀就可能获得奖学金;而在组织里,必须为他人或为组织创造价值才能获得报酬,而且必须是创造出超额价值,才能获得奖金。在学校里,如果你和同学不能相处融洽,你仍然可以当一个不合群的"小鸭",保持自己的个性,孤芳自赏;而在组织中,如果你不能和同事搞好关系,被组织认为不能与团队合作时,就必然成为出局的人。在学校里,老师往往是你尊敬和崇拜的对象;而在组织中,你的上级也许不是你尊敬和崇拜的对象,但你必须服从他的领导和管理。在学校里,如果你不喜欢一个老师,你可以不去听他的课,可以期盼着下学期换一个老师;而在组织中,你必须适应上级的管理风格,学习上级的优点,因为上级是没有任期期限的。在学校里,如果你迟到、旷课只是耽误你自己的学习;而在组织中,如果你迟到、旷工,耽误的将是整个团队的业绩。

> **典型案例**
>
> 一个刚大学毕业的学生,由于经验不足,能力欠缺,在工作中出现了失误,受到上级的严厉批评,他很不开心,没心思工作。
>
> 有人问他:"你为什么不开心?"
>
> 他说:"经理骂我了。"
>
> 又问:"你是不是工作没做好?"
>
> 答:"即便工作没做好,他也不应该对我这样态度恶劣。我长这么大,我爸、我妈都没对我大声喊过!"
>
> 问:"那你希望怎么样?"
>
> 答:"我希望我下次再犯错时,他的态度能好点儿!"

这位大学生说的话意味着:

(1) 我出错是难免的。

(2) 我以后还会出错。

(3) 我再出错时,要改的是经理,不是我。他应该提高管理水平。

试问:如果这位大学生有这样的想法,下次再做同样的工作、重复同样的错误,上级对他的态度会好一些,还是会更严厉一些呢?

职场人士正确的说法应该是:"我今天工作出错了,上级严厉地批评我,我很不开心。但是,我下次一定把事情做好,让他说不着。"

(三) 个人与社会的关系

大学生是社会的骄子,享受着各种免费或优惠的待遇。如果你有困难就可能成为助学帮困的对象。但是,走出校门进入社会后,你是社会的建设者,必须成为社会财富的创造者。

学生时代,因为父母的付出,你可以从家里"要"到;因为老师的付出,你可以从学校里"要"到;因为社会的付出、国家的付出,你可在社会中"要"到。但是,如果要转变成职业人,你必须先"给",否则你什么也"要"不到。职业人与学生的心态有重大不同,将"要"的心态变成"给"的心态,是成为职业人的关键。因此,从学生转变为职业人的核心是从"要"到"给"的过程。

大学生离开校园进入不同行业,将迎接第一份工作的挑战。对涉世未深、缺乏职业规划能力的毕业生来说,存在着相当大的压力,最重要的矛盾是与理想中的职位相差甚远,面临着巨大转型压力。而这个转型过程,是学生社会身份转变的必然阶段[①]。

五、谁敢喝马桶里的水

马桶里的水可以让人来喝,这也许是生活当中的你从未想象过的。可是,如果马桶能被洗刷得一尘不染,和我们平常喝茶的杯子没有两样时,谁说马桶里的水不能被人喝下去呢?所以,问题的关键在于,你是否有足够的勇气和毅力,坚持把一个污垢密结的马桶,洗刷得光洁可鉴、一尘不染?

她是一个妙龄少女,1983 年进入东京帝国饭店工作。但是,没想到上司竟安排她做洗

---

① "学生到职业人的转变",http://wenku.baidu.com/view/4b0d2cd080eb6294dd886c27.html。

厕工,步入社会的第一份工作就是刷马桶。每天都必须将马桶擦洗得光洁如新,起初她根本适应不了,当抹布伸向马桶的时候,本能地想呕。她实在不想干了,本想立即辞去这份工作,但她又不甘心自己刚刚走上社会就败下阵来。因为她初来时曾经发誓:一定要走好人生的第一步!就在她十分矛盾的时候,酒店里一位老员工出现在她面前。

这位前辈没有跟她讲什么人生之路应该怎样走之类的大道理,只是拿起抹布,一遍遍地擦洗马桶,直到擦得光亮照人,接着他用茶杯入马桶里兜了一杯水,连眉头都没皱一下就一饮而尽,整个过程没有半丝做作,好像喝一杯可乐一样自然。整个过程没有一句话,却使这位少女从身体到灵魂都在震颤。她从未想到人们眼中的马桶,竟可洗得如此干净!一个马桶,竟显示出人生最高深的哲理:只要你有激情、刻苦、敬业,任何事情都能创造出奇迹。她痛下决心:"就算一生刷马桶,我也要做一个最出色的洁厕人!"她以这样的心态迈出了人生的第一步。1987年,她当选为岐阜县议会议员,是当时最年轻的县议员;1998年7月第一次担任内阁邮政大臣,成为日本最年轻的内阁成员。

她的名字叫野田圣子。

原来,只要我们抱着一颗积极热情的心,为工作和事业去努力、去耕耘,我们就可以让一只世界上最脏的马桶吸引所有人的目光。

> 人类积极心态有两个特质:
> - 面对同一件事情时,你的心态越积极,所带来的便利与机会就越大,甚至有时候会带给你意想不到的惊喜结果。
> - 一个积极健康的心态,总是在一个团队里体现得尤为重要和显著,特别是对于那些刚刚迈进职场大门的新人来说,这意味着——保持积极心态的最好办法就是通过持之以恒地与你的同事分享自己的积极心态,让自己和团队整体不断恢复活力,从而永远保持热情。
>
> 我们要时刻记住与自己的同事共同分享一份积极的、阳光的、富有正能量的心态。

这个故事给我们的启示:

首先,野田圣子喝下去的应该是自信。不能把她一生的成功完全归功于她年轻时的这段生活经历,但是,至少这一段生活经历对她一生的成长、对她走向成功是有重大影响的。从马桶里舀一杯水喝下去的做法并不值得我们去仿效,但它说明了一个问题,如果她没有把厕所打扫干净,她敢从马桶里舀一杯水喝下去吗?正是因为她对自己的工作成果——把厕所打扫干净了这一点毫不怀疑,充满自信,她才敢从马桶里舀一杯水喝下去。所以,她喝下去的实际上是对自己工作毫不怀疑的自信。

其次,她喝下去的是追求完美。野田圣子一开始对这种绝对算得上苛刻的工作标准是不能接受的,但为了生存,她不得接受并主动适应这种严苛的工作要求。这种严格的要求也使她后来养成了对工作认真、追求完美的人生态度。

最后,她喝下去的是勇于自我约束。野田圣子的上司并不会每天都来检查她的工作,但她总是会自觉地把每天的工作做得让领导和客户没有任何挑剔,感到满意。这主要来自她勇于自我约束、对工作尽职尽责的人生态度。

野田圣子的故事告诉我们,在实际工作中,我们的工作干得好与坏,不应该总是依靠领导的检查,或是依靠组织严密的考核标准,或他人的监督等方式来进行约束。如果我们总是留存着这样心态的话,那我们的工作就是专门应付领导检查的,而不是为自己为客户做的,那我们还能做好服务工作吗?对工作天天都有"光洁如新"的追求,把每一天都当成一个新的开始,认认真真干好每一时、每一刻、每一分、每一秒,这种认真的态度应该成为我们每个人的自我约束标准。有了这种自我约束意识,我们的工作又何愁干不好呢[①]?

六、打倒差不多先生

李嘉诚先生是汕头大学的校董,有一次他给汕头大学的毕业生做毕业演讲,主题就是誓死打倒差不多先生。李嘉诚说他这一生中没有多少敌人,但是有一个敌人他一定要打倒,那就是差不多先生。

(一) 差不多先生的来历

差不多先生起源是1924年胡适先生写的一篇文章叫《差不多先生传》。

> 说中国有一个人姓差不多,这个人无人不知,无人不晓。差不多先生有一双眼睛,但看什么东西都不是很清楚;他有一双耳朵,但听什么东西也不是很分明。差不多先生小时候,有一次他妈妈叫他去买红糖,结果他买了白糖回来。他妈妈就骂他。差不多先生笑笑说:"妈妈,红糖、白糖,不都是糖吗,不差不多吗,何必这么认真。"
> 长大了,他到店里去算账,因为他总是把"十"字,写成"千"字,"千"字写成"十"字,掌柜的就骂他,说他"十"字跟"千"字都分不清楚。差不多先生笑就笑说,"'十'字跟'千'字,不就多一撇少一撇吗,不都差不多吗,何必这么认真呢?"有一次他出差从北平到上海,火车时间是8点半,他8点32分才到火车站,火车已经开走了。差不多先生就在那里纳闷,这火车站也太认真了,8点30分和8点32分不都差不多吗,何必这么认真呢?就在他想不通的时候,他突然想明白了,反正今天走跟明天走也差不多,那就明天走吧。
> 后来有一次他生重病,躺在家里,叫家里人到东街找汪大夫,结果家里人太急,去西街找了王大夫。王大夫是兽医,差不多先生一看也知道不对,但他心里想反正这个王大夫跟汪大夫都是大夫,反正牛医跟人医都是医生,那就医吧。结果医了一个多小时,在他最痛苦的时候,感觉自己快不行的时候,差不多先生说了一句名言:"反正死了跟活了也差不多。"话刚说完他就死了。

当时胡适先生就以这篇文章来抨击中国人做事不认真,得过且过的不良表现。中国的的确确是个非常伟大的国家,有着五千年的文化积淀,像《道德经》中老子的哲学、儒家的一些观点,的的确确非常棒。但是不要因为自己有那点本钱,就以为可以吃老本了,因为世界在改变,社会在进步。当西方不断崛起的时候,我们才发现我们落后了,最后输得一塌糊涂,而输了是有原因的,差不多的思维习惯就是重要原因之一。

(二) "差不多思想"对中国人的危害

一千年前,西方尤其是英国爆发资产阶级革命之前,我们比它们强大得多,也先进得多。但西方国家一直在不断地变化,我们却固守陈规,拒绝变化,后来他们变得比我们强大得多,

---

[①] "谁敢喝马桶里的水",http://wenku.baidu.com/view/3e80b7f7ba0d4a7302763a75.html。

我们就被他人欺负了。更核心的是,中国很多人骨子里面还依然有这种差不多的观念。老板说明天 12 点之前要把工作完成,结果 12 点还没完成,老板过来催,员工回答:没有完成,还差一点点。老板问差多少。再回答:差不多就快好了。结果一差两差,差到 4 点钟才好。客户说:你这东西明天一定要交货,结果明天没能交货,差不多了。差不多观点在我们每个人的观念当中都多少存在着。

当时的中国为什么会输于西方,很大程度上就是因为中国有很多差不多先生。差不多的习惯对中国的害处是很大的。所以,当初提出德先生跟赛先生的观点,即民主与科学,就是告诉我们要打倒差不多先生。

所以,不是差不多,而是差很多[①]!

第二节　学习与思考

一、学习

第一要热爱学习。要视知识为食粮,可以不吃饭,可以不玩乐,但不能不学习。所以,有人说九型人格中的第五型(爱知识型)比较适合做培训师。

第二要善于学习。人有三种学习类型,即视觉型、听觉型、动觉型。视觉型的人要大量看书;听觉型的人要听人讲;动觉型的人要互动要行动。

第三具体到怎样学习,最简单的就是要多看书。

> 一是看书首先要看大师级的书。大师级的书用字字珠玑形容可能有些夸张,但起码是韵味无穷,值得反复看。
>
> 二是一个时间段(如 3 个月)看同一类型的书。一般同一类型的书看到 7 本以上才能形成知识的结构化。
>
> 三是看书要比较着看。不要局限在要不要全部读懂上,因为后面看到其他的书,自然对前面没懂的就会懂。
>
> 四是看书要学会复习与复述。复习就是再看以前画过杠杠的、作过批注的;复述就是将你看的核心要点讲给别人听。
>
> 五是要看最新的书评与推荐书目。要看评论,报纸的评论版、网络上的评论、专业杂志上的评论,与自己专业相关的评论要多看,资讯的及时性是必需的。
>
> 六是要看各种企业内部资料。WORD 与 PPT 版在网络上可免费海量下载,比如"栖息谷"、"智慧谷"、"HR 沙龙"等网站。
>
> 七是要听讲座与培训。电视节目《名家讲坛》,网络上下载的各种视频与演讲 MP3,现场的各种培训。
>
> 八是要看电视剧。徽商、晋商、大染坊、三国、水浒、康熙帝国等,都可以学到有关经营与管理的不少知识。

---

① "追求卓越——自我管理的心",http://qiannian0716.blog.163.com/blog/static/26805017201011100 2432787。

> 九是要参与培训界讲师圈互动交流。
> 十是要定下一个 Niche Market（小的细分领域或专题）去学习，学到一定程度才能叫研究。我想如果以看书计的话，同一个主题至少要看 30～50 本书。

要达到读书破万卷的目标，还要掌握有效的阅读方法。

到底是精读还是泛读？精读——慢，但理解深刻；泛读——快，但很快忘记。所以，又得作出选择：一般将专业类、哲学类作为精读对象，其他作为泛读对象。但切记：读得慢并不代表就是精读，有可能是你的注意力不够集中。可不可以阅读速度又快，理解、记忆又深刻呢？美国人东尼·博赞在这个领域做了细致的研究，其书籍《快速阅读》和《博赞学习技巧》值得我们学习。

二、观察

第一要有好奇心。对新事物有好奇心，好奇之余才会去思考。比如，中国企业兼并西方企业水土失调现象，甚至"超女现象"。只要有益于自己的培训演讲主题，都可以找资料看一看。对日常事物更要有好奇心：有人吵嘴时赶紧观察其沟通技巧是否到位；有人买东西杀价要立即学谈判技巧；带小孩中间有大量的管理技能可以学习；在大陆公交车上让座给老人家，会得到称赞，而在香港让座则可能会让老人家不满意，由此可以学习文化与沟通……生活是最好的教科书，一个人如果能利用生活来学习，绝对是培训师的好苗子。

第二要有一定的理论根基。观察表象是不够的，要能够用模式去分析，所以你必须至少掌握一种模式。如何做好培训讲师，就是要善于将生活的表象，用自己研究理论的模式先来套一套、分析后再看看，说不定会有另一种视角的诠释，别有一番意思。

比如：家长教小孩与经理带部属可以说是一个道理。小孩可以看成是部属，大人则是经理，管理之道与亲子之道居然有太多的相通之处。在很多家庭里，大人围着小孩转，小孩动口，大人动手，完全将部属经理关系倒了个。就像小孩在地上撒泼，大人用冰淇淋来哄小孩起来，实际上就是管理中的赏罚错位。你不希望小孩下次继续在地上打滚，你为什么要奖赏呢？实在是错得远矣。所以，将管理一些理论与生活中见到的各种现象联系起来，去观察分析各种现象，乐趣多多，进步也会多多。

三、思考

笛卡尔说：我思故我在！思考是人之所以成为人的根本，思考也是人活着的终极目的之一。老子说：为学日益，为道日损。学习的时候，自己的杯子是要倒空的，所以要像海绵一样不断地去吸收养分，无论是听谁的课，都要认真，不认真一定会漏掉东西；但学来学去，毕竟还是他人的东西，要变成自己的东西，就一定要思考，要把别人的东西变成自己的东西。而观察其实是介于学习与思考的中间地带。

第一，要有思考的欲望与习惯。要多动脑、勤动脑，要有怀疑、批判的意识，要多问为什么、连续问为什么，在思考的同时立即记下来。

第二，要有思考的方法与技能。归纳就是要进行比较，比较就是要分出异同，演绎就是要推理，推理就是要举一反三地将一个理论原理用在不同的现象上，还有要学会发散性思考。

第三，要有思考的理论基础，要学习从不同的理论背景思考问题，就需要懂管理、历史、心理、哲学、经济、政治、文化等基本知识与理论。

　　古人有云：吾日三省吾身。就是一天要有三次时间来反省自己。早上反省一次，中午反省一次，晚上反省一次，目的是要多思考，看看自己哪里做得不对。不吃饭不要紧，不玩乐不要紧，不赚钱不要紧，不旅游不要紧，不读书不要紧，不识字不要紧，不思考最可悲。做一个有心人，用脑去思考，用心去感受，才能悟知、悟性、悟道。

　　人生的成长就像企业一样：模仿——借鉴——融合——创新——成长——升华。不停重复，螺旋式上升。但是，不管您处于哪个阶段，独立思考都是你最重要的能力。因为其他的一切磨练都是"法、术"上的磨练，只有独立思考才能带给你自己"道"上的顿悟。

　　任何一件事，你都可以通过以下步骤锻炼自己的独立思考能力：
　　（1）现在真实的状况是什么？
　　（2）为什么会造成这样的结果？
　　（3）将来如何改善？

四、进步

　　改变自己，就是要让自己每天进步一点。

　　在非洲大草原，每一天都发生着这样的事情：狮子、豹在后面追，很多羚羊在前面跑。其实每只羚羊只要比最后一只羚羊跑得快一点就可以活命。但是，怎么才能做到比别人快一点呢？那就是：只需要每天进步一点点就可以。这个理念是当时美国著名的质量管理专家戴明提出来的。

　　第二次世界大战之后，日本的一些企业家很有民族责任感，他们非常期待能把日本建成一个伟大的国家。盛田昭夫、松下幸之助等一批非常优秀的企业家就请戴明到日本来演讲，问他日本的企业怎样才可以赶超美国和其他国家。戴明博士就跟他们说：只要每天进步一点点，就一定可以超越你的对手。他们这些人很虚心好学，就开始慢慢地去思考这句话的意思。戴明还提出了一种质量改进的操作方法，就是著名的 PDCA 循环，包括计划、执行、检查、应用等四个环节。按照这样的顺序进行质量管理，即从一个循环过渡到下一个循环，不停顿地周而复始地运转。每一个月的工作，每一个项目都可以按照这四个步骤去执行。比如，一个项目做完之后，有一些地方做得不错，就继续保持下去；有些地方做得不好，下次就该注意些什么。采用这种方式来不断地修炼自己，让自己变得更好，让产品变得日益精良，从而实现一种螺旋式的上升。

　　行动不一定成功，不行动一定不成功！只有行动才能检验你的一切思想是否可行，才能真正得到结果①。

第三节　口才与演讲

　　口才是人生成长过程中的一项重要能力，它能体现一个人逻辑的敏捷，知识的渊博，思维的系统程度。公众演讲对青年人的综合素质要求很高，是展现青春风采和个人才华的重

---

① "培训师成长的三大技术"，http://wenku.baidu.com/view/7aa5d10abb68a98271fefa5f.html。

要舞台。然而,很多人害怕公众演讲,上台前心怦怦跳,腿脚发软,上台后则声音颤抖,语无伦次。若想克服演讲时的紧张恐惧,进行演讲训练和实践是一种有效的方法。

一、演讲的核心和本质

演讲的核心是什么呢?如果我们剥离装束、容貌、伶牙俐齿、口若悬河、肢体动作、声调、观众互动等所谓的演讲技巧。你会发现其实这些所谓的技巧都是幻象,演讲真正的核心是对观众赋予价值的和富有思想的内容。

演讲的本质是思想的力量,演讲的核心就是价值的传递。

很多人往往忽略演讲的核心,而盲目追求所谓演讲的技巧,如使用华丽的辞藻或大爆笑料等手段。如果你的演讲有思想深度,演讲内容富有意义,抛却了技巧,也同样会给人震撼。如果仅有虚张声势的演讲技巧,即便把观众给忽悠得鬼迷心窍,最终也会因为缺乏思想的力量和价值,而最终被人们鄙视和忘却。所以,无论面对什么样的演讲主题,一定要令你的演讲内容富有听众价值和深刻有力的思想。这也正是伟大人物的演讲为什么总是令人叹服的原因,即演讲的根本在于传递思想。

你会说自己是个小人物,但是小人物也一样会有思想,也有价值与人们分享。那么,接下来的问题就是如何提升自己的内涵,令自己的观点论点更具思想力量。这方面主要是通过多读书、多思考、多讨论、多学习、多交流、多总结反思,同时保持一种热忱开放的态度和观察的视野,从各种各样的事物中去发现灵感和提高思考的力量。

二、讲故事传递思想

有了丰富的思想和内容,如何在演讲的时候更容易让听众关注和理解呢?研究表明,听众对于听不懂的内容会很快产生困倦、注意力发生转移,简单说就是人的大脑会抵触听不懂的内容。因此,作为演讲者很有必要通过形象的比喻和通俗易懂的"故事"来承载和传达演讲者的思想和演讲主旨。

三、逻辑清晰三段论

清晰的逻辑对于优秀的演讲同样重要。演讲的逻辑在整体上体现在演讲的结构大纲上。最常用并且简洁有效的就是经典的议论文"三段论"。第一部分结构,开场点题介绍背景,简而言之是指开门见山,也可以是提出问题;第二部分,组织内容对开题观点进行逻辑支撑和阐述说理,也就是摆事实讲道理,也可以是解决问题;最后一部分,总结全篇升华主题,强调愿望和结束演讲。

四、语言艺术

带着有力的思想,通过三段论讲解你的小故事,能否就能够引人入胜呢?这个时候就需要语言艺术了。这里推荐三个常用的方式。

(1) 自问自答:引发听众思考,这里一定要质问令人反省和触动的问题,问题要有冲击力和代表性,然后在听众还在思考时,你坚定陈述答案。

(2) 重要观点的特别强调:对于特别重大和重要的观点,演讲时要特别直白表达,说明某个观点非常重要,以及为什么和对什么重要。

（3）排比句的运用：这种修辞用于思想的表达和演讲中的华彩展现，或者一个漂亮的令人深刻的有力结尾。

五、话音控制

演讲是通过语言演绎的，因此动听的、浑厚的、清晰的、富有磁性的声音，在阐述你的思想时将感染和鼓励听众。尽管不是每个人都拥有优质的声线，但是重要的是"话为心声"。如果你的思想是有深度的，你的演讲是真挚的，从你的心底都发出这些坚定的信号，就一定能够感染听众。大家可以看下马丁·路德·金的名篇《I have a dream》，散发着无穷的魅力和信仰般的感召力量。从常规的话音控制技巧上，我们可以遵守一个基本准则：越重要的内容，话音越要传递控制力，同时可以一字一顿地表达观点。只要你足够诚挚和用心，听众就能够感觉到。另外，练习朗诵也能够很好改善语言和声音控制能力。

六、肢体感染

演讲时舞动手臂，会强化演讲的力量。这方面因个人风格不同而会差异很大。基本的建议是如果动用肢体感染，动作要大方自如、从容、发自内心，展现你的风采即可。

七、眼神接触

演讲过程中，演讲者应该大方直视观众，保持与所有观众区域的眼神交流。从演讲开始到结束整个过程中，逐个区域看着他们的眼睛，让每个观众都感觉你曾经看过他。当然，切忌扫视和眼神的飘忽，更不要对着观众眨眼，因为这样太雷人。

八、自始至终与听众互动

演讲伊始就应该与听众互动，一开始就吸引观众的参与和分享，典型的做法是进行现场调查，或提出有趣的问题请大家回答。

九、练习，练习，再练习

很多人一上台就会紧张，第一句话有可能就是"大家好，我叫不紧张"，而熟能生巧是一句至理名言，建议重要的演讲个人要演练十次以上，普通演讲也要多次演练，你越认真演练，你的收获就会越显著，也可以找几位好友做听众，用手机或DV摄像机全程记录演讲过程，然后一次一次重放，进行不断地分析、改正和提高。

十、小 tips

● 观摩名人的演讲视频，演练著名的演讲文稿，专门背诵著名的历史时刻的演讲篇章，将会非常受益。比如，国家元首级别的致辞或演讲，都是绝佳的参考。
● 出场上台箭步有力，昂首挺胸，保持一种气宇轩昂的姿态，展现个人风采。
● 着装符合场合，鼓励正装或符合场合的身份装束。
● 自信心很重要，然而自信心来自"艺高人胆大"，只有努力训练和提升演讲能力，自信与演讲也就相辅相成地提升了。
● 适当引用名言和大师的经典来呼应演讲主题，支持观点结论，是常用的有效方法。也建议大家平时就注意积累和提升,这样用的时候才不会贫乏。
- 不要低估听众智慧,对于常识问题还反复解释会令观众厌倦。
- 坚持言简意赅,能否用一句话来概括你的演讲,这是对核心思想一种有冲击力的验证[①]。

第四节 时 间 管 理

"时间就是效率"、"时间就是金钱"、"时间就是生命"、"一寸光阴一寸金,寸金难买寸光阴",诸如此类对时间的描述我们每个人都可以脱口而出,但是我们对时间的管理做得究竟怎样呢?时间管理(Time Management)并不是帮助我们在规定时间内,把所有事情做完,而是帮助我们更有效地运用时间。时间管理的目的除了要决定你该做些什么事情之外,另一个很重要的目的就是决定什么事情不应该做。

当今世界,知识更新速度越来越快,但我们一天还是只有 24 小时。最成功和最不成功的人一样,一天都只有 24 小时,但区别就在于他们如何利用好这每天所拥有的 24 小时。那么,我们的时间究竟是如何分配的呢?有人曾粗略地统计过一个活到 72 岁的美国人一生当中时间是这样花费的:睡觉,21 年;工作,14 年;个人卫生,7 年;吃饭,6 年;旅行,6 年;排队,6 年;学习,4 年;开会,3 年;打电话,2 年;找东西,1 年;其他,3 年。

因此,我们要记取"过去",把握"现在",放眼"未来"。

> 昨天是一张已被注销的支票,
> 明天是一张尚未到期的本票,
> 今天则是随时可运用的现金。

一、明确目标

如果能过"洞中方七日,世上已千年"的神仙日子,那我们就用不着时间管理了。但是,事实上不可能,年华老去,便无法回头。我们只能尽己之力,作最佳的表现,方不负人生在世仅一次的机会。毕竟天生我才必有用,而做到这一点最重要的是要有人生目标。目标能最大限度地聚集你的资源(包括时间),只有目标明确,才能最大限度地节约时间。爱默生说:"用于事业上的时间,绝不是损失。"

人生的道路,存在着时间与价值的对应关系。有目标,一分一秒都是成功的记录;没有目标,一分一秒都是生命的流逝。

二、分清轻重缓急

始终做最重要的事情。

人们总是根据事情的紧迫感,而不是事情的优先程度来安排先后顺序,这样的做法是被

[①] "如何提升演讲能力",http://wenku.baidu.com/view/bb99dc0303d8ce2f00662314.html。

动而非主动的，职场人士不能这样工作。

> 时间管理的精髓在于：分清轻重缓急，设定优先顺序。
> A型：重要且紧急的事务
> B型：重要或紧急的事务
> C型：既不重要也不紧急的日常任务

职业成功人士都是以分清主次的办法来统筹时间，把时间用在最有"生产力"的地方。面对每天大大小小、纷繁复杂的事情，如何分清主次，有三个判断标准。

1. 我必须做什么？

这有两层意思：是否必须做，是否必须由我做。非做不可，但并非一定要你亲自做的事情，可以委派别人去做，自己只负责督促。

2. 什么能给我最高回报？

应该用80%的时间做能带来最高回报的事情，而用20%的时间做其他事情（帕累托定律）。

所谓"最高回报"的事情，即是符合"目标要求"或自己会比别人干得更高效的事情。最高回报的地方，也就是最有生产力的地方。我们必须辩证地重新看待"勤奋"。古人有言"业精于勤而荒于嬉"，然而，"勤"在不同的时代有其不同的内容和要求。过去，人们常将"三更灯火五更鸡"的孜孜不倦视为勤奋的标准；但在快节奏高效率的信息时代，勤奋就需要新的定义了，勤要勤在点子上（最有生产力的地方），这就是当今时代"勤"的特点。

以前，日本大多数企业把下班后加班加点的员工视为最好的员工，如今却不一定了。他们认为一个员工如果仅靠加班加点来完成工作，说明他很可能不具备在规定时间内完成任务的能力，勤奋已经不是工作时间长的代名词，而是在最少的时间内完成更多富有"回报"的工作。伟大的苏格拉底说："当许多人在一条路上徘徊不前时，他们不得不让路，让那些珍惜时间的人赶到他们的前面去。"

3. 什么能给我最大的满足感？

最高回报的工作并非都能给我们最大的满足感。因此，无论你地位如何，总需要分配时间去做一些令自己满意和快乐的事情，唯有如此，工作才是有趣的，才是有热情的。

通过以上"三层过滤"，对事情的轻重缓急的判断就很清楚了。然后，以重要性优先排序（注意，人们总有不按重要性顺序办事的倾向），并坚持按这个原则去做，你将会发现，再没有其他办法比按重要性办事更能有效利用时间了。

三、制订计划，写成清单

> 美国伯利恒钢铁公司总裁查斯·舒瓦普向效率专家艾维·利请教"如何更好地执行计划"的方法。
>
> 艾维·利声称可以在10分钟内就给舒瓦普一样东西，这东西能帮助他把公司的业绩提高50%，然后他递给舒瓦普一张空白纸，说："请在这张纸上写下你明天要做的6件最重要的事。"舒瓦普用了5分钟写完。

艾维·利接着说:"现在用数字标明每件事情对于你和公司的重要性次序。"这又花了5分钟。

艾维·利说:"好了,把这张纸放进口袋,明天早上第一件事情是把纸条拿出来,做第一项最重要的。不要看其他的,只是第一项。着手办第一件事,直至完成为止。然后用同样的方法对待第2项、第3项……直到你下班为止。如果只做完第一件事,那不要紧,你总是在做最重要的事情。"

艾维·利最后说:"每一天都要这样做——您刚才看见了,只用10分钟时间就可以安排好——你对这种方法的价值深信不疑之后,叫你公司的人也这样干。这个试验你喜欢做多久就多久,然后给我寄支票来,你认为值多少就给我多少。"

一个月之后,舒瓦普给艾维·利寄去一张2.5万美元的支票,还有一封信。信上说:"那是我一生中最有价值的一课。"

5年之后,这个当年不为人知的小钢铁厂一跃成为世界上最大的独立钢铁厂。人们普遍认为,艾维·利提出的方法功不可没。

相信笔记,不相信记忆,养成"凡事预则立"的习惯。每晚写下次日必须办理的六件要务。挑出当务之急,便能照表行事,不至于浪费时间在无谓的事情上。不要订"进度表",要列"工作表";事务要明确具体,比较大或长期的工作要拆散开来,分成几个小事项。

四、遇事马上做,现在就做,勿拖延

这是在克服拖延心态的一种方法。因为,拖延为"有空再做、明天做、以后做","拖","等","研究、商量"等找到了借口,这是一种最浪费时间的坏习惯。拖延必然要付出更大的代价,能拖就拖的人心情总不愉快,总觉疲乏。因为应做而未做的工作会不断给他压迫感。"若无闲事挂心头,便是人间好时节。"拖延者心头不空,因而常感时间压力。拖延并不能省下时间和精力,刚好相反,它使你心力交瘁,疲于奔命。不仅事无补,反而白白浪费了宝贵时间。哲学家塞涅卡说:"时间的最大损失是拖延、期待和依赖将来。"

拖延的恶习,说穿了是为了暂时解脱内心深处的恐惧感。

首先,恐惧失败。似乎凡事拖一下,就不会立刻面对失败了,而且还可以自我安慰:我会做成的,只是现在还没有准备好而已。同时,拖延能为失败留下台阶,拖到最后一刻,即使做得不好,也有借口说,在如此短的时间内能有如此表现已经是很不错的了。

其次,恐惧不如人。拖到最后,能不做便不做了,既消除了做不好低人一等的恐惧,还满足了虚荣心,告诉别人,换成是我的话,做得肯定比他们好。

因此,养成遇事马上做,现在就做的习惯,不仅能克服拖延,而且能占到"笨鸟先飞"的先机。久而久之,必然培育出当机立断的大智大勇。早起的鸟儿先得食,捷足必然先登。

五、第一次做好,次次做好

要100%认真地工作,要全身心地工作。第一次没做好,同时也就浪费了没做好事情的时间。返工的时间浪费,更冤枉。

六、专心致志,不要有头无尾

上班时浪费时间最多的是时断时续的干活方式。不只是停顿下来本身费时,而且重新工作时,还需要花时间调整情绪、思路和状态,才能在停顿的地方接下去干。有头无尾的做法,更会是浪费时间的坏习惯。

七、珍惜今天,当日事当日毕

爱默生说:"我们应当记住,一年中每一天都是珍贵的时光。"

清人文嘉有著名的《明日歌》和《今日歌》。《今日歌》唱道:"今日复今日,今日何其少!今日又不为,此事何时了?人生百年几今日,今日不为真可惜!若言姑待明朝至,明朝又有明朝事。为君聊赋《今日诗》,努力请从今日始。"

制订每日的工作时间计划表。每天都有目标,有结果,日清日新。今日不清,必然积累,积累就拖延,拖延必堕落、颓废。要有好的明天,请从今天开始。

八、养成整洁和条理的习惯

据统计,一般公司职员每年有 6 周时间浪费在寻找乱堆乱放的东西上面。这意味着,每年因不整洁和无条理的习惯,就要损失近 20% 的时间!

所以,办公桌上的"5S 运动"是十分有必要的。5S 是指整理(Seiri)、整顿(Seiton)、清扫(Seiso)、清洁(Setketsu)、素养(Shitsuke)五个项目:整理——把办公桌上的物品、报表、文件等加以整齐放置;整顿——把文件、人事信息、销售报表一一分类,以备公用;清扫、清洁——扔掉不要的东西,同时保证日常干净;在完成以上的 4S 后,关键是使人养成上述行为的习惯和修养,才能使活动长期进行和维持下去。

(一)办公室现场管理示例

1. 整理要求

(1)办公桌上没有与工作无关的物品放置。

(2)工作中的相关文件、记录分类摆放整齐、填写清楚无误。

(3)地面没有纸屑、杂物。

(4)文件夹明确标识,整齐放置。

(5)私人物品放在抽屉,尽量不放贵重物品。

(6)电脑、电器等的电源线都束好,不杂乱无章抛落在地上。

(7)没有说笑打闹现象。

2. 整顿要求

(1)文件、记录的存放按不同内容分开存放并详细注明,档案柜贴有标签。

(2)工作区内的椅子摆放整齐,不用时放回桌洞内。

(3)文件柜内的物品分类摆放好,文件夹标有目录,方便查找,文具摆放整齐,不摆放其他物品;文件柜顶不放置其他物品。

(4)通道上不放置物品。

3. 清扫要求

(1)地面无灰尘,无碎屑、纸屑等杂物。

(2) 桌面文具、文件摆放整齐有序。
(3) 墙角、电脑等下面为重点清扫区,保持干净。
(4) 地面上沾染的脏物及时清洗干净。

4. 清洁要求

办公区卫生设有专门的保洁人员,公共区域的通道、卫生间及各办公室地面由公司安排的保洁人员打扫,个人办公区域卫生各自负责。

(1) 办公桌、门窗等无灰尘、无油污。
(2) 地面保持无灰尘、无油污。
(3) 清洁用具保持干净。
(4) 不做与工作无关的事。
(5) 严格遵守执行公司的各项规章制度。
(6) 按时上下班,按时打卡,不早退、不迟到、不旷工。
(7) 桌面文具、文件摆放整齐有序。
(8) 桌面物品都是必需品;传真机、复印机内纸张齐备。
(9) 电源、线路、开关、插座没有异常现象出现。
(10) 办公桌、电脑及其他办公设施干净无尘。

5. 素养要求

(1) 按规定穿戴服装(深色西服套装、套裙、白衬衫、深色皮鞋)。
(2) 对上级及来宾保持礼仪。
(3) 不随地吐痰,不随便乱抛垃圾,看见垃圾及时收好。
(4) 上班时间不进食,如早餐零食等。
(5) 上班时间不看报纸、杂志等与工作无关的刊物。
(6) 各部门人员下班后必须锁好门窗。

(二) 优质时间

养成条理的习惯,还有另一层意思,就是寻找自己的"生理节奏"。

中国剑谱上有"知拍任君斗"的秘诀,只有按自己的节奏方法,才能取得主动。所谓"生理节奏",就是了解你在一月、一天当中,什么时候精力最充沛,脑子最清爽。就像心理学上把人分为"百灵鸟型"和"猫头鹰型"一样。"百灵鸟"是早晨最活跃,而"猫头鹰"则是夜晚更来劲。

要用精力最好的时间来做最好的、更重大的事;而用精力不好的时间来做较不重要的事情,这样才能体现真正的品质和高效,保持能量,节省体力,节约时间。每个人都有自己的生理节奏,符合它便事半功倍,否则必然事倍功半。

九、养成快速的节奏感

克服做事缓慢的习惯,调整你的步伐和行动。养成快速的节奏,不仅提高效率,节约时间,给人以良好的作风印象,而且也是健康的表现。日本人就把"快食"、"快便"、"快睡"、"快行"、"快思"、"快说"的"六快"之人,称为人中之杰。

十、设定完成期限

有期限才有紧迫感,也才能珍惜时间。设定期限,是时间管理的重要标志。

十一、善用零碎时间

把零碎时间用来从事零碎的工作，从而最大限度地提高工作效率。比如在车上时，在等待时，可用于学习，用于思考，用于简短地计划下一个任务等。充分利用零碎时间，短期内也许没有什么明显的感觉，但长年累月，就会有惊人的成效。

达尔文说："我从来不认为半小时是微不足道的很短的一段时间。完成工作的方法，是爱惜每一分钟。"

为后世留下诸多锦绣文章的宋代文学家欧阳修认定："余平生所做文章，多在三上：马上、枕上、厕上。"

鲁迅先生则"把别人用来喝咖啡的时间都用在了写作上"。

没有利用不了的时间，只有自己不利用的时间。

鲁迅先生还说："时间就像海绵里的水，只要你去挤，它总是有的。"

> 有一个实验，很好地说明了这个道理。
> 老师向一个瓶子里装小石子，装满后问学生：
> "满了吗？"
> "满了！"同学们异口同声地回答。
> 然后，老师向瓶里装沙，仍可以装进去。众同学愕然。
> 沙装满后，老师又问：
> "满了吗？"
> "满了！"同学们回答道。
> 接着，老师又向装满石子和沙子的瓶里灌水……

滴水成河。用"分"来计算时间的人，比用"时"来计算时间的人，时间多59倍。

十二、分秒不浪费，成功日志法

几乎所有的伟人都有把想法记录下来的习惯。日志是成功者必备的条件，他们用日志来记录当天的重要事件和成长学习心得；用日志来总结经验、反省过失；用日志来规划明天、明确目标；用日志来管理时间、集中精力、抓住大事。记日志就是在善用生命、设计生命。

十三、善用节省时间的工具

（1）通讯（电话、电子邮件、传真、语音系统）。
（2）交通。
（3）电脑。
（4）办公自动化。

十四、业余时间管理

（一）睡眠

（1）利用白天瞬间睡眠。

(2) 培养随时随地入睡的能力。
(3) 注重睡眠质量,不注重长短。
(4) 良好的睡眠环境与条件。
(5) 心理训练,自我暗示与身心放松。

(二) 学习
(1) 向成功者学习成功的方法。
(2) 一天学习一小时可以创造奇迹。
(3) 参加研习会。
(4) 长期与短期的学习,并养成终生学习的习惯。
(5) 高效的阅读:
- 有目的地阅读。
- 快速略读和重点详读相结合。
- 切忌逐字阅读。
- 切忌没有目标的阅读。

(三) 娱乐
(1) 选择具有创造性的活动。
(2) 选择有益于身心健康的活动。
(3) 要干就要达到一定水平。
(4) 要适度[①]。

第五节　简历制作与设计

一、简历的长相与内涵

你知道一个面试官看中一封简历要多少时间吗？看一封简历又要多少时间？

答案是：看中一封简历只要5秒,看一份简历15秒。

何为看中,何为看？看中意味着面试官在海量简历中选择是否要阅读下去,而看就是决定这封简历的主人是否来面试。

如何在这5秒和15秒钟让面试官决定是否重视你,就要看各位简历的制作水准了。

请记住简历就像是每一个人一样,给人的第一感觉是长相,然后才是内涵。所以,首先要给人以耳目一新的感觉。HR招聘人员的工作就是每天不停地看简历,千篇一律的简历早就看烦了,有点新意的才会吸引人。其次,人不能光靠长相,就好像简历不能只靠设计一样,我们要把简历写得好,好比人的内涵,也许你长得好看,别人看到你的第一眼就想和你交朋友,但是要是没内涵,估计这朋友也交不下去。

对于应届生而言,可能要跟与你有着同等教育背景和更多工作经历的人去竞争。如果你没有什么相关经验,很自然会想到要多去强调你的教育背景,其中包括学过的主要课程,

---

① "行健堂时间管理十四法则",http://wenku.baidu.com/view/9e52e9eaf8c75fbfc77db256.html。

和所参加的一切与新工作有关的活动。应届毕业生可将学业看成工作经历,因为学业中需要自我学习的能力,完成不同的学习任务,和其他工作中要求的活动有类似的地方。雇主一般都会雇佣那些有经验、有学习能力的学生。在这种情况下,要强调你的适应性来弥补经验的短缺。简历能帮助你表现出最光彩的一面,如突出"学习刻苦""领悟新知识快""适应能力强"等技能,有可能会吸引雇主考虑你。你可以寻找并强调一切可以称为经历的事情,这包括兼职义务工作、家庭责任、教育、培训、军训,及任何表明你适合这份工作的可以被接受的活动。

二、简历制作设计的七个原则

（一）十秒钟原则

当你的简历完成以后,是不是能够在十秒钟内看完所有你认为重要的内容呢?一般情况下,简历的长度以1页A4纸为限,简历越长,被认真阅读的可能性就越小。高端人才有时可准备2页以上的简历,但也需要在简历的开头部分有资历概述。

（二）清晰原则

清晰的目的就是要便于阅读,就像制作一份平面广告作品一样,简历排版时要综合考虑字体大小、行和段的间距、重点内容的突出等因素。

（三）真实性原则

不要试图编造工作经历或者业绩,谎言不会让你走得太远。大多数的谎言在面试过程中就会被识破,更何况许多大公司（尤其是外企）在提供OFFER前会根据简历和相关资料进行背景调查。真实性并非就是要把我们的缺点和不足和盘托出,可以选择突出一些内容或忽视一些内容,要知道优化不等于掺假。

（四）针对性原则

假如A公司要求你具备相关行业经验和良好的销售业绩,你在简历中就需要清楚地陈述相关的经历和事实,并且把它们放在突出的位置,这就是针对性。不仅仅是简历,在写求职信、跟进信以及感谢信的时候,针对性都是十分重要的原则。

（五）价值性原则

使用语言力求平实、客观、精炼。注意提供能够证明工作业绩的量化数据,同时提供能够提高职业含金量的成功经历。独有经历一定要保留,如在大公司从业、参与有一定影响的培训会议论坛、与著名人物接触的经历,这是一些能给简历增光添彩的内容。

（六）条理性原则

要将公司可能雇用你的理由,用自己过去学习和实践的经历有条理地表达出来。个人基本资料、工作实习经历（包括职责和业绩）、教育与培训这三大块为最重点内容；其次重要的是职业目标、核心技能、背景概论、语言与计算机能力、奖励和荣誉。

（七）客观性原则

简历上应提供客观的证明或者佐证资历、能力的事实和数据。如"2013年因销售业绩排名第一获得公司嘉奖"和"在某参展活动中表现出良好的组织能力获得赞扬",后者的客观性明显比前者弱[1]。

---

[1] "如何制作优秀个人简历",http://wenku.baidu.com/view/fac094100b4e767f5acfce91.html。

三、简历示例

当我年轻自由的时候,我的想象力没有任何局限,我梦想改变这个世界。当我渐渐成熟明智的时候,我发现这个世界是不能改变的,于是我将眼光放得短浅了一些,那就是只改变我的国家吧!

但是,我的国家似乎也是我无法改变的。

当我到了迟暮之年,抱着最后一丝努力的希望,我决定只改变我的家庭,我亲近的人——但是,唉!他们根本不接受改变。

现在在我临终之际,我才突然意识到:如果起初我只改变我自己,接着我就可以依次改变我的家人。

然后,在他们的激发和鼓励下,我也许就能改变我的国家,再接下来,谁又知道呢,也许我连整个世界都可以改变。

When I was young and free and my imagination had no limits, I dreamed of changing the world. As I grew older and wiser, I discovered the world would not change, so I shortened my sights somewhat and decided to change only my country.

But it, too, seemed immovable.

As I grew into my twilight years, in one last desperate attempt, I settled for changing only my family, those closest to me, but alas, they would have none of it.

And now as I lie on my deathbed, I suddenly realize: If I had only changed my self first, then by example I would have changed my family.

From their inspiration and encouragement, I would then have been able to better my country and, who knows, I may have even changed the world.

这是流传很广的一篇著名的文章,它告诉我们,一切都可以通过先改变自己,才能去改变一切。如果你试图一开始就去改变外界,往往理想的成分占主导,受各种条件制约,实施的成功率并不高。一切从改变自己开始,的确是一种切实可行、充满智慧的选择。祝愿每一位同学在人生的道路上也能先从改变自己开始,勤奋学习、踏实工作,一步步去取得属于自己的每一份成功和收获。

一切从改变自己开始。

思 考 与 实 践

1. 真实的职场是怎样的？只有亲自去体验了，才有发言权。你可以利用暑假期间的一个月或者半个月，去体验快餐厅服务员、商场促销员等各种职位，有意识的去了解职场。

2. 每天给自己留出来一个小时的学习阅读时间，坚持写读书笔记。

3. 将你的时间以 30 分钟为单位进行分割，做 2～3 个星期的时间消耗记录。找出你用在有效和无效事情上的时间各是多少？了解自己在时间管理上的不足，加以改正。

4. 下载知名人士的演讲和培训视频，模仿他们演讲或授课的风格，锻炼自己的演讲能力。把握任何一个当众说话的机会。

5. 制作设计一份针对培训岗位的求职简历，去参加一次现场招聘会，在感受求职招聘的气氛的同时，实际检验一下自己被企业器重的概率有多大。

参 考 文 献

1. 陈国海:《员工培训与开发》,清华大学出版社,2012年。
2. 段烨:《培训师的21项技能修炼》,北京大学出版社,2011年。
3. 葛玉辉:《员工培训与开发实务》,清华大学出版社,2011年。
4. 郭京生、潘立:《人员培训实务手册》,机械工业出版社,2003年。
5. 郝志强:《培训这样最有效》,广东经济出版社,2011年。
6. 金延平:《人员培训与开发》,东北财经大学出版社,2010年。
7. 康至军、施琦、蒋天伦:《人力资源开发阅读地图》,江苏人民出版社,2010年。
8. 刘超:《企业如何建立培训中心》,机械工业出版社,2009年。
9. 罗辉:《培训课程开发实务手册》,人民邮电出版社,2009年。
10. 石金涛:《培训与开发》,中国人民大学出版社,2009年。
11. 苏平:《培训师成长手册:课程开发实用技巧与工具》,西安交通大学出版社,2011年。
12. 孙宗虎:《员工培训管理实务手册》,人民邮电出版社,2009年。
13. 滕宝红:《如何进行员工培训》,北京大学出版社,2004年。
14. 王江涛:《你没见过的教学PPT设计》,机械工业出版社,2012年。
15. 颜世富:《培训与开发》,北京师范大学出版社,2007年。
16. 杨生斌:《培训与开发》,西安交通大学出版社,2006年。
17. 杨思卓:《职业培训师的8堂私房课》,北京大学出版社,2013年。
18. 袁燕华:《培训课程开发与设计案例集》,人民邮电出版社,2011年。
19. 张德:《人力资源开发与管理》,清华大学出版社,2011年。
20. 张俊娟:《培训课程开发实务手册》,人民邮电出版社,2012年。
21. 张俊娟:《培训课程体系设计方案与模板》,人民邮电出版社,2011年。
22. 张俊娟、韩伟静:《企业培训体系设计全案》,人民邮电出版社,2011年。
23. 张诗信、秦俐:《企业学习理论:成就卓越的培训经理》,机械工业出版社,2011年。
24. 邹晓春:《培训管理工具大全》,人民邮电出版社,2011年。

图书在版编目(CIP)数据

培训能力开发及管理实务/王江涛编著. —上海:复旦大学出版社,2014.2(2021.2 重印)
(复旦卓越·人力资源管理和社会保障系列教材)
ISBN 978-7-309-10112-6

Ⅰ.培… Ⅱ.王… Ⅲ.职业培训-高等学校-教材 Ⅳ.C975

中国版本图书馆 CIP 数据核字(2013)第 235189 号

培训能力开发及管理实务
王江涛　编著
责任编辑/宋朝阳　王雅楠

复旦大学出版社有限公司出版发行
上海市国权路 579 号　邮编: 200433
网址: fupnet@ fudanpress.com　http://www.fudanpress.com
门市零售: 86-21-65102580　团体订购: 86-21-65104505
外埠邮购: 86-21-65642846　出版部电话: 86-21-65642845
上海春秋印刷厂

开本 787×1092　1/16　印张 14.75　字数 341 千
2021 年 2 月第 1 版第 3 次印刷

ISBN 978-7-309-10112-6/C·273
定价: 29.00 元

如有印装质量问题,请向复旦大学出版社有限公司出版部调换。
版权所有　　侵权必究